国民经济评论

REVIEW OF NATIONAL ECONOMY

2017 年第 1 期

中国财经出版传媒集团
经济科学出版社
Economic Science Press

图书在版编目（CIP）数据

国民经济评论.2017年.第1期/刘瑞，林木西，赵丽芬主编.—北京：经济科学出版社，2017.6
ISBN 978-7-5141-8107-4

Ⅰ.①国⋯　Ⅱ.①刘⋯②林⋯③赵⋯　Ⅲ.①国民经济发展-中国-文集　Ⅳ.①F124-53

中国版本图书馆CIP数据核字（2017）第119440号

责任编辑：于海汛　段小青
责任校对：杨　海
责任印制：潘泽新

国民经济评论

2017年第1期

经济科学出版社出版、发行　新华书店经销
社址：北京市海淀区阜成路甲28号　邮编：100142
总编部电话：010-88191217　发行部电话：010-88191522
网址：www.esp.com.cn
电子邮件：esp@esp.com.cn
天猫网店：经济科学出版社旗舰店
网址：http://jjkxcbs.tmall.com
北京季蜂印刷有限公司印装
787×1092　16开　16.75印张　320000字
2017年5月第1版　2017年5月第1次印刷
ISBN 978-7-5141-8107-4　定价：38.00元
（图书出现印装问题，本社负责调换。电话：010-88191510）
（版权所有　侵权必究　举报电话：010-88191586
电子邮箱：dbts@esp.com.cn）

创 刊 词

　　经过中国人民大学经济学院、辽宁大学经济学院和中央财经大学经济学院的共同酝酿和认真准备，全国首份国民经济学的专业刊物《国民经济评论》诞生了！该刊同时也定为中国宏观经济管理教育学会的会刊。该刊承载着国民经济学人的梦想，寄托着伟大时代对国民经济学科建设的呼唤！该刊的诞生，必将在国民经济学科建设道路上竖起又一个新的里程碑。

　　学科建设需要有学科专属的理论阵地。我国经济的伟大变革和成就已经为中国经济理论创新提供了非常丰富的素材。伟大实践呼唤伟大理论。以研究国民经济运行和管理规律为己任的国民经济学人，身临其境，理应积极总结和回应这场伟大经济变革的深刻内涵。事实上，目前全国从事国民经济学教学科研的机构和教师已经成百上千，专业论文层出不穷。可是一直以来我们没有一个专业性刊物，国民经济学科论文散布在国内各个其他专业期刊上。由于学术成果得不到集中展示，专业学术队伍也得不到凝聚，这十分不利于一个中国特色的国民经济学科共同体形成。办一个高水平的专业期刊以加速促成国民经济学术共同体的形成，这就是我们办刊的目的。

　　学科理论刊物是专业精神与开放态度的结合。《国民经济评论》立足于采用国民经济学科的立场与观点、原理与方法来研究解决经济问题，这当然意味着它不是其他经济学专业杂志的重复。学科专业杂志是术有专攻、以文会友的平台，因而本刊鼓励全国同行尤其是青年学子在本刊发表国民经济学专业论文，尽力从学科的独有视野分析国民经济系统如何运行，研究国民经济系统如何管理，并就国民经济学科体系完善提出意见。当然，国民经济学离不开经济学科大家庭的营养和滋润，何况当代的学科发展存在着融合趋势，因此本刊也欢迎采用其他学科的原理与方法分析发表对国民经济运行和管理的看法，鼓励以问题为导向打破学科概念藩篱研究国民经济综合性问题。说到底，经济综合性问题就是国民经济学的研究真命题。

　　学科理论刊物是现实问题的理论抽象高地。理论总是来自实践的，任何理论假设都需要有一个现实中的典型样本或案例做支撑。因此《国民经济评论》强调问题导向和实践精神，欢迎实证性的研究论文和严谨的一线调研报告。当代数学工具大量应用在经济分析之中，提升了经济学的科学性和严谨性。但是数学逻辑必须首先经得起经济逻辑的检验，二者关系不能颠倒。因此本刊倡导思想性与技术性相结合的论文，力图对当今时代的国内外经济问题作出事实就是的分析。

办好一份学术理论刊物，不是一件容易的事情。尤其在当下流行以期刊价值导向而非论文价值导向的学术评价体系下，《国民经济评论》横空出世，必定要经受一段学术影响寂寞期。但是我们有信心和决心，坚持办刊初心，出专业学术精品，持之以恒，争取早日将《国民经济评论》办成国内一流专业学术杂志，愿意与每位论文作者一起，实现这个梦想！

目 录

国民经济前沿热点

十八大以来我国经济社会发展成就回顾 …………………………………… 宁吉喆 1

国民经济学学科建设与研究方法

国民经济学科形成与演化 ……………………………………………………… 刘 瑞 7

宏观调控

预期管理视角下的宏观调控体系创新 ………………………… 林木西 赵根宏 22

财政分权对我国区域创新效率的影响分析 …………………… 薛凝萱 严成樑 37

国民经济战略与规划

供给侧结构性改革动因与路径：基于企业视角 …………………………… 蒋长流 59

京津冀基本公共服务均等化问题研究 ………………………… 董正信 赵子键 74

国民经济运行

人口转型、要素禀赋与经济发展方式转变 …………………… 赵文哲 董丽霞 99

R&D 投资与知识生产
　　——基于省际数据的实证分析 ……………………………… 高 伟 梁 桢 122

服务业发展、城乡收入差距与居民消费需求
　　——基于面板门限模型的实证研究 ……………………………………… 李 程 143

中国经济增长与发展：现状、原因与对策 …………………… 丁守海 杨璐嘉 159

价格非对称传导下的农产品产业链利益不均等分配
　　　　　　　　　　　　　　　　　　　　　　龙少波　梁　俊　174

微观运行与规制

政策环境与资源投入对科技创业中小企业绩效影响的路径研究
　　——基于南京科技创业特别社区企业的实证分析
　　　　　　　　　　　　　　　　　　范　金　赵　彤　马胡杰　196
中国碳排放权交易市场信息效率研究
　　　　　　　　　　　　　　　　　　　　　　刘　明　崔诚诚　220
中央企业国际竞争力的多维度评价
　　——与世界500强企业进行对比分析
　　　　　　　　　　　　　　　　　　　　　　　　　　　高玉婷　243

〔国民经济前沿热点〕

十八大以来我国经济社会发展成就回顾

宁吉喆*

党的十八大以来,在以习近平同志为核心的党中央坚强领导下,全国人民不断推进改革开放和现代化建设,我国经济社会发展取得新的辉煌成就,为决胜全面建成小康社会、实现"两个一百年"奋斗目标和中华民族伟大复兴的中国梦打下了扎实基础。

一、经济运行保持在合理区间

五年来,全国上下始终坚持稳中求进的工作总基调,适应、把握和引领经济发展新常态,紧紧抓住和用好重要战略机遇期,创新和改善宏观调控,统筹稳增长、促改革、调结构、惠民生、防风险,战胜了诸多风险和挑战,我国经济持续健康发展,综合国力和国际影响力再上新台阶。

一是经济保持中高速增长。2013~2016 年,国内生产总值年均增长 7.2%,高于同期世界 2.5% 和发展中经济体 4% 的平均水平。经济增量逐年递增。按 2015 年不变价格计算,2013 年、2014 年、2015 年、2016 年增量分别是 43253 亿元、43824 亿元、44477 亿元、46097 亿元。综合实力显著增强。2016 年,国内生产总值达到 74.41 万亿元,按不变价计算是 2012 年的 1.32 倍;一般公共预算收入 15.96 万亿元,是 2012 年的 1.36 倍。二是就业物价形势保持稳定。在党中央、国务院的领导下,各地区各部门实施更加积极的就业政策,以创业带动就业,2013~2016 年,城镇新增就业连续四年保持在 1300 万人以上,31 个大城市城镇调查失业率稳定在 5% 左右。价格涨势温和,2013~2016 年居民消费价格年均上涨 2.0%。三是综合国力不断增

---

* 宁吉喆(1956~),男,山西省夏县人,国家统计局局长、党组书记,国家发改委副主任,中国人民大学经济学院兼职教授,中国人民大学政府统计学院名誉院长。研究方向:区域经济规划和投融资政策,国民经济和社会发展规划与产业政策。

强。2012~2016年，我国人均国民总收入（GNI）由5940美元提高到8126美元，接近中等偏上收入国家平均水平。在世界银行公布的219个国家（地区）人均GNI排名中，由2012年的第112位上升到2015年的第96位，前进了16位。四是国际影响力显著提升。2016年，我国国内生产总值折合11.2万亿美元，占世界份额为15.1%，比2012年提高3.5个百分点，稳居世界第二位。2013~2016年，我国对世界经济增长的年均贡献率达到31.6%，超过美国、欧元区和日本贡献率的总和，居世界第一位。

二、新动能新产业茁壮成长

五年来，各地区各部门坚持走中国特色自主创新道路，深入实施创新驱动发展战略，持续推进大众创业、万众创新，全社会的创新活力和创造潜能得到激发，新旧动能有序转换。

一是科技创新取得重大突破。一批具有标志性意义的重大科技成果涌现，载人航天、量子通信、射电望远镜、载人深潜、超级计算机等实现重大突破，带动了劳动生产率稳步提高。2016年，全员劳动生产率（以2015年价格计算）为94825元/人，比2012年提高30.2%，年均提高6.8%。创新型国家建设取得重要进展。2016年，我国创新指数名列全球第25位，比2012年提高9位，在中等收入国家中排名首位。二是大众创业万众创新蓬勃兴起。2014~2016年，全国新登记市场主体超过4400万户，其中新登记企业1362万户，年均增长30%。专利申请量和授权量大幅增长，2016年，受理境内外专利申请346.5万件，授予专利权175.4万件，分别比2012年增长68.9%和39.8%。三是新产业新业态新模式方兴未艾。"中国制造2025"、"互联网+"行动计划、"宽带中国"战略深入推进。2016年，互联网上网人数7.31亿人，比2012年增长29.7%。2015~2016年，实物网上零售额年均增长28.6%，比社会消费品零售总额快18.1个百分点。2013~2016年，快递业务量年均增长53.2%。平台经济、分享经济、协同经济等新模式广泛渗透，线上线下融合、跨境电商、智慧家庭、智能交流等新业态层出不穷。

三、经济转型升级成效明显

五年来，各地区各部门按照引领经济发展新常态的要求，大力优化产业结构，不断改善需求结构，积极推进城镇化，着力促进区域协调发展，我国经济结构加快调整，转型升级势头良好，经济发展向中高端水平迈进。

一是服务业比重持续提升。2013~2016年，服务业增加值年均增长8.0%，比国内生产总值高0.8个百分点。2013年，服务业现价增加值占国内生产总值的比重首次超过第二产业，成为国民经济第一大产业；2016年提升至51.6%，比2012年提高6.3个百分点，撑起"半壁江山"。二是消费成为经济增长的主要推动力。2013~2016年，最终消费支出对经济增长的年均贡献率为55%，高于资本形成总额8.5个百分点，是经济稳定运行的"压舱石"。分年度看，四年的贡献率分别为47%、48.8%、59.7%和64.6%，呈现稳中有升的发展态势。三是中国制造向中高端迈进。装备制造业和高技术制造业增长明显快于传统产业。2013~2016年，装备制造业和高技术制造业增加值年均分别实际增长9.4%和11.3%，快于规模以上工业1.9和3.8个百分点。四是新型城镇化扎实推进。2016年末，常住人口城镇化率为57.35%，比2012年末提高4.78个百分点，年均提高1.2个百分点。五是"三大战略"稳步实施。"一带一路"战略深入实施，京津冀协同发展有序推进，长江经济带辐射力增强，重庆、广州、成都、武汉、郑州等一批国家和区域中心城市快速发展，新的增长极、增长带正在逐步形成。

四、基础产业和基础设施不断加强

五年来，各地区各部门着力夯实基础产业，加强基础设施建设力度，优化基础设施建设布局，一批关系国计民生的重大工程建成投产，基础产业和基础设施保障能力显著提高。

一是农业水利基础持续巩固。2015年，粮食总产量达到62144万吨，实现了新中国成立以来首次"十二连增"，2016年为61624万吨，连续10年稳定在1万亿斤以上。近年来，我国谷物、肉类、花生、茶叶、粗钢、煤、发电量、水泥和化肥产量稳居世界第1位，油菜籽稳居世界第2位。一批重大水利工程开工建设，耕地灌溉面积占耕地面积比重回升到50%左右。二是交通运输能力不断增强。横贯东西、纵贯南北、内畅外通的交通运输大通道逐步形成。高速铁路迎来阔步大发展，高速铁路运营里程由2012年的不到1万公里增加到2016年的2.2万公里，稳居世界第一，超过第2~10位国家的总和；高速公路里程由9.6万公里增加到13万公里，位居世界第一。三是信息通信水平快速提升。2016年，邮电业务总量43344亿元（按2010年不变价格计算），比2012年增长1.9倍，年均增长30.3%。"宽带中国"战略加快实施，全球最大规模的宽带通信网络基本建成。2016年，固定宽带用户达3.23亿户，居全球前列；4G网络覆盖99.7%的人口，高于美国的90%和英国的46%。四是能源供应水平持续提高。电力总装机规模超过16亿千瓦，水电、风电、光伏发电装机规模和核电在建规模均居世界第一。煤炭清洁化利用和石油天然气深度开发水平不断提升。

五、改革开放呈现新格局

五年来，各地区各部门以踏石留印、抓铁有痕的劲头推动重点领域和关键环节改革，实行更加积极主动的开放战略，主要领域四梁八柱性改革全面铺开，对外开放的深度广度得到进一步拓展。

一是供给侧结构性改革迈出实质性步伐。以"三去一降一补"为重点任务的供给侧结构性改革初见成效。2016年退出钢铁产能超过6500万吨，煤炭产能超过2.9亿吨；2016年末商品房待售面积比上年末下降3.2%；规模以上工业企业资产负债率为55.8%，比上年下降0.4个百分点；全面推开"营改增"，2016年降低企业税费成本1万亿元左右；生态环保、农业、水利、战略性新兴产业等短板领域投资快速增长。二是关键领域改革向纵深推进。放管服改革持续推进，提前完成了本届政府减少行政审批事项三分之一的目标，彻底终结了非行政许可审批。商事制度改革深化，"五证合一、一照一码"推进实施，全面推行"双随机、一公开"。全面放开贷款利率管制，取消存款利率浮动上限，汇率双向浮动弹性增强。投融资体制改革全面展开，政府和社会资本合作（PPP）项目落地率加快。三是高水平对外开放取得新成果。2016年，货物进出口总额达到24.34万亿元，占世界贸易总额的比重保持在12%以上。服务进出口快速发展。2016年，服务进出口总额8044亿美元，比2012年增长70.9%，年均增长14.3%，稳居世界第二位。利用外资和对外投资规模均创历史新高。2013~2016年，累计实际使用外资4894亿美元，年均增长3.1%；累计非金融类对外直接投资4915亿美元，年均增长21.6%。"一带一路"战略和国际产能合作加快推进。截至2016年底，我国企业在沿线国家建立初具规模的合作区56家，累计投资185.5亿美元。一批重大工程和国际产能合作项目落地，高铁、核电"走出去"迈出坚实步伐。自由贸易区建设不断加快，设立上海、广东、天津等11个自贸试验区和12个跨境电子商务综合试验区。

六、民生保障和改善深入推进

五年来，各地区各部门坚持民生优先，加大收入分配调节力度，努力实现居民收入增长和经济增长同步，打好扶贫攻坚战，全面提高教育、医疗、体育和社会保障水平，人民群众获得感显著增强。

一是居民收入和生活质量不断提升。2016年，全国居民人均可支配收入23821元，比2012年增加7311元，年均实际增长7.4%。消费结构升级步伐加快。2016年，全国居民恩格尔系数为30.1%，比2012年下降2.9个百分点，接近联合国划分的20%~30%的富足标准；交通通信、教育文化娱乐、医疗保健支出占消费支出的比重分别比2012年提高2.0、0.7和1.3个百分点。居民物质和精神生活极大丰富。2016年，全国居民每百户家用汽车拥有量27.7辆，比2013年增长63.9%；国内旅游人数44.4亿人次，比2012年增长50.2%；出境旅游人数1.22亿人次，比2012年增长46.7%。二是精准扶贫成效显著。按照每人每年2300元（2010年不变价）的农村贫困标准计算，2016年农村贫困人口4335万人，比2012年减少5564万人；贫困发生率下降到4.5%，比2012年下降5.7个百分点。贫困地区农民收入增长幅度高于全国。2016年，贫困地区农村居民人均可支配收入8452元，比2012年年均实际增长10.7%，比全国农村居民收入快2.7个百分点。三是教育事业明显加强。居民受教育程度不断提高。15岁及以上人口平均受教育年限由2010年的9.05年提高到2015年的9.42年。教育公平迈出新步伐。九年义务教育全面普及，大学粗入学率显著提高，2015年达到43.4%，高出世界平均水平近10个百分点。2013年以来，着力改善贫困地区义务教育薄弱学校办学条件，2016年开始免除农村贫困家庭学生普通高中学杂费。四是健康中国建设加快推进。公共卫生服务设施大幅增加。每千人口医疗卫生机构床位数由2012年的4.24张增加到2016年的5.42张。城乡居民健康状况显著改善。居民平均预期寿命由2010年的74.83岁提高到2015年的76.34岁，婴儿死亡率由2012年的10.3‰下降到2015年的8.1‰，孕产妇死亡率由24.5/10万下降到20.1/10万。体育产业蓬勃发展。2015年，体育产业增加值5494亿元，占国内生产总值的比重为0.8%。五是社会保障覆盖面持续扩大。覆盖城乡居民的社会保障体系基本建成。2016年底，参加基本养老、城镇基本医疗、失业、工伤和生育保险人数分别比2012年底增加9913万、21198万、2864万、2877万和3014万人。城乡居民基本医疗保险制度整合取得实质性进展，2015年个人卫生支出占卫生总费用的比重下降到29.3%，基本医保总体实现全覆盖。

七、生态文明建设取得新成效

五年来，全国上下坚持绿色发展，加大环境治理力度，着力改善生态环境，全面节约和高效利用资源，构建生态安全屏障，主要污染物排放总量得到控制，生态环境质量得到改善，资源节约型、环境友好型社会建设取得积极进展。

一是节能减排成效显著。能源资源利用效率得到提升。2016年，单位国内生产总值能耗、用水量分别比2012年下降17.9%和23.9%。主要污染物减排效果显著。2015年，全国化学需氧量排放量比2012年下降8.3%，氨氮排放量下降9.3%，二氧化硫排放量下降12.2%，氮氧化物排放量下降20.8%。二是环境质量逐步改善。2016年，细颗粒物（PM2.5）未达标地级及以上城市年平均浓度52微克/立方米，比上年下降8.8%。城市环境治理能力进一步增强。2016年底，城市污水处理厂日处理能力14823万立方米，比2012年底增长26.3%；城市生活垃圾无害化处理率为95.0%，提高10.2个百分点；城市建成区绿地率为36.4%，提高0.7个百分点。三是生态保护力度明显加大。2016年，全国完成造林面积679万公顷，比2012年增长21.3%。2015年森林覆盖率比2010年提高1.3个百分点，森林蓄积量增长10.3%。2016年，全国新增水土流失治理面积达5.4万平方公里，比2012年增长24.5%。

八、文化建设呈现新气象

五年来，各方面始终坚持社会主义先进文化前进方向，全面深化文化体制改革，创新公共文化服务运行机制，社会主义核心价值体系深入人心，公共文化服务能力进一步提高，文化生活更加丰富多彩，为中国梦凝聚起强大的精神力量。

一是公共文化服务发展壮大。一个包括国家、省、地市、县、乡、村和城市社区在内的六级公共文化服务网络已初步建成。2016年，全国共有文化馆3320个，公共图书馆3151个，博物馆4112个，均比2012年增多。公共图书馆的总流通人次64781万人次，比2012年增长49.1%。电视节目综合人口覆盖率98.9%，比2012年提高0.7个百分点。二是文化产业成为新的增长点。2016年，文化及相关产业实现增加值30254亿元，比2012年名义增长67.4%，年均增长13.7%；占国内生产总值的比重为4%，比2012年提高0.59个百分点。文化产业相关投资和消费快速增长。2016年，文化产业固定资产投资达33713亿元，比2012年增长115.5%，年均增长21.2%；居民用于文化娱乐的人均消费支出为800元，比2013年增长38.7%，年均增长11.5%。三是文化创作成果丰硕。一批优秀的电影电视作品和出版物涌现出来，充分发挥了文化凝聚人心、弘扬主旋律、传播正能量的重要作用。2016年，共生产电视剧330部、14768集，电视动画片119895分钟，生产故事影片772部，科教、纪录、动画和特种影片172部。人均图书拥有量6.27册（张），比2012年提高0.4册（张）。全国电影票房收入493亿元，比2012年增长1.4倍，年均增长24.0%。四是中华文化影响力扩大。以价值认同和文化影响为核心的文化软实力凸显，并逐渐成为国家发展的"硬支撑"。中文、中国功夫、中国书画、中华美食魅力四射。2016年底，全球已有140个国家和地区建立了512所孔子学院和1073个中小学孔子课堂。"欢乐春节"、"中国文化年（节）"等各种文化品牌活动遍及全球，主流媒体国际传播能力不断提升。

〔国民经济学学科建设与研究方法〕

国民经济学科形成与演化

刘 瑞[*]

摘 要：本文选自《国民经济学科地图》书中第一章。该书由中国人民大学、辽宁大学、中央财经大学、四川大学、江西财经大学、安徽财经大学等院校教授集体编写，即将由北京大学出版社出版。全书分学科形成与演化、学科理论体系与流派、学科核心概念、学科研究方法、学科代表人物和重大事件、学科学术组织、学科经典文献和学科研究前沿等八部分，第一次系统梳理和介绍了中国国民经济学知识。现借《国民经济评论》平台先期连载发表，求教各位同行同仁，继续修订补充，以达推动和完善中国国民经济学科建设之目的。

任何一个学科都有前世今生，都与学科产生的时代背景息息相关，也都经历了学科演化变迁过程。人们会看到，一个学科就像生物种类那样，在学科长期演化过程中或消失，或变异，或被替代，或被保留下来。各个学科之间也存在着竞争。这些都是极其正常的学科演化现象。国民经济学作为中国经济学体系中的一员，经历了自身演化过程。

关键词：国民经济学 学科发展 趋势

一、国民经济学的前世：与政治经济学同义

如果就名称而言，国民经济学几乎与政治经济学同龄。因为在17世纪当经济学开始作为一门独立的学科出现时，它的名称有多个，但是最常使用的还是政治经济学或国民经济学。仅此而论，国民经济学这个名称及其相关内容是国外发明的，并不是中国自己独创的。

国民经济学这个概念最早出现在欧洲。按照瑞典经济学家K.维克塞尔（1911）的说法，"国民经济学这个名称出现在所谓'重商主义'时代。"[①]

---

[*] 刘瑞（1960~ ），男，四川成都人，中国人民大学经济学院国民经济管理系教授、博士生导师、系主任。研究领域：社会经济发展战略与规划等。本文作者感谢辽宁大学张静教授和中央财经大学蒋选教授所提供的资料支持。

① 维克塞尔：《国民经济学讲义》，上海译文出版社1983年版，第7页。

而在同时期的英国与法国，却称之为"政治经济学"。1615 年，法国重商主义的代表安徒安·德·孟克列钦（1575~1622）在《献给国王和王后的政治经济学》一书中，第一次提出了"政治经济学"这个名词。① 并且阐明这本书已不是论述"家庭管理"（北欧学派称之为"家计管理"），而是涉及整个"国家"的经济问题（北欧学派将其称之为"财政学"问题），其目的在于挽救封建制度的危机。由此可见，早期的国民经济学与政治经济学同义，都是君主政府的"官房学"，是君主政府的理财学。"在那时叫做国民经济学是很适当的。因为这个名称适当地表达了它所含有的概念。"② 即适应了当时封建制度的发展。

这一点也可以从卡尔·马克思的早期著作中反映出来。众所周知，马克思主义政治经济学来源于英国古典政治经济学。但作为一个德国人，像其他德国经济学家一样，马克思在其早期著作中曾交替使用"国民经济学"和"政治经济学"的概念。如马克思曾对恩格斯 1844 年在《德法年鉴》上发表的《政治经济学批判大纲》作过详细的摘要，并给予高度的评价，题目为《〈国民经济学批判大纲〉一文摘要》。③ 在《1844 年经济学哲学手稿》中，马克思大量使用"国民经济学"和"国民经济学家"的提法，认为"国民经济学从私有财产的事实出发，但是，它没有给我们说明这个事实。……国民经济学没有给我们提供一把理解劳动和资本分离以及资本和土地分离的根源的钥匙"。④ 在《詹姆斯·穆勒〈政治经济学原理〉一书摘要》中，马克思把国民经济学作为政治经济学的同义词，并加以评论："国民经济学能够把这整个发展只作为某种事实，作为偶然需要的产物来把握。……在国民经济学家看来，生产、消费以及作为二者之间独有的交换和分配是孤立地存在的。"⑤ 而在评论李斯特的《政治经济学的国民体系》中，马克思指出："如果说亚当·斯密是国民经济学的理论出发点，那么它的实际出发点，它的实际学派就是'市民社会'，而对这个社会的各个不同发展阶段可以在经济学中准确地加以探讨。"⑥

但是，"这个名称的适当性却随着重农主义思想的出现与无限自由及自

---

① 鲁友章、李宗正主编：《经济学说史》（上册），人民出版社 1979 年版，第 76 页。
② 维克塞尔：《国民经济学讲义》，上海译文出版社 1983 年版，第 7 页。
③ 马克思：《弗里德里希·恩格斯〈国民经济学批判大纲〉一文摘要》，《马克思恩格斯全集》第 42 卷，人民出版社 1979 年版，第 3 页。
④ 马克思：《1844 年经济学哲学手稿》，《马克思恩格斯全集》第 42 卷，人民出版社 1979 年版，第 89 页。
⑤ 马克思：《詹姆斯·穆勒〈政治经济学原理〉一书摘要》，《马克思恩格斯全集》第 42 卷，第 30 页。
⑥ 马克思《评弗里德里希·李斯特的著作〈政治经济学的国民经体系〉》，《马克思恩格斯全集》第 42 卷，第 249、252、260 页。

由贸易观念的胜利而减少"。① 17 世纪下半期，法国出现了反对重商主义、主张经济自由和重视农业的思潮，这时的国民经济学家主张"国家应当尽可能少地干预经济事务，而应该在某些明确规定的情况以外让各人自己料理他自己的事务，按照这种原理，国民经济学的基本原理，即关于它的主题，国民家计的原理就不存在了"。②这时的国民经济学主要与封建制度向资本主义制度转变相适应，与经济民主、自由发展相适应，而与原来意义上的"政治经济学"出现背离。但总体说来，并未完全脱离传统政治经济学的政策主张。

尽管如此，在欧洲，除了英国和法国之外，在德国、奥地利特别是北欧学派盛行的国家，国民经济学与政治经济学还是存在一些分野。1841 年，德国经济学家李斯特在其著作《政治经济学的国民体系》一书中，认为亚当·斯密的经济学是一门"世界经济学"，即探讨了对一切国家都适用的经济规律，并主张自由贸易，但国家之间的差别，使得经济规律很难具有普适性。因此，他主张建立国民经济学，认为国民经济学是研究"如何使某一特定国家在世界当前形势下，让农土商业取得富强、文化和力量的那种科学"。瑞典学者维克塞尔在 1906 年出版的《国民经济学讲义》中指出："在现代，对于极端自由的原则的确有了抵制，可是在现实中，则仍然是个人主义的纯粹私有制度占优势。由于这个理由，所以许多现代作家都想抛离这个名词的形容词'政治'或'国民'，而只称为经济学，……但由于缺乏一个较好的名称，我们或许仍然可以保持这个旧有名称国民经济学；只要我们注意不使其含有经济领域内的国家单位的概念就行"。③

在维克塞尔看来，此时的国民经济学与政治经济学不仅名称不同，而且研究对象也有所不同。国民经济学"这个名称指的是国民家计或国民家计的理论"，"而财政学虽应视为国民经济学的一部分（并且是一个重要部分），但它却绝对不是国民经济学的全部"。④也就是说，国民经济学既论及"国"又涉及"民"，是国与民的经济学，因而其研究内容必然"涵盖了经济过程的宏观层面与微观层面"。⑤它不限于理论分析而更强调其实践性或应用性。"国民经济学作为一门实践科学，其定义就是满足人类需要的方法的理论"。⑥

伴随着国民经济学的发展，也产生了一系列世界名著，如德国学者罗雪尔 1843 年出版了《历史方法的国民经济学讲义大纲》（1981 年由朱绍文转译自日本岩波书店冈雄三译本），奥地利学者门格尔 1911 年出版了《国民经济学原理》（刘絜敖译，上海人民出版社 2001 年出版），我国于 1914 年翻译

---

①②④ 维克塞尔：《国民经济学讲义》，上海译文出版社 1983 年版，第 7 页。
③⑥ 维克塞尔：《国民经济学讲义》，上海译文出版社 1983 年版，第 7~8 页，第 9 页。
⑤ 刘瑞主编：《国民经济管理学概论》总序，中国人民大学出版社 2004 年版，第 2 页。

出版了德国学者付克斯所著《国民经济学》，1915年翻译出版了日本学者津村秀松所著《国民经济学原理》，1938年翻译出版了德国学者狄尔所著《国民经济学原理》，1983年出版了瑞典学者维克塞尔于1946年出版的《国民经济学讲义》的中译本（刘絮敖译，上海译文出版社出版）。

德国弗赖堡大学教授瓦尔德·欧肯于1940年出版了《国民经济学基础》。该书产生了巨大反响，被翻译出版了多种语言文本。书中他把经济科学划分成了两个部分：国民经济学和企业经济学。国民经济学的研究对象由两个经济问题构成："有关在其中进行经济活动的那些形式的问题和有关每天在各种给定的形式中运行的经济过程的问题。这些主要问题的不同结构赋予国民经济学以它的性质。"① 在书中他反复强调了要从日常经验出发去分析作为形态的经济过程，国民经济学的目的就是"建立一个形态学的和理论的体系，它能够包括一切经济生活，不管经济生活如何发展；它能够像一张网一样捕捉住不断变化的经济实际的形态。有了这个形态体系，也就有可能为我们现代的各种问题而充分利用过去的理论成就。"② 据此，他也主张国民经济学不能与企业经济学分裂开来，这种分裂只有在研究问题的特殊性时才是合理的，而国民经济学和企业经济学所研究的问题同属于一个经济形态的整体。欧肯将国民经济学与企业经济学分成两个相互独立而又彼此联系的学科意义非常重要，以后德国及斯堪的纳维亚半岛国家的经济学科沿袭了这个传统，直至今日。

19世纪到20世纪之交，经济学学科开始细化分工。先有马歇尔的《经济学原理》在1890年的问世。马歇尔本人像斯密那样，一开始在学校里既担任伦理科学教师，又讲授政治经济学。"到了1870年前后，他似乎已决心致力于发展这一学科并把它转化为一门新兴科学——经济学。"③ 他先完成了《工业经济学》的撰写，后来在此基础上完成了《经济学原理》撰写，先后修订出版八次。《经济学原理》巨著出版问世，标志着经济学与政治学分开，也同时结束了政治经济学与国民经济学混用名称带来的学科混沌局面。继后有马歇尔的弟子凯恩斯的《就业、利息和货币通论》在1936年的问世。凯恩斯是一个才智横溢、经历丰富的经济学家，既受过良好的经济学专业训练，又在股市上多有斩获，更担任过英国政府公职，积极介入到国际经济领域的政策咨询和制定活动。丰富的理论研究与政策实践背景使得他本人的经济思想至臻完善。虽然宏观经济学一词并非出自凯恩斯之口，但是经济学界公认的是，《通论》出版标志着经济理论中的凯恩斯革命，同时也开创了宏观经济学理论，迄今大学里讲授的宏观经济学基本理论概念和分析框架都源

---

① 瓦尔特·欧肯：《国民经济学基础》，商务印书馆1995年版，第289页。
② 瓦尔特·欧肯：《国民经济学基础》，商务印书馆1995年版，第5页。
③ 约翰·伊特韦尔、默里·米尔盖特、彼得·纽曼：《帕尔格雷夫经济学大辞典》第三卷，经济科学出版社1992年版，第377页。

自凯恩斯。自此，当代的经济学逐渐演变成了两个基本板块：微观经济学和宏观经济学。马歇尔的《经济学原理》构成了微观经济学的主要来源和基础，凯恩斯的《通论》构成了宏观经济学的主要来源和基础。这两个部分本身并没有理论与应用之分，相对于其他经济学具体分支学科而言都是原理性的，其他分支学科都是应用性的。

应当说，无论是国民经济学与企业经济学的区分，还是宏观经济学与微观经济学的分野，都是在西方社会传统市场经济运行基础上发生的经济学科的分工变化。西方的国民经济学并不能简单地等同于西方的宏观经济学，企业经济学也不能简单地与微观经济学画等号。在1949年中华人民共和国诞生之后，中国开始建立了自己的经济学科体系。在建设中国特色的经济学科体系过程中，我们不仅先是受到苏联经济学科体系的影响，而且之后更多地受到了西方诸多经济学科理论和流派的影响。但自始至终，中国的国民经济学科都没有完全照抄照搬国外的国民经济学科体系和内容。之所以如此，盖在于中国的国民经济学科建设是紧紧围绕中国社会主义经济建设和改革开放的任务和命题而展开的。

二、中国国民经济学的早期：源于国民经济计划学

如果按照今天对国民经济学的一般理解，凡属于解释国民经济如何运行和国民经济如何管理的学说即为国民经济学，那么从1949年新中国成立以后直到1978年改革开放，一直存在着这样的一种学科。但名称不叫国民经济学，而叫作国民经济计划学，或者叫作计划经济学。广义上说，任何一个经济体，无论是社会主义经济体或资本主义经济体，又或是计划经济与市场经济，都必定存在有一套解释这种经济体是如何运行和如何管理的学说，我们可以把对所有不同经济体下运行和管理的经济解说都视为国民经济学说。

新中国成立之后，经过三年的国民经济恢复时期（其中还受到抗美援朝战争的影响），中国开始进入大规模经济建设阶段。由于中国需要得到当时社会主义大国苏联的经济援助，因此中国采取了与苏联对接的国民经济管理模式——计划经济模式。中国第一个国民经济发展计划就是在苏联政府的直接帮助之下编制完成的。这样一来，中国的国民经济学科也就自动接受了苏联的计划经济理论。1950年国家决定仿照苏联莫斯科大学建制设立中国人民大学，创建了国民经济计划系。系内设国民经济计划专业，政治经济学专业，统计专业等，并聘请了苏联计划专家布列也夫给中国人民大学教师举办研究生班，讲授国民经济计划学。班上有中国学员20多人，学员在俄文翻译的帮助之下学习苏联计划理论与方法。后来新中国首批国民经济学科的许多带头人如钟契夫教授，刘宗时教授，闻潜教授和雷启荃教授即出自这个研究生班。

在苏联专家帮助下，中国人民大学的教师还大量翻译了当时苏联的最新的计划经济论著作与文献，如《苏联国民经济工资计划》、《苏联国民经济运输计划》等教科书。其后北京大学、辽宁大学等许多高等院校也相继开设了国民经济计划专业。到 50 年代中期，中国人民大学计划统计系根据"一五"计划的基本实践结合苏联计划理论，编写出版了中国第一部《国民经济计划讲义》教材（六分册），该学科开始正式成体系，但此后再也没有编写正规的学科教科书。直至 1979 年在中国人民大学从"文革"期间停办八年复校之后，由该校计划统计系国民经济计划教研室教员集体编撰了新的教科书《国民经济计划学》（上、下册，中国人民大学出版社，1979）。按照书中的解释："国民经济计划学作为一门经济科学……是社会主义国民经济计划化的实践经验在理论上的概括。"[①] 1983 年，由中国人民大学副校长李震中教授主编的《计划经济学》出版。该书全面概括和总结了当时有关国民经济计划管理的理论认识与方法种类，明确提出："计划经济学是一门关于社会主义国民经济有计划发展的科学。因为计划经济学是社会主义计划经济实践的理论概括，它所应回答的最核心的问题，是如何实现社会主义国民经济的有计划按比例发展。"[②] 由于该书对传统计划经济运行机制、运行原则、运行框架做了全面梳理，被看着是计划经济理论的集大成之作。由此，国民经济计划学也被改称为计划经济学。

此外在 1986 年，厦门大学计划统计系罗季荣教授出版了《宏观经济计划学》（中国物资出版社 1986 年出版）。该书在学科体系上突破了同类教科书以部门计划论述为主的编写方法，以比较大的篇幅阐述了利用价值规律和市场机制来进行宏观经济调节与控制的具体方法。该书在众多国民经济计划教科书中具有一定新意和影响力。

随着时代的发展，计划经济体制对地方政府和企业的激励不足，经济管理僵化，缺乏弹性，按照行政区划和运用行政手段管理社会经济活动，割裂了经济的内在联系，导致经济效率低下的弊端充分暴露出来，无法适应不断变化的经济环境和日趋复杂的经济结构。因此 20 世纪 70 年代末期，中国确立了改革开放的政治路线。在经济体制方面，开始逐步摒弃僵化、低效的计划经济体制，进行市场取向的改革。然而，在中国这样一个人口众多、幅员广阔、商品货币关系不发达的发展中大国，如何有效地运用市场机制发展国民经济，如何正确处理政府与市场的关系，在现实中并无现成的经验可以借鉴，不仅需要在实践中开拓创新，也需要在理论上进行研究并寻找答案。

---

① 中国人民大学计划统计系国民经济计划教研室编：《国民经济计划学》，中国人民大学出版社 1979 年版，第 1 页。

② 李震中主编：《计划经济学》，中国人民大学出版社 1983 年版，第 8 页。

三、中国国民经济学的今生：学科转型

1992年，邓小平同志到南方视察并发表重要讲话，提出著名的"两个不等式"（即计划经济不等于社会主义经济，资本主义经济也有计划；市场经济不等于资本主义经济，社会主义经济也有市场）。这对于全国的思想解放起了极大推动作用。随即中共中央召开了十四大，明确提出中国经济体制改革的目标模式是建立社会主义市场经济体制。这一目标模式的确立，对国民经济学科转型产生强烈的压力和动力，促使全国各个高校在计划经济体制下建立的国民经济计划专业纷纷转型或下马。1998年国家教育部对中国高等教育学科专业进行调整归并和规范化改革。在这次改革中，正式将国民经济学列为应用经济学一级学科下的第一个二级学科，本科专业国民经济管理被列入教育部本科招生专业目录的编外专业，全国高校中只有7所院校获准继续招生。后来转为正式专业，招生学校增加到9所。同时，研究生专业名称由国民经济计划与管理更名为国民经济学。

早在1982年7月，北京大学、复旦大学、山东大学、辽宁大学、中央党校等12所高等院校共21位学者汇聚一堂，讨论编写一部适应改革开放要求的国民经济学教科书。这部书被定名为《国民经济管理概论》，经过由苏东水、王永治、常健、刘海藩、孙钱章、张今声等6人组成的总纂组对全书进行修改、定稿，于同年由山东人民出版社出版发行。该书的问世标志着国民经济学科由计划学派转向管理学派。1983年起，北京大学在厉以宁院长领导的管理学院开设国民经济管理本科专业并招收首批国民经济管理本科生。1986年，辽宁大学在计统系主任张今声教授主持下，上报上级主管部门批准，在全国率先将原来设置的国民经济计划学本科专业更名为国民经济管理专业，对培养目标作了重大调整，教学内容和教学方法同时进行改革。

在深化改革开放的历史背景下，如何发展具有中国特色的国民经济科学，已成为国民经济管理部门和国民经济学科学术界的共同任务。但是当时的确存在着两种学科二选一的发展前景：是管理学科抑或是经济学科？20世纪80~90年代，管理学科因改革开放形势所需风起云涌，而国民经济计划恰好又是属于管理学科研究的基本命题。因此许多国民经济计划专业改为国民经济管理专业的院校，纷纷把转型后的国民经济管理学科向管理学科靠拢，偏向管理学科。

中国人民大学的钟契夫教授长期致力于经济数学方法的研究，适应经济体制改革过程中国民经济管理工作的需要，较早地开始了投入产出研究。20世纪70年代末80年代初，钟契夫教授与中国社科院经济研究所乌家培、张守一等研究者合作，以投入产出分析为突破口，结合我国的实际情况，着手探讨在国民经济管理工作中应用现代科学方法和数量经济分析技术，组织一

批教学科研骨干力量着手编写并出版了《投入产出分析》（中国财政经济出版社1993年出版）一书。该书为投入产出经济学领域影响最为深远的著述之一。1979~1981年，钟契夫教授与校内外同行专家一起合作，在山西、黑龙江等地进行调查，参与1979年山西省投入产出表的编制工作，顺利完成了全国第一个地区投入产出表的研制工作。其主要代表作有：《计划管理原理》（辽宁大学出版社1988年出版），《资源配置方式研究：历史的考察和理论的探索》（中国物价出版社2000年出版），《中长期发展规划的基础理论和方法》（中国计划出版社2002年出版）。这些著述为国民经济学科的方法论建立做出了突出的贡献。

中国人民大学胡乃武教授原在计划经济学系任教从事国民经济计划教学科研活动，参与过《计划经济学》（中国人民大学出版社1983年出版）编撰和《苏联国民经济计划学》（中国人民大学出版社1982年出版）的翻译校对工作，以后到新组建的经济学研究所工作并担任所长。他是比较早地从国民经济计划学转型为国民经济管理学的学者之一，早期出版过关于国民经济管理手段方面的著述《经济杠杆导论》。1989年他与魏杰教授共同编写了《中国宏观经济管理》（中国人民大学出版社1989年出版）一书，以宏观经济理论为基础设计了一套国民经济管理理论框架，较早地提出了国民经济学科体系，对后来的国民经济学科建设产生了巨大影响。

辽宁大学张今声教授也是从国民经济计划学转型为国民经济管理学的学者之一。他早期从事国民经济计划方法研究，将系统工程，运筹学，控制论，经济计量学，投入产出学等现代科学理论和现代管理技术融会贯通，用于提高国民经济计划管理的科学水平，1982年编写了全国第一本《国民经济计划方法》。随后不久，张今声教授主编出版了《国民经济管理原理》（辽宁人民出版社1984年出版），1988年经过重新修改补充，又出版了《国民经济管理概论》，在这些著作中，首次以系统理论和系统分析方法研究国民经济这一复杂系统的内在联系和运行机制，研究决策、控制、监督、组织等诸多管理职能的协调；首次用控制论观点研究完善宏观经济调控职能。1988~1989年，张今声教授受国家教委委托，联合有关高校的学者主编了国民经济管理本科专业统编教材《现代经济计划方法与模型》（吉林人民出版社1989年出版）和《国民经济管理学教程》（辽宁大学出版社1990年出版）。自20世纪80年代以来，张今声教授30多年如一日致力于国民经济学科建设，他的一系列著述提出了国民经济管理学的基本概念和范畴，对国民经济学科建设产生了巨大影响。

北京大学经济学院的厉以宁教授出版了著作《国民经济管理学》（河北人民出版社1988年出版）。这本书在内容上着重分析社会主义国民经济管理的对策及其理论依据。该书共有四篇17章。第一篇是总论，阐述社会主义国民经济运行分析的前提、国民经济运行的过程以及国民经济管理的指导思想和原则。第二篇至第四篇，由近期国民经济管理、中期国民经济管理和长期国民经济管理三个部分组成，系统地分析了各阶段国民经济管理的中心问题及其对策，并就社会主义经济特别是当时中国在改革中遇到的新情况提出了解决方案。厉教授广泛的学识和扎实的功底，对包括国民经济学科在内的中国经济学科建设产生了巨大而持续的影响。

进入21世纪，辽宁大学张今声教授与中央财经大学侯荣华教授主持了教育部《高等教育面向21世纪教学内容与课程体系改革》研究，其研究成果获得教育部的奖励。作为这项课题的研究成果，面向21世纪国民经济管理课程系列教材于2001年陆续问世。这套教材的编写以钟契夫、刘成瑞教授为顾问，以张今声、许光建、侯荣华教授为编委会主任，由江西财经大学、中南财经政法大学、中国人民大学、辽宁大学、中央财经大学、山西财经大学、四川大学7所院校众多学者参加编写，是7所院校通力合作的结果。这套教材基本涵盖了国民经济管理专业主干课，在理论体系上更加完善，对于国民经济学科发展做出了突出贡献。2004年，中国人民大学国民经济管理系主任刘瑞教授主持编写了21世纪国民经济管理学系列教材，共出版7本。

然而，在国民经济管理学兴起的同时，另有一些学者向经济学科靠拢，主张在经济学科属性的基础上发展学科。1986年，厦门大学的钱伯海教授出版了《国民经济学》（上、下册，中国经济出版社1992年出版），成为在中国最早提出"国民经济学"概念的学者。这部书也作为全国高校文科教材多次修订，一版再版，为国民经济学学科的产生做出重要贡献。该书借鉴了政治经济学与西方经济学的理论和范畴，并且结合中国的现实，着重阐明国民经济的运行机制，以及在社会主义条件下，运用经济杠杆对国民经济进行宏观调控的基本原理、原则和方法，形成了一个既不同于传统政治经济学，又不同于西方宏观经济学的社会主义国民经济学体系。作为统计学家，钱伯海教授在这部书中增加了国民经济数量关系的研究，从国民经济核算、国民经济账户和平衡表的视角以及国民经济部门间的投入产出关系方面研究国民经济运行，是该书的一大特点。

2009年中国人民大学刘瑞教授组织多所高校的教师编写了《国民经济学》（首都经济贸易大学出版社2009年出版），按照新的理论框架尝试构建国民经济学，内容分成国民经济运行、国民经济管理两大命题和若干子命题。2010年，辽宁大学教授黄泰岩、林木西主持编写了教育部"十一五"规划教材《国民经济学》，以系列丛书的形式将国民经济学科编排成若干部分。此外，还有一些高校也陆续编写了类似的国民经济学科教科书。这些专业教科书的出版均对国民经济学科发展做出积极的和建设性贡献。

随着中国社会主义市场经济体制框架的基本确立，国民经济学科的教学与研究深入到一个新的历史时期。目前，全国拥有国民经济学专业博士点的高校和科研机构近 30 个，拥有国民经济学专业硕士点百余个。依照国家最新的学科分类，在顶层学科设有经济学门类，在经济学科门类下设理论经济学和应用经济学两个一级学科，在应用经济学一级学科下设国民经济学等二级学科。北京大学、中国人民大学、辽宁大学、中央财经大学四所高校被确定为国民经济学全国重点建设学科单位。

四、国民经济学与相关经济学科的关系

追溯国民经济学学科产生的过程就会发现，任何一门学科的出现都不是孤立、偶然的事件，经济社会发展的需要是往往是一门新学科产生最终源泉。由于现代国民经济是一个人口—经济—社会—生态复合而成的错综复杂的且具有无穷变化的复合系统，面对其运行中产生的前所未有的边缘性新课题，运用现有的学科知识常常难以认识和解决，需要综合运用多学科的知识，多学科的交叉、渗透、有机融合的过程就是新学科的形成过程。这样一来，国民经济学就势必与经济学科内部各个分支学科多有交叉和融合。于是，就有必要对它们之间学科关系做出必要的梳理和界定。

（一）国民经济学与马克思主义政治经济学

马克思主义政治经济学是一门以社会生产关系为研究对象，揭示社会生产关系与社会生产力的矛盾运动的规律的学问。在性质上属于理论经济学，探讨全世界普适的经济规律。然而，在一个特定的经济体中，如何具体地调整生产关系，使之适合社会生产力发展，并没有普适的原则，需要具体情况做具体分析。国民经济学就是运用政治经济学的理论原理，从中国的实际情况出发，实事求是，探索中国社会主义市场经济具体的发展道路的学科，其属性是应用经济学，实证经济学。

马克思主义政治经济学从社会物质资料的生产出发，侧重研究生产过程中人与人之间的关系以及这种关系的演化规律。国民经济学是研究国民经济中各种资源优化配置的科学，既涉及生产关系，也涉及生产力。因为国民经济健康发展的条件的基本前提是公平、效率和给予经济主体最大限度的经济自由。通过合理调整生产关系，完善国民经济管理体制，有助于经济利益关系的和谐，保障社会公平，维护市场竞争秩序，有效激发经济主体的创富积极性。同时，国民经济运行效率体现为资源配置效率，在国民经济管理中要取得这一效率，既要遵循生产关系变化规律，也要遵循生产力发展规律，既要尊重经济规律，也要尊重自然规律。所以，国民经济学必须研究生产力。

如是，在中国，"国民经济学"并非是如有的学者认为的"政治经济学"的另一种称谓，而是两个不同的学科。进一步说，依照国家学科分类，政治经济学属于理论经济学下设的二级学科，国民经济学属于应用经济学下

设的二级学科,二者学科关系不重叠。当然,国民经济学的研究需要运用政治经济学的理论原理,政治经济学可以说是国民经济学的母体之一。但是,国民经济学的研究根据不仅限于政治经济学。面对现代中国国民经济运行中层出不穷的新问题,国民经济学需要综合运用多个学科的理论与方法,因而,国民经济学已经脱离了政治经济学这个母体,成为一门新的独立于政治经济学的应用型学科。

(二) 国民经济学与宏观经济学

宏观经济学是以整个国民经济为研究对象,通过研究国民经济中各种总量的决定及其变化来说明资源如何才能得到充分有效利用。宏观经济学主要关注四大问题:失业、通货膨胀、经济增长和国际收支平衡。

失业是宏观经济学研究的第一大问题,宏观经济学本身就是因为要解决失业问题的需要而产生的。20世纪30年代大萧条的最大特点就是失业,面对失业问题,凯恩斯从需求方面把主要经济变量联系起来,提出解决失业问题的新思路,被称为凯恩斯革命,其副产品就是宏观经济学。20世纪70年代以来,失业问题也开始困扰中国。当然,中国的失业问题既有与其他国家共性的原因,即经济周期波动引起的失业,也有与其他国家不同的原因,包括体制改革和经济发展中产生的结构性失业。

通货膨胀或物价的持续上涨,是困扰宏观经济的又一大问题。通胀给消费者、贷款者和整个社会造成巨大的成本。在短期内,通胀往往与经济衰退(失业)交替出现。给政府经济管理带来两难的选择。当通货膨胀与失业并存时,被称为滞胀(stagflation),是相当糟糕的情况,这时通常采取的宏观经济政策会失灵。改革开放以来,中国多次出现严重的通胀。在20世纪90年代末。由于亚洲金融危机的影响,又出现严重的通货紧缩。风水轮回,在2008年美国次贷危机引发的全球金融危机出现短暂的衰退之后,宏观经济再次遭受持续通缩困扰。

经济增长是宏观经济学研究的另一个重要课题。每一代人都认为自己会比父辈们过得更好,生产率(单位时间的产出)的持续提高(保持一定的生产率的增长)是生活水平提高的保证。经济体制改革和对外开放使中国经济高速增长,衡量一国经济的最主要的指标是GDP,以当年价格计算,中国的GDP由1952年的679亿元,增加到2010年的39万多亿元。第一次超过日本成为世界第二大经济体。到2016年,中国的GDP规模超过10万亿美元,是美国GDP的60%。尽管这期间经济增长速度存在波动,但是平均增速惊人。按照可比价格计算,1978~2010年,GDP的年均增长率为9.87%,这在世界上是绝无仅有的。但是在增长过程中,出现一系列问题,如收入分配差距扩大、环境全面恶化等问题,如何衡量经济增长的速度与成本,什么是最优的增长速度,如何实现最优增长,是中国政府管理部门面临的研究课题。

综上，宏观经济学研究的问题也是国民经济学研究的内容，所不同的是，宏观经济学与政治经济学一样，侧重于市场经济条件下普适的一般理论的研究；国民经济学侧重于研究在中国国情下面，这些理论是否适用，如何实际地、具体地应用。为了实现本国一定的社会经济目标，如何对国民经济进行全局性的规划、有效地调控和合理的干预。与宏观经济学相比，国民经济学应该更具实用性，其理论具有突出的本土特色或中国特色。

归纳起来，中国国民经济学与宏观经济学存在着以下差别：

第一，逻辑范畴有区别。宏观经济与微观经济是一对有关一个国民经济体系中不同层次的相对划分范畴。从逻辑上说，国民经济包含了宏观经济、中观经济和微观经济三个层次。这种逻辑范畴的不一样，导致国民经济学关注比宏观经济学更多更广更深的经济现象。从逻辑上说，凡属于宏观、中观和微观范畴的经济现象，无不纳入到国民经济学研究视野，如企事业微观主体行为、经济结构、社会经济协调发展，等等。相反，宏观经济学就不能够轻易地做到。由于宏观经济学先天性地把微观和中观现象从自己的研究视野中抽象掉了，因而宏观经济看待国民经济运行的眼光就不如国民经济学那样广阔和综合。

第二，研究对象有差异。传统的凯恩斯主义宏观经济理论把经济总量作为研究对象，经济结构和经济制度不是传统的宏观经济分析对象。中国在引入宏观经济分析以后很快就发现：由于中国自身的特殊国情，大量宏观经济现象与其说是总量问题，不如说是结构问题、制度问题。而且，结构性和制度性问题是隐藏在经济表象背后更深层次的问题。中国经济长期处于二元或三元结构状态，以致许多总量分析归于无效，比如菲利浦曲线、奥肯定理、"双缺口"模型等等在中国都得不到有效验证。而国民经济学研究一个国家范围内部社会再生产各个环节之间的衔接与循环，各种生产和资源要素之间的配置与组合，各个产业部门之间的相互关联，各个经济区域之间的平衡发展。因此，中国的国民经济学存在着一些不同于宏观经济学的命题：其一，国民经济学包含经济结构命题，涉及产业结构、区域结构、企业结构、市场结构、资源结构等。其二，国民经济学包含经济制度命题，涉及政府职能、宏观调控、政府经济管理体制等。其三，国民经济学还包含传统的国民经济和社会发展战略与规划命题，涉及国家发展战略、规划与计划等等。由不同的研究对象决定了二者之间的学科差异。由于宏观经济学把结构性和制度性问题直接从自己的研究范围中拿掉，因而宏观经济分析国民经济运行和解决国民经济问题的视觉就不如国民经济学那样深邃和有效。

第三，知识构成有区别。宏观经济学应当说是经济学理论的纯粹演化结果，是经济学分析工具的分工使然。因此除了数学分析和一些心理学分析引入宏观经济之外，人们没有看到宏观经济学在吸收其他人文社科与管理科学方面有何结合。然而中国国民经济学从国民经济计划学转化而来,首先对以前计划管理学的知识和分析工具有所继承。在研究国民经济预测、国民经济计划、国民经济组织、国家发展战略等方面保留和不断吸收了来自管理科学的知识和概念。而管理科学是20世纪发展得最快和最富有实用价值的学科。此外,国民经济学还吸收了诸如数学、统计学、政治学、社会学、历史学等其他自然科学和人文社科方面的知识和分析工具。

(三) 国民经济学与西方经济学

总体上说,国民经济学与现代经济学或西方经济学同属经济学科。而且当讨论具体的经济问题时,因为彼此使用的概念和工具几乎一样,人们往往分不清究竟谁是谁,似乎国民经济学与西方经济学没有区别。但其实这并不意味着西方经济学可以完全取代和兼并掉国民经济学。事实上,在学科层面上将国民经济学与一般化的西方经济学加以区别同样也是十分必要的。

对中国经济发展和改革中遇到的许多重大问题,西方经济学给不出明晰答案,但国民经济学科可以提供。譬如,西方经济学教科书在一些"标准的"假设之下,证明市场价格是有效的资源配置机制。但是,如果市场失灵了,政府可以在一定程度上纠正市场缺陷。这个原理似乎阐明了政府和市场的关系,为它们各自的活动划定边界。那么,在中国,政府和市场的关系如何处理,政府的职能如何界定,就没有什么好争论的,照着去做,中国的事情就可以办好,中国的计划经济体制就会自动升级到市场经济体制,顺利完成经济的转型。其实不然。迄今为止,新中国成立60多年,改革开放30多年,这段历史就是不断调整政府和市场关系的历史。从统一的计划经济体制到以计划经济为主,市场经济为辅,再到有计划的商品经济,最后到十四届三中全会确立社会主义市场经济体制,经历了反复争论和试验的过程。从十四大报告中首次提出的"要建立社会主义市场经济体制,要使市场在社会主义国家宏观调控下对资源配置起基础性作用",到十八届三中全会提出的"使市场在资源配置中起决定性作用和更好发挥政府作用",中国国民经济从计划轨道逐步转到了市场轨道上来。这期间,一方面,政府对市场的干预逐步减少;另一方面,市场机制的作用范围逐步扩大。无论是产品市场,还是要素市场,无论是私人产品的生产领域,还是公共产品和服务的生产提供领域,改革的方向都是市场化。改革的成绩与问题并存。当市场分割、房价上涨、公用事业垄断、公共服务低效、社会分配不公、收入分配差距扩大,对这些解释都需要运用对国民经济的历史分析方法和角度。国民经济学正面提供了这种分析,揭示了西方经济学所无法解释的政府与市场关系的复杂性。

再如,西方经济学的理论建立在成熟、稳定的市场经济标准假设前提之下,在这个前提之下,西方经济学不研究社会制度和生产关系,只研究资源配置。这与国民经济学研究所面临的现实相距甚远。所以,与西方经济学不同的是，在国民经济学的研究中，社会制度和生产关系并非外生变量，而是内生变量。国民经济学既研究生产力，也研究生产关系，研究在转型条件下实现国民经济健康发展与国民福利最大化的途径。这一点从国民经济学产生的时间和发展历程可以反映出来。现今的中国社会正处于转型时期，国民经济既具有一般市场经济的特征，也具有明显的转型特点。在对这种经济体进行管理，舶来的西方经济学固然有其不可忽视的借鉴意义，但是希望它包医中国本土经济的百病也是天真的想法。

在过去的30多年里，在一个市场不完善的环境里，政府推动了市场化改革。在这个过程中，由于私人部门还比较弱小，政府承担了许多在发达市场经济国家由私人部门承担和参与的功能，包括产业投资和基础设施建设。在西方经济学的教科书中，政府与市场的关系主要是对立的。有时，它们互相补充，共同工作，但是在大多数时候，政府和市场是相互作为对方的替代机制而发挥作用的。但是，中国的经验，包括东亚国家的经验说明，政府对国民经济的管理可以是成功的。

因此，一方面，我们要承认，西方经济学的确可以为中国国民经济的管理提供不可或缺的智慧。比如说，产权的重要性、市场导向激励机制的重要性、法律制度的重要性、平稳的货币政策和可持续的财政支出的重要性等等。但是，西方经济学的一般智慧遭遇中国具体国情，静态理论遇到动态的发展，使之不可能包医百病。比如说，中国是一个大国，无论从面积还是人口，一个正处于转型的发展中国家，比较贫穷，工业化与城市化水平比较低。所以另一方面，要强调现代经济学的普遍原理与中国经济的具体实践相结合，具体问题具体分析，并且在此基础进行必要的理论创新，满足中国经济社会发展进步对于理论支持的需求，这是对国民经济学及其学者的起码要求，也是国民经济学存在的理由。

Formation and Evolution of National Economics

Liu Rui

Abstract: This article is selected from the first chapter of the book——*the Map of National Economy*. The book is written by professors and collegesfrom Renmin University of China, Liaoning University, Central University of Finance and Economics, Sichuan university, Jiangxi University of Finance and Economics, Anhui University of Finance and Economics, etc and it will be published by Peking University Press. The book includes eight parts: formation and evolution of National Economics, the discipline system and school of the subject, the core concept of discipline, the subject research method, the discipline representative and the major event, the discipline academic organization, the discipline classics and the discipline research frontier, for the first time introduces the knowledge of China's national economy systematically. Now borrow the platform——*Review of National Economic* with the first serial publication, for fellow colleagues, continue to revised supplement, to promote and perfect the discipline construction of China's national economy.

Any subject has past life, they are not only related to the background of the subjects, but also have experienced the process of evolution of subjects. People will see that a subject like a biological species, it disappears or is mutated, or replaced, or retained in the course of a long-term evolution of the subject. There is also competition among subjects. These are extremely normal subject evolution. As a member of the Chinese economic system, national economics has experienced its own evolutionary process.

Keywords: National Economics, disciplinary development, trenduction

〔宏观调控〕

预期管理视角下的宏观调控体系创新

林木西　赵根宏[*]

摘　要：经济新常态下，面对复杂多变的国内外经济发展环境，为了更好地把握、适应和引领经济发展，宏观经济调控体系面临着创新发展的内在要求。近年来的宏观调控实践表明，预期管理的引入不仅是对"后危机"时代世界各国宏观调控实践经验的学习与借鉴，更是源自于中国经济现实特点的内在要求。从预期管理视角出发，进一步完善宏观调控体系成为调控体系创新的重要路径之一。本文认为，应从深化预期管理适用性认知、完善预期管理实施路径和强化预期管理制度供给三个方面，对预期管理进行全面思考和系统性建设。

关键词：预期管理　前瞻性指引　区间调控　信心

一、引　言

党的十八大以来，以习近平同志为核心的党中央高瞻远瞩地做出了我国经济进入"新常态"的重大战略判断。[①] 目前，中国经济已全面进入以"增长速度换挡、结构调整阵痛、前期政策消化、爬坡过坎攻坚、大有作为窗口"为特征的"新五期"。与此同时，"后危机"时代世界经济"疲态"、国际经济失序构成了复杂多变的外围经济环境。面对新的经济发展局面，以供给侧结构性改革为牵引，从体制机制创新切入，重点增加制度供给，成为解决经济发展诸多问题的核心抓手。与此相适应，新常态下的宏观经济调控体

---

[*] 本文为教育部哲学社会科学研究重大课题攻关项目（11JZD050）阶段性研究成果。
　林木西（1954～　），男，辽宁沈阳人，辽宁大学经济学院长江学者特聘教授、博士生导师。研究方向：国民经济学。
　赵根宏（1977～　），男，山东鱼台人，深圳信息职业技术学院副教授、辽宁大学国民经济学专业博士。研究方向：国民经济学。
[①] 习近平：《谋求持久发展共筑亚太梦想——在亚太经合组织工商领导人峰会开幕式上的演讲》，载《人民日报》2014年11月10日。

系就必然要求进行一系列的创新发展。通过不断探索与实践,我国宏观调控逐步形成了以"区间调控、定向调控和相机调控"为特色的调控体系,为促进经济持续健康发展发挥了积极作用,充分体现了社会主义市场经济体制优势的内在要求。

在宏观调控体系创新发展中,突出表现之一即是将预期管理放在了愈发突出的位置。2013年十八届三中全会首次在宏观调控中提出预期管理要求,将宏观调控任务部署为"保持经济总量平衡,促进重大经济结构协调和生产力布局优化,减缓经济周期波动影响,防范区域性、系统性风险,稳定市场预期,实现经济持续健康发展";① 2015年底的中央经济工作会议以"实施宏观调控,要更加注重引导市场行为和社会心理预期"的论述明确了预期与调控的关系;② 时至2016年,"社会主义市场经济条件下,宏观调控本质上是预期管理"的论断对预期管理在我国宏观调控中的地位给予了定位,并以"稳预期的关键是稳政策"对"预期管理怎么办"给予了回答。③ 具体而言,宏观层面"区间管理"创新、中观层面利率走廊机制加快建设、微观层面强化交流沟通与前瞻化指引,处处体现着预期管理在实践中的运用。

现代预期管理源起于 Krugman(1998)对日本经济"流动性陷阱"的思考,由 Woodford(2001)正式提出。所谓预期管理,即指通过一系列预期管理政策与工具的实施,有效引导、协调和稳定社会预期,在追求宏观调控政策效果最大化的同时,尽量减少宏观调控政策对经济影响的副作用的管理过程。大量学者(Eggertsson and Woodford,2003;Eggertsson,2008;Cooper and Wills,2010;Mishkin,2011)的研究表明,预期管理在经济危机中发挥了重要作用,且在应对全球金融危机的宏观调控实践中,蕴含着预期管理思想的"前瞻性指引"政策已然成为各国宏观调控政策制定的重要影响因子,并日益成为一种政策手段(Campbell,2012)。以至在宏观经济学界形成了一个所谓的"新共识":即货币政策的有效性很大程度上取决于货币政策对公众预期的引导,应当将预期管理纳入货币政策的宏观框架;预期在通货膨胀决定和货币政策向宏观经济的传导过程中起关键作用,且货币政策能够影响公众预期(Mishkin,2011)。

国内对预期管理的研究尚处于起步阶段,较多集中于文献综述和实证检验,且在研究指向上更多集中于货币政策领域以及通过货币政策实现预期管理有效性方面。李拉亚(1994)、郭豫媚(2016)认为预期管理即是通过信息沟通提高货币政策透明度,对公众预期予以引导,从而

---

① 新华社:《中共中央关于全面深化改革若干重大问题的决定》,载《求是》2013年第22期,第8~17页。
② 新华社:《着力加强结构性改革引领经济发展新常态》,载《新华日报》2015年12月22日。
③ 《开局首季问大势——权威人士谈当前中国经济》,载《人民日报》2016年5月9日。

使得货币政策调控事半功倍。程均丽（2007）、徐亚平（2009）、李拉亚（2011）、马文涛（2014）等则对预期管理理论起源、发展及最新进展进行了评述。在此基础上，大量研究从货币政策视角出发，围绕信息沟通、透明度建设展开了相关探讨，如徐亚平（2009；2012）认为通过货币政策透明度的提升，可以促进经济个体学习、引导公众预期，进而增强货币政策有效性；由于信息作为不确定因子进入公众预期形成过程，预期管理的重点应在强化与公众信息的交流沟通而不是直接的政策调控。潘再见（2014）基于新凯恩斯经济模型阐释央行沟通引导利率预期的内在机理后，实证得出中央银行沟通是央行管理预期的重要工具的结论。郭豫媚（2016）则通过构建一个包含预期误差冲击和预期管理的动态随机一般均衡模型，研究了货币政策有效性不足时预期管理应对经济波动的能力，得出预期管理可逆周期引导市场通胀预期，货币政策有效性下降背景下应加强对预期管理重视的相关结论。在预期管理建设方面，国内相关文献较少，杨瑾和刘湘勤（2009）、郑联盛（2016）在对美国金融危机中预期管理相关实践展进行了经验总结，对预期管理的必要性、预期管理主体、预期管理路径及预期管理工具展开了初步分析，并对我国进行预期管理进行了些许思考。

相对于尚处起步阶段的预期管理理论研究，中国的预期管理实践已然走到了理论之前，说明预期管理并不是完全引自国外的"舶来品"（李拉亚，2011），其早已深刻体现于我国的宏观经济管理之中。从20世纪90年代的初期"价格闯关"、"治理通胀"和世纪之交的"紧缩治理"，至"次贷危机"前后的强化宏观调控与"区间调控"框架初步成形，无不蕴含着预期管理的思想内核。尤其在全球金融风暴影响下的"后危机"时代，我国在借鉴国外实践经验、结合我国国情的基础上，进行了更具有中国特色的预期管理的系列探索。简略而言，我国预期管理所覆盖的领域更加宽泛，在预期管理途径上更强调"信息、政策、信念和交流"的现代方法，更凸显"语言比行动更重要"的现代预期管理思想。但整体而言，现阶段的预期管理建设与实施在体系上还远未成熟，建设中缺乏统一规划与协调，以致在预期管理实施中呈现短期化、随意化和碎片化倾向。因此，从预期管理视角出发，系统思考宏观调控体系创新发展就成为一个不可回避的问题。

二、深化预期管理适用性认知

预期管理在宏观调控的实践中虽被广泛接受，但对其在宏观调控体系中的地位与作用到底如何理解，仍是一个存在争论的问题。预期管理崛起于危机的应对，作为"应急"手段的预期管理适用于常态运行经济吗？在经济形势进入常态后需要"常规化"吗？对这一问题的回答需要厘清以下几个问题：

（一）预期管理是宏观调控内涵的丰富

宏观调控是调控主体与微观经济个体之间的博弈过程，是对利益分配格局的调整和重组。因此，各行为主体都会从自身利益出发积极参与到这一博弈过程之中，而不仅是静态的被动接受。如果宏观调控中不考虑博弈的动态性，那么传统相机规则下"出其不意"策略当然是最优之选。但基于博弈视角，简单相机策略在无限期策略博弈过程中是无法达到纳什均衡的。尤其随着互联网对整体经济渗透率的提升，微观经济主体信息获取成本大幅下降，信息量级、获取时效快速提升，社会信息不对称现象正逐步得到缓和。因此，宏观调控必须对经济行为人的预期进行关注，考虑预期影响行为决策、作用宏观经济运行以及反馈至宏观调控的影响。进而，预期管理应该是宏观调控的本质内涵，而不仅将其视为应急策略。

（二）预期管理是宏观调控理论的发展

宏观调控理论传统上多基于凯恩斯主义相关学术思想进行建构。但从经济"滞胀"、"流动性陷阱"及至本次全球金融危机，对现实经济的心余力绌对其提出了创新发展的内在要求。究其原委，与"凯恩斯革命"缺乏坚实的微观基础有莫大关联。缺乏微观基础的理论构架在支持宏观调控举措时仅以宏观论宏观的进行逻辑推演，使得宏观经济调控出现微观传导失灵现象，进而无法对经济现实困境给出正确的"药方"。正如附加预期的菲利普斯曲线所描绘的那样，扩张性货币政策在受到微观行为主体预期影响后，除了产生"棘轮"式的通货膨胀效应外，产出几乎不会发生实质变动。所以，对宏观经济理论寻求微观基础成为现代宏观经济学发展的重要方向之一。从而，考虑经济行为人的预期因素、对预期施加影响、进行预期管理就成为宏观调控发展方向之一，其自然不只是一种应急策略。

（三）预期管理推动宏观调控与微观规制相互配合

宏观调控和微观规制都是政府进行纠正"市场失灵"的手段，共同构成了国家对国民经济的管理。社会主义市场经济下，政府这只"看得见的手"应该从宏观和微观双重视角管理国民经济，以宏观调控和微观规制两个手段校正"市场失灵"。其中，微观规制主要针对市场不足加以弥补，整顿和规范市场经济秩序。那么，预期是否应属政府微观规制的范畴呢？这从微观规制目的"通过改善宏观经济的微观市场基础，追求长期持续的经济绩效，从而弥补宏观调控的弱点，发挥经济社会协调发展的长效机制"来看，其与预期管理目标是相一致的。同时从规制方式尤其社会性规制方面，越来越强调用信息规制替代传统的规则规制，以增强信息披露和提高规制透明度提升规制效率来看，可以发现预期管理应属于微观规制的内涵范畴。因此，预期管理可以视为宏观调控的微观化，兼有宏观调控和微观规制两种属性，但从国民经济管理的角度看，作为宏观调控的重要补充抑或宏观调控政策的延伸，应该成为常态化的宏观调控举措。正是从这个意义上，十八届三中全会《决定》将其纳入"健全宏观调控体系"的范畴。

传统宏观调控政策的失灵催化了预期管理的产生与发展，但预期管理并不是仅适用于应对经济危机。从长期发展看，预期管理应该被纳入宏观调控的常态工具箱。同时应理性认识到，预期在经济发展中并不是决定一切的变量，更不是唯一变量，即使预期管理确实会对经济发展产生较大影响，尤其在经济发展不确定性突增之时，其可成为挽救传统政策"失灵"的妙药良方，但预期管理并没有形成对传统经济政策的替代，将预期管理定位于对其他宏观经济管理政策的一种"融入附加"可能才是预期管理的恰当定位。在健全的宏观调控体系中，预期管理更应该成为一个可参与因子，进入到各项政策的制定、实施和修正的过程中去，为宏观经济调控效率的提升起到增进作用。

三、完善预期管理实施路径

（一）充分重视国民经济发展规划作用

1. 充分重视国民经济总体规划

国民经济总体规划是规划期内政府对社会经济发展施加影响的整体规划框架，是对国民经济发展战略的具体落实，也是国家加强和改善宏观调控的重要手段。在我国经济实践中，"五年规划"为其表现形式，其中作为规划目标表现形式的国民经济和社会发展指标，通过数字化的表达清晰地传递着预期与约束信息，直接影响着社会预期的形成与方向。自1996年以来的四个"五年规划"目标在规划期内都得到超额实现，经济增长目标都圆满完成。从年度情况看，扣除2000~2002年三年没有公布规划目标数据、2014年和2015年没有完成经济增长目标外，其他年份的年度经济增长目标都得到了实现（见表1）。这一方面说明规划本身的科学合理，同时也说明在合理科学的规划指引下，微观行为主体的预期、决策和行为会受到其直接的引导和约束，从而促成了宏观经济发展指标的实现。

表1　　　　　　　1996~2015年经济增长目标及实现情况一览　　　　　　单位：%

规划期	年度	规划值	实现值	规划期	年度	规划值	实现值
"九五" 目标：8% 实际：8.3%	1996	8	10	"十一五" 目标：7.5% 实际：11.2%	2006	8	12.7
	1997	8	9.3		2007	8	14.2
	1998	8	7.8		2008	8	9.6
	1999	7	7.6		2009	8	9.2
	2000	—	8.4		2010	8	10.4
"十五" 目标：7% 实际：9.5%	2001	—	8.3	"十二五" 目标：7% 实际：7.8%	2011	8	9.3
	2002	—	9.1		2012	7.5	7.7
	2003	7	10		2013	7.5	7.7
	2004	7	10.1		2014	7.5	7.3
	2005	8	11.3		2015	7	6.9

资料来源：历年《政府工作报告》和国家统计局。

2. 高度重视国民经济具体规划

在具体规划指标上需要更加清晰明了，自"十一五"规划以来，规划目标的一个创新发展即是对指标进行预期性和约束性划分。预期性指标是期望目标，主要依靠机制来实现；约束性指标则指需要政府通过各种手段来确保实现的指标。这种对由市场决定和政府托底的指标分类，实际上产生了分类指引的效果，对预期管理的实现与细分形成了影响。在"十三五"规划中，可以发现越来越多的数据化指标，这无疑有利于引导公众预期的形成与走向（见表2）。

表2　　　　　　　"十三五"（2000~2016年）部分重要指标一览

指标	目标	指标	目标	指标	目标
GDP增速与增量	6.5% 90万亿	常住人口城镇化率	60%	高铁营业里程	3万公里
R&D占GDP比重	2.5%	人口平均受教育年限	10.8年	新改建高速公路	3万公里
科技进步对经济增长贡献率	60%	单位产值水、能耗、CO_2排放	水 −23% 能耗 −15% CO_2 −18%	森林覆盖率	23.04%
城镇新增就业	5000万	棚户区改造	1亿人居	人均预期寿命	+1
全员劳动生产率	12万元	农业转移人口	1亿人		

资料来源：《中华人民共和国国民经济和社会发展第十三个五年规划纲要》。

（二）扩展预期管理主体

1. 以货币部门和财政部门为主体

在全球经济预期管理实践中，货币部门充当着预期管理的主力军几乎没有什么悬念。但宏观调控另一主体——财政部门（以及财政政策）是否应纳入预期管理实施之中则是一个值得探讨的问题。尤其在党的十八大及"十三五"规划中明确"以财政政策和货币政策为主要手段的宏观调控体系"之后，这一问题更显突出。首先需以明确的是，国外实践中财政政策于预期管理实现中的"缺位"，主要源自于世界经济疲弱背景下的各国财政政策"非常规"操作空间过于狭小（尤以欧盟为甚），而并非来自理论层面的支撑。实质上，"扩张性财政政策＋宽松货币政策"的政策组合对于实现预期管理甚是强于单一货币政策。实践上，我国近年来在利用财政政策试行预期管理上进行了大胆的实践。如通过"定向降税"实现"定向调控"进行的预期管理已初见成效；2016年"营改增"改革中明确对"北、上、广、深"二手房交易增值税缴纳区别于全国其他地区，也是预期管理的体现，从而成为中国预期管理不同于国外预算管理的颇具特色之处。根据预期管理的"中国特色"应坚持在预期管理的实施中的货币和财政部门的双主体定位。

2. 充分发挥各综合部门作用

预期管理的核心在于影响公众预期，这与公众对政策承诺的可信度息息相关。但囿于我国市场经济发育程度的限制，宏观调控体系中的政策传导机制尚不完善，而新常态下的供给侧结构性改革对宏观调控任务从单目标到多目标、从总量到结构、从需求到"双侧"又提出了更多的要求。因此，为更好地实施预期管理，必须按"十三五"规划要求那样完善财政政策、货币政策、产业政策、区域政策、投资政策、消费政策、价格政策协调配合的政策体系，充分发挥综合政策和综合部门的作用。"一行三会"、财政部、发改委、商务部、统计局及其他部委乃至协会等都应成为预期管理的主体，在具体工作中充分考虑预期因素，执行预期管理职能。

3. 高度重视"发改部门"的作用是中国预期管理的一大特色

国家发改委作为中国宏观调控主体"三驾马车"之一，专司长期战略规划，实际上发挥着对以货币政策、财政政策为主的传统宏观调控政策无力进行长期综合调控的补充之责。并且从现实经济运行机制来看，"发改部门"实际上是宏观调控的主导者与"领头羊"，央行和财政部的政策制定与实施都不可避免地受其指导和约束。另外从权威性来看，举凡宏观调控创新、完善宏观调控体系的论述均来自发改委，"发改部门"事实上成为宏观调控中最有发言权的管理主体。由于预期管理效率直接受政策可信度影响，政策可信度又与政策部门权威性直接相关，因此，强化"发改部门"的预期管理主体职能，将极大地提高预期管理的效率。如面对2016年3月初的猪肉价格同比大幅上涨52.8%的局面，发改委及时发出预警，提醒由于较高的"猪粮比"可能会使得养殖户过度补栏（这在中国以往的经济生活中多次出现），导致生猪产能过度扩张，使生猪价格很快进入下跌通道，进行了一次"预期管理"的生动实践。当然，预期管理并非"国发部门"一家之责，必须得到相关部门的通力配合与支持。

（三）强化信心管理

1. 必须强调"信心比黄金更重要"

信心是一种情绪因素，也可以被理解为一种经济资源。信心会直接影响预期的形成，尤其在危机时刻，由于不确定性超常增加，导致预期管理需借助信心指引进行实现，致使此时的预期管理就等同于信心管理。总结本次危机救助的教训与经验，可以发现信心管理的重要性。如2008年9月美国布什政府面对受"次贷危机"影响已岌岌可及的"雷曼兄弟"，并没有承担起进行信心管理的职责，而是以拒绝做出接管的姿态听之任之，导致公众信心崩溃、危机快速恶化；继而奥巴马政府上台，又继续宣称危机有进一步恶化可能，导致信心崩溃更是不可收拾，致使后期一系列复苏经济的政策效果大打折扣。而我国面对危机临危不惧，果断实施"四万亿"投资计划，引导公众树立"信心比黄金更重要"的信念，在表明政府的坚定立场的同时防止了信心的崩溃，从而极大地缓解了外部危机对中国经济的冲击。通过对比可以看出，预期管理从一定意义上说就是信心管理。

2. 信心管理是重要的政府管理

信心管理作为政府对国民经济管理的内容之一，其重要性对于当今中国尤为突出。作为世界第一人口大国，"万众一心"破解世上最大的发展问题，自然有更大的难度，也会遭遇人类历史上从未出现的发展难题，故经济"新常态"、"供给侧结构性改革"已成为当今之世经济发展史上的鲜例。因此，面对未来不确定性的茫然心态，信心管理殊为重要。特别是当前面对世界经济复苏低迷、全球贸易延续萎缩、贸易保护大有抬头之势、国际经济秩序面临重构的外围环境，国内主动下调经济增速的举措使已适应长期高增长环境的中国民众开始时出现了一定的不适应心理。2016年初，以人民币汇率短期贬值为背景，国外抨击中国经济"硬着陆"的宣传难免会影响甚至动摇民众对未来经济发展的信心。对此，中央媒体主动发声，七天六次炮轰"做空"中国的言论，对于稳定民心，平抑当时资本外流、汇率波动的局面发挥了很好的作用。不仅如此，近年来关于"中国梦"、"两个一百年"、"有信心、有能力保持经济中高速增长"、"中国不会落入中等收入陷阱"等一系列掷地有声的声音，无不为全社会树立信心，推动社会正能量的升腾，扎实推进各项经济工作，奠定了坚实的心理基础。

（四）扩大预期管理范围

1. 强化资本市场预期管理

在货币政策之外，预期管理存在广阔的拓展空间。由于资本市场本身具有"预期品"的特性，使得预期在资本价格形成与波动中有着更大更直接的作用空间。纵观中国股票市场之大起大落，皆可从预期视角一窥端倪。并且随着金融创新、市场环境的变化，资本市场对信息、预期的反应会愈发敏感，预期管理的重要性从正反两发面都得到了论证。实践反复证明，政策当局在预期管理的具体实施时一定要保持与市场的充分沟通，否则会如总理所言"就可能扰乱市场预期，后续就需大量工作去弥补"。① 比如中国股票市场于2016年开始实施的"熔断机制"，从1月4日实施至1月8日被宣布暂停，在共计五日的实施期间内两次"熔断"，不但没有起到稳定市场的作用，反而加速了市场的大幅波动。之所以本意稳定市场的机制却产生适得其反的效果，从表象上看是由于浓重的投机市场氛围、个人投资者占比高的主体结构，使得该机制下出现了更加强大的"磁吸效应"，打破了"熔断机制"对市场的稳定性影响，但从更深的预期管理的角度看，正是由于没有做到与市场充分沟通，从而导致了"磁吸效应"的无限放大。所以，在资本市场的发展中更应高度重视预期管理的作用，充分发挥其政策工具的正面导向作用。

2. 强化房地产市场预期管理

房地产商品具有消费品与投资品双重属性，其价格波动不仅会受到经济运行的影响，还会受到各种舆论与心理预期的影响。因此，对于市场预期给予引导，就成为稳定房地产市场的重要环节。我国房地产市场在预期影响与政策承诺不可置信的双重推动下，最终形成长期向上的动态发展，并随着时间推移市场中预期"自我实现"的特征愈发明显。"越调越涨"的"自加强"表现一方面反映经济行为人的"理性反映"，另一方面也说明宏观调控在预期管理失败后带来的政策低效。从2000年至今的房地产调控政策实施、房价基本表现及当时居民对房地产价格预期的简要情况来看（见表3），正是前期的政策效果没有得到保障，后续的政策效力逐步减弱，公众面对政策失信情况下的"理性"对策，使得房价出现了一轮高过一轮的上涨。因此，对房地产市场的预期管理必须得到充分重视与强化。

表3　　房地产调控、房价表现及与预期表现一览（2000年至今）

	时间	调控政策	房价表现	预期
调控初期阶段	2000年	住房实物分配停止	房价逐步进入上升轨道	看涨预期形成
	2003年8月	"房地产是国民经济支柱产业"		
调控逐步趋于严格	2005年3月	"旧国八条"	房价坚挺	看空预期开始逆转
	2005年5月	"新国八条"		
	2005年10月		价量回升，逐步进入快速上涨通道	预期快速上涨
	2006年6月	"国六条"	房价快速上升	

---

① 《让政务更加公开透明》，载《经济日报》2016年11月3日。

续表

时间		调控政策	房价表现	预期
受金融危机影响阶段	2007年9月	"9.27"房贷新政		房价看涨预期逆转
	2007年11月		房价自1998年来首次下跌	
调控重新宽松阶段	2009年1月	政府救市，贷款七折利率优惠，首付款下调	房价飞涨	看涨预期重新形成
	2009年12月	"国四条"		
	2010年1月	"国十一条"		看涨预期趋稳
	2010年4月	新"国十一条"	房价仅停滞2月	
调控重新严厉阶段	2010年9月	"九月新政"	调控效果不理想	看涨预期开始逆转，观察心态占优
	2011年1月	新"国八条"		
	2011年5月		品牌开发商开始降价	
	2013年	"国五条"	全国平稳，中心城市房价大幅上涨	房价上涨预期增强
	2014年	"双向调控"		
去库存下的宽松阶段	2015年	"3.30房产新政"	全国房价分化严重，中心城市创历史最高同比涨幅	预期区域分化；但在中心城市，上涨预期直接推动着房价的大幅上扬
	2016年			

资料来源：根据有关资料整理。

（五）利用大数据提质预期管理

1. 利用大数据支撑前瞻性指引

宏观经济调控的效果与其是否见机早、行动快密切相关。作为宏观调控组成部分的预期管理本身蕴含着"前瞻"性指向，故对其行动时机提出了更高的要求。而行动时机的把握与数据占有程度直接相关，数据占有数量越大、准确程度越高、获取越及时，以其为基础的政策制定与实施的效果就会越好。实践过程中，预期管理发展滞后的一个原因就在于预期本身的心理属性所带来的计量困难。即使考虑通过大规模的问卷调查来获取预期数据，也并不能保证数据的真实性，况且有时行为人自己也可能并不能对自己的真实预期进行真实表达。因此，应用大数据技术从海量数据中直接挖掘经济行为人"预期信息"，从而为预期管理提供更好的支撑。

2. 关键在于信息提取

在利用大数据技术支撑预期管理的过程中，不能把大数据技术只局限于对原始数据进行预测改良，应更多考虑以大数据技术为中介，对以前难以捕捉的微观个体行为信息进行数字化和具象化抽取。尤其随着"机器学习"、人工智能的进一步发展，数据的获取要变得更加具有主动性，数据的准确率和可靠性要进一步提高。如原来无法进行统计、调查的多种信心数据，可以通过大数据技术而"间接"获取。

3. 有效开展国民经济预警管理

在通过大数据技术获取实时、海量数据后，进一步实施预期管理就有了基本数据保障。预期管理就会有的放矢，准确性和灵活性都会大幅提升，同时也为预期管理监测、预警体系的建设形成基础支持。由于预期管理与国民经济预警管理有很多交集存在，其中内含有预期管理的思想，若通过大数据技术获取更加准确及时的信息，则可以有效地减少预测误差的存在和影响，有效提升预警体系对经济周期拐点的解读判识能力，大幅提升国民经济预警体系的运行效率。

四、强化预期管理制度供给

（一）宏观调控"区间管理"的制度再完善

1. 有效设置宏观调控目标区间

区间调控的实质是政府对宏观调控设置一个"识别区"，合理区间的上下限形成了宏观调控的触发条件。但由于经济运行不确定性因素的影响，客观上要求对目标设置的临界点进行区间化处理。虽然区间调控相比于传统宏观调控实现了点目标到区间目标的转变，但在区间临界点选择上，仍需考虑区间问题。目标区间化可以给管理当局在政策制定和调控操作上预留更多的空间，更好地兼顾多元目标的平衡，更好地适应复杂多变的国际经济环境，也可以进一步淡化地方政府单纯追求经济增长的传统发展观念。但需注意，在"下限"指标（GDP 年度增速）区间化后，通货膨胀、失业率这些"上限"指标需不需要区间化，其他经济发展指标是否需要区间化，对此应持审慎态度。因为极端式的"区间化"可能使区间调控名存实亡，实际上只要存在目标区间设置，那么在经济运行接近临界值之时都会产生"磁吸效应"和"锚定效应"，因此在具体指标的区间设置上需要慎之又慎。

2. 灵活开展定向调控和相机调控

随着我国的"黄金发展"势头逐渐减弱，宏观调控的"弹性空间"与"反应空间"趋于逐步收窄，此时经济运行如果击穿"下限"，很可能会陷入系统化风险的困境。因此，需在区间调控之上，加大定向调控和相机调控，以将系统性风险化解于未然。然而，目前的定向调控对象目标仍然偏窄，多指向农村金融、小微金融等金融服务的薄弱环节，且以货币政策和金融政策为主，手段相对单一。从未来发展看，需从手段与内涵等方面对其进行完善与发展：在实施手段上，货币政策、财政政策、产业政策、社保政策、金融政策等都应被用于定向调控之中；在调控对象上，与经济转型和发展密切挂钩的重点热点都应该为定向支持的目标领域，如"大众创业、万众创新"、"互联网＋"、"一带一路"、绿色发展等。

（二）完善预期管理的"硬"制度建设

1. 明确预期管理制度供给途径

预期管理通过影响预期形成的信息集对预期进行引导和塑造。而对信息集的影响主要通过经济政策本身和前瞻性指引这两个方面来实现：前者主要强调信息的间接传递，一般表现为经济政策的规则化、制度化和透明化，强调政策本身的可学习性等，最终表现形式为如泰勒规则、通货膨胀目标制、利率走廊机制等制度构建，这些可作为预期管理的"硬"制度；而后者更强调对信息的直接传递，但在现实中更多表现为信息披露、透明度建设和沟通平台建设与运行等，以达到前瞻性指引的目的，故可被认知为预期管理的"软"制度。

2. 以建立利率走廊作为短期目标

传统宏观调控政策工具按现代预期管理思想来组织实施皆属于预期管理"硬"制度建设范畴。如利率调整、存款准备金率调整的平滑实施、公开市场操作常态化、通货膨胀目标制和利率走廊机制建设以及定向降准、定向再贷款等一系列定向创新工具，等等。在我国预期管理的实践中，应加快推进利率走廊机制的建立。建立完备的利率走廊机制应是一个分步走的过程：一是在隐性政策利率附近建立事实上的利率走廊，但对隐性政策利率"秘而不宣"；二是逐步收窄利率走廊区间；三是直至取消基准存贷款利率，并宣布建立短期盯住政策利率和中长期参考广义货币供应量增长率的新政策框架。在短期目标的"利率走廊"机制逐步建立与完善后，进一步完善中长期目标的"硬"制度，并以前瞻性指引作为发展方向。

（三）完善预期管理的"软"制度建设

预期管理希望实现对市场预期的引导自然就要与预期形成主体进行信息沟通，这正是预期管理"软"制度的指向。"沟通"成为预期管理"软"制度建设的首要目标，其核心即是要进行政策透明度的相关建设。

1. 完善主动型沟通举措

主要有：一是强化对外沟通意识，将沟通纳入政策工具范畴。将对外沟通与业务工作相结合，将沟通纳入经济政策工具范畴；二是深化沟通内容，加大信息解读。沟通的有效性依赖于沟通信息的深度，在政策实施时要将政策制定依据和意图、执行效果对外加以解释，确保公众准确清晰理解，从而利于公众与政策当局形成一致预期；三是相机选择沟通方式与形式。沟通方式与力度的选择要根据受众、经济周期相机选择。一般而言，在经济上升阶段，委婉式的沟通对市场预期引导效果较好；而处于经济下行阶段，则需要立场明确的沟通方式，明确传达政策意图、有效扭转市场悲观预期，从而带动经济走出低谷；四是建立受众反馈和媒体信息采集专业部门。通过该机制的建立，负责向受众进行信息反馈收集与分析，以及时跟踪市场预期，以更好地促进政策调整。

2. 完善被动型沟通制度

被动型沟通主要表现为媒体报告与预期变量之间的关系。一方面，需在传统媒体渠道的基础上更加关注对"自媒体"渠道的使用，使两种渠道协作共进，提升信息传递效率，以达到引导预期之目的。另一方面，需要加强对预期管理过程中的各种"噪音"的整治。如可考虑对在公共媒体上发布宏观经济评论的机构进行必要的资质管理等。设立社会信息收集评估机构，专司对在公共媒体上发布的有关对宏观经济预判的信息进行评估。定期公布各种社会机构预判的偏差程度，并将结果予以公示；对于连续出现错误预判的机构，要给予必要的警示，甚至取消其在公共媒体上发布信息的资格。

3. 推进政策透明度整体建设

完善的信息沟通为政策透明度整体建设形成了基础性铺垫，但政策透明度的影响因子不完全由信息沟通构成，应考虑从以下两方面推动透明度建设：一是增强政策部门的独立性。保持相对独立性、减少政府干预，是提升政策透明的根本途径；二是提高财经知识普及率。政策透明度建设的另一关键在于使受众对沟通的信息能够理解和接受，为此需要在全社会普及财经知识，否则会因对沟通信息不理解、理解不到位甚至误解无法对市场信号做出灵敏反应。因此，提高民众财经素养、培育对政策理解能力也就成为提升政策透明度建设中的必要一环。

（四）加快建立预期管理体系

为了更好实施预期管理，需对预期管理的相关制度与运行流程进行规范与管理，建立系统完善的预期管理体系。一般而言，预期管理体系应包括预警机制、常态跟踪对话机制、高效反馈与处理机制。

1. 建立健全有效预期预警机制

预期预警机制具有信息收集与分析、预报、监测及信息发布等作用，依据对相关经济变量的实时跟踪、广泛而及时的取证调查、新技术手段融合使用，及时高效地获取社会预期信息，并对其进行评价、预测和预警，是进行预期管理体系建设的起点与基础。反应迅速、运行高效的预期预警机制一旦建立起来，就可对预期管理实施的时机、力度进行有效指导，对有效预期管理形成直接支持。建立有效的预期预警机制，应坚持信息公开透明的原则，及时向公众公布经济运行事实真相，引导公众形成正确预期。同时，预期指标和预警区间的选择与设置不仅是经验型的，更应具有时变特性，应根据经济发展的不同阶段、运行环境的不同状况进行不断调整与完善。在形成预期的信息获取中,要强化对新理论、新技术和新方法的使用,如大数据挖掘技术、神经经济学相关理论等。

2. 建立健全常态跟踪与沟通机制

建立健全常态跟踪与沟通对话机制,可以有效消除公众与预期管理主体之间的信息不对称,减少一致合理预期形成的阻碍。为此可通过大众传媒、网络交流以及各种座谈会、研讨会、见面会、交流会等形式,广泛进行定期和不定期的信息沟通,以达到协调预期、消除误解、把握民意和预期及时得到公众支持的目的。通过信息沟通机制,一方面可及时了解预期主体利益诉求,另一方面可及时调整预期主体心态,影响合理预期的形成。只有预期管理部门与预期主体经常信息沟通,形成科学有效的利益协调机制,预期管理才能形成较好效果。

3. 建立健全预期反馈处理机制

实施预期管理后,要及时对预期管理实施情况、影响效果进行跟踪与反馈,对预期管理的经验与教训进行总结与归纳,供预期管理部门下一步决策参考。通过建立健全预期反馈处理机制,对于已经出现或将会出现的偏差"苗头",防患于未然,及时采取有效措施予以纠正。由于这项工作牵涉多元主体、涉及广泛领域,并非一日之功,只有高度重视,常抓不懈,才能更好地实现预期管理的效果。

参 考 文 献

[1] 程均丽. 中央银行预期管理研究最新进展 [J]. 金融研究, 2007 (5b): 1 – 10.

[2] 郭豫媚, 陈伟泽, 陈彦斌. 中国货币政策有效性下降与预期管理研究 [J]. 经济研究, 2016 (01): 28 – 41.

[3] 李拉亚. 预期管理理论模式述评 [J]. 经济学动态, 2011 (07): 113 – 119.

[4] 李拉亚. 预期与不确定性的关系分析 [J]. 经济研究, 1994 (09): 12 – 19.

[5] 马文涛. 预期管理理论的形成、演变与启示 [J]. 经济理论与经济管理, 2014, V34 (08): 43 – 57.

[6] 潘再见. 中央银行沟通与利率预期: 理论分析与实证检验 [J]. 上海金融, 2014 (04): 52 – 57.

[7] 徐亚平, 徐韬, 兰茹佳. 资产价格与货币政策的预期管理 [J]. 新金融, 2012 (12): 15 – 18.

[8] 徐亚平. 公众学习、预期引导与货币政策的有效性 [J]. 金融研究, 2009 (01): 50 – 65.

[9] 杨瑾, 刘湘勤. 金融危机救助中的预期管理——美国次贷危机救助的经验启示 [J]. 财经问题研究, 2009 (09): 71 – 76.

[10] 郑联盛. 美国货币政策预期管理经验及启示 [J]. 新金融, 2016 (03): 16 – 20.

[11] Campbell J. R., Evans C. L., Fisher J. D. M., et al. Macroeconomic Effects of Federal Reserve Forward Guidance (with Comments and Discussion) [J]. Brookings Papers on

Economic Activity, 2012, 12 (1): 1 - 80.

[12] Cooper R. , Willis J. L. Coordination of expectations in the recent crisis: private actions and policy responses [J]. Economic Review, 2010, 95 (5): 5 - 39.

[13] Economist C. , Bernanke B. The Federal Reserve and the Financial Crisis [M]. Princeton University Press, 2013.

[14] Eggertsson G. B. , Woodford M. The zero bound on interest rates and optimal monetary policy [C] //Conference of the Brookings - Panel on Economic Activity. 2003: 139 - 233.

[15] Eggertsson G. B. Great Expectations and the End of the Depression [J]. American Economic Review, 2008, 98 (98): 1476 - 1516.

[16] Krugman P. R. , Rogoff D K. It's Baaack: Japan's Slump and the Return of the Liquidity Trap [J]. Brookings Papers on Economic Activity, 1998, 29 (2): 137 - 206.

[17] Mishkin F. S. Monetary Policy Strategy: Lessons from the Crisis [J]. Nber Working Papers, 2011.

[18] Woodford M. Monetary Policy in the Information Economy [C]. Economic Policy Symposium - Jackson Hole. Federal Reserve Bank of Kansas City, 2001: 383 - 390.

Reflections on the Innovation of Macroeconomic Regulation System From the Perspective of Expectation Management

Lin Muxi   Zhao Genhong

Abstract: With the Chinese economy into the new normal, macroeconomic regulation system is facing the inherent requirements of innovation and development. Expectation management is not only the learning and reference of the practical experience of the macro-control of the world in the post crisis era, but also is the inherent requirement of China's economic reality. Expectation management play a positive role in the steady development of China's economy. From the perspective of expectation management to improve the macro-control system is one of the important paths of the regulation system innovation. We should make a comprehensive thinking and systematic construction of the expected management from three aspects: deepening the applicability of the expected management, perfecting the expected management implementation paths, and strengthening the supply of expected management system.

Keywords: expectation management, forward guidance, interval control, confidence

财政分权对我国区域创新效率的影响分析

薛凝萱　严成樑*

摘　要： 本文采用1998～2015年中国省际数据，利用固定效应面板数据模型研究了地方政府财政分权程度与区域创新效率之间的相关性。结果表明：财政分权程度的提升显著增加了区域创新效率，人均财政科技支出、金融发展水平对区域创新效率产生正面影响。在对创新效率进行进一步细分后发现，财政分权对低水平创新效率的促进作用高于对高水平创新效率的促进作用，同时，在分区域进行回归后发现，财政分权对中西部内陆地区创新效率的影响高于对东部沿海地区的影响。

关键词： 财政分权　创新效率　面板数据

一、引　言

根据新经济增长理论的观点，技术进步和创新是推动一个国家经济发展的根本动力。随着科教兴国战略的正式确立和实施，我国不断加强对科技研发及创新活动的重视，科技投入力度持续增强。从统计数据来看，1998～2015年R&D经费内部支出的年均增长率高达19.8%，远远高于同期GDP的增长速度，占当年GDP的比例也呈现出上升趋势，可以看出，近年来我国科技活动投入经历了飞速发展。但从长期来看，我国的整体科技水平依然比较落后，并且在区域之间创新能力及创新效率差异较大；在创新型国家的建设过程中，我们不仅要注重科技创新活动的投入，更重要的是科学有效的协调创新要素，推动创新效率的提升，对加速产业结构转型以及区域经济的持续健康发展都有着十分重要的意义，因此从20世纪90年代以来，对于创新效率的影响因素的研究引起了国内外学者的广泛关注。

已有的研究已经证明了经济发展水平、人力资本水平、外商直接投资、

---

* 本文是国家社科基金项目（16ZDA005，16BJL059，14ZDB120）、北京市社科基金项目（15JGA015）和霍英东教育基金会基础性课题（15083）的阶段性研究成果。
薛凝萱（1994～　），女，新疆乌鲁木齐人，中央财经大学经济学院硕士研究生。研究方向：国民经济战略与规划；
严成樑（1980～　），男，山西平遥人，中央财经大学经济学院副教授。研究方向：经济增长、公共财政与动态经济学。

财政支出结构等因素均会对区域创新效率产生直接或间接的影响，但财政分权作为中国经济、财政体制改革的重要部分，对创新效率所可能产生的影响却一直没有得到足够的重视和研究。在我国长期的计划经济体制中，财政体制表现出高度集权的特征，地方政府仅仅是中央政府的代理人而并不能获得形式上或法律上的财政自主权，因而对财政分权程度的影响及地方政府支出结构的分析并不重要。但改革开放以来，中国经历了明显的管理权下放过程，地方政府拥有了一定的财政自主性，在这种财政体制下，地方政府显然会较过去更为主动的参与管理，以实现增加本地区的财政收入并谋求经济及区域综合发展的目标。因此通过实证分析验证财政分权与区域创新效率之间的联系既是理论界相对忽视的话题但也是在实践中值得关注并亟待解决的问题。

本文以财政分权理论作为研究的理论基础，将财政分权因素纳入创新效率机制进行分析。本文的第二部分对财政分权及创新效率相关文献进行了归纳和总结，并对财政分权影响创新效率的机制进行了分析；本文的第三部分对我国创新效率及财政分权的特征事实进行了说明和分析；第四、第五部分讨论计量模型、数据选取等内容；本文第六部分为本文的结论、政策建议。

二、文献综述

（一）财政分权理论发展

财政分权是指中央政府向地方政府下放部分财政管理与决策权力的过程。第一代财政分权理论是根据20世纪50年代的公共财政理论发展起来的，其中，代表性的经济学家包括 Kenneth J. Arrow，Richard A. Musgrave，Paul A. Samuelson 等。传统分权理论的重要前提是假定地方政府是公共利益的保护者，如果地方政府拥有了更多资源配置的能力，那么则能够通过地方间竞争更好地满足当地居民的偏好，并且可以通过政策制定来解决与公共品相关的市场失灵现象，减少"公地的悲剧"。例如 Tiebout（1956）的研究表明地方政府更加料及"用脚投票"的本地居民的需求和偏好，财政分权程度的提高更有助于提升当地公共物品的供给效率；Oates（1956，2006）的研究认为财政分权能够鼓励地方政府进行试验和创新，提供公共物品的效率更高。

目前，财政分权理论正在向"第二代财政分权理论"演化（Oates，2005）。第二代分权理论在已有的理论框架基础上借鉴了新制度经济学的市场理论，引入了激励相容与机制设计部分，其核心为维护市场。其代表经济学家 Qian and Weingast（1997）的研究试图阐述政府内部的运行机制，将讨论的中心从公共品的有效率供给扩大到了对地方政府行为的研究。支持这一理论的学者们认为传统理论将政府视作公共利益的守护者，把政府内部看作一个黑箱，但地方政府并不是单纯的以地方居民利益最大化为行为目标。

改革开放以来，我国财政分权的程度逐步增强，若以国家统计局公布的地方财政支出总和占全国财政支出的比重数据对财政分权的程度进行衡量，那么这一比重已经从1978年的52.6%上升至2015年的85.5%；但在对我国政治上高度集权、行政分权的中国式分权进行研究时，究竟是分权还是集权更为有利的结论并不统一。

财政分权会对经济增长产生影响。沈坤荣、付文林（2005）利用省际面板数据，通过实证分析证明财政分权程度与经济增长正相关，并且提出在中国财政体制发展的过程中，应特别重视提高落后地区的财政分权水平；李涛、周业安（2008）通过1994~2005年我国省际面板数据对政府竞争、公共支出、经济增长三者之间的关系进行了实证检验，结果显示区域财政分权程度的空间策略性互动及其本身与区域内的经济增长并不存在显示的相关关系；贺俊、吴照奕（2013）采用1997~2011年我国的省际面板数据进行了实证分析，结果显示财政分权程度与经济增长显著的正相关，但同时也造成了中国城乡之间收入差距的扩大。

财政分权会对地方公共物品供给的产生影响，但这一影响的方向和程度并未得出一致结论。傅勇（2010）的研究表明在地方政府"为增长而竞争"的模式下，财政分权制度对基础设施建设等经济性物品的供给方面具有巨大的促进作用，但显著地降低了基础教育的质量，导致了公共部门效率的偏离；贾智莲、卢洪友（2010）利用省际面板数据探究了财政分权，政府财政支出偏好等因素对教育及民生类公共物品有效供给水平的影响，分析结果表明，财政分权程度的增加不能对增加地方政府对教育及民生类公共品的有效供给水平产生积极影响；张宇（2013）的研究证实政府的经济性财政支出比重会随着财政分权的程度增加表现出先增加后减少的倒U型发展趋势。由此我们可以获得的经济学直觉是财政分权可能会通过影响财政支出结构或公共教育质量等途径对创新效率产生直接或间接的影响；此外王文剑等（2007）的研究表明中国式政治集权，行政上分权的财政体制下，地方政府对FDI进行着激烈的竞争，部分区域的恶性竞争趋势已经影响了区域经济的持续健康发展。

此外，财政分权还可能会对环境质量、污染等方面产生影响。部分研究认为，在以GDP为导向的晋升模式下，地方政府可能会通过放松环境管制增强竞争力，以牺牲环境资源来换取经济增长，因此分权程度的提升会增加降低环境质量，增加环境污染；但也有部分学者认为财政分权程度的提高能够使地方政府拥有足够的环境治理资金，可以通过产业转移、升级等方式促进环境质量的提升。杨瑞龙等（2007）采用1996～2004年的省际面板数据考察了我国财政分权与环境质量之间的关系，结果显示财政分权程度与环境质量之间呈现出显著的负相关；张克中等（2011）通过1998～2008年的省际面板数据，从碳排放的角度研究了财政分权与环境污染之间的关系，研究发现分权程度的提高对碳排放量的减少并未起到积极作用；谭志雄和张阳阳（2015）通过1994～2012年的省际面板数据对我国财政分权与环境污染之间的关系进行实证分析，分析结果表明财政分权与环境污染之间存在显著的负相关，合理的财政分权程度有助于地方政府及时的处理当期污染，提升环境质量。

（二）创新效率的影响因素

在创新型国家的建设过程中，我们不仅要注重科技创新活动的投入，更重要的是科学有效的协调创新要素，催动创新效率的提升，这对加速产业结构转型以及区域经济的健康、高速发展都有着十分重要的意义。因此20世纪90年代以来，创新效率的影响因素的研究已经引起了国内外学者的广泛关注。

人力资本影响创新效率。Nelson and Phelps（1996），Romer（1990），Grossman and Helpman（1991），Aghion and Howitt（1992）在内生增长理论中提出人力资本是促进经济增长的重要因素；白俊红等（2009）发现从业人员的教育水平会通过技术创新和技术外溢带来经济增长，同时我国目前的科技资源投入相对过剩而非不足；朱承亮等（2011）发现从人力资本整体指标来看，对创新效率改善作用不明显，但大专及以上教育教育程度的人力资本对创新效率的改善起到了有显著促进作用。

FDI影响创新效率。大量的国内外研究还发现，一方面FDI在国家和区域之间的流动能够造成知识和技术溢出效应，从而能够有助于提升外资流入国家和地区的自主创新能力；另一方面外商直接投资可能会透过影响区域研发投入、降低企业自主学习和创新能力等机制对创新效率产生负面影响；蒋殿春等（2008）的研究表明，在目前的制度环境下，FDI的溢出机制受到较强的制约，并未对创新效率的提升起到正面作用；刘小鲁（2011）的研究表明科技和研发投入、技术引进以及外商直接投资对我国创新能力的提升都存在显著的正效应；鲁钊阳、廖杉杉（2012）的研究发现外商直接投资对区域创新能力的影响显著存在基于知识产权保护水平的"双门槛效应"。

政策导向影响创新效率。相关研究还证实了地方政府政策导向也会对区域及行业的创新效率产生影响，但研究的结论并不统一：顾元媛（2012）的实证分析表明主要以GDP作为考核标准的地方官员晋升模式显著降低了政府对企业的补贴，抑制创新效率；李晨光和张永安（2014）采用随机前沿模型研究了北京市创新政策对中关村企业创新效率的影响，结果政府项目、资金补助、税收优惠和研发软硬件扶持都对企业创新效率及创新收益起到了积极作用，并且中小企业的影响效果优于大型企业。

(三) 财政分权影响创新效率的机制

1. 财政分权通过影响政府财政支出结构进而影响创新效率

财政分权代表着中央政府向地方政府下放部分财政管理与决策权力的过程，财政分权的程度越高，则说明地方政府的自有财力越强，对中央政府的依赖程度越低，同时地方政府在决定预算支出规模和结构等方面的自主权越大。一方面，如果随着财政分权程度的增加，在财政支出结构方面，地方政府增加财政科研方面的拨款，增强激励，则有助于区域创新效率的提高，若增加对教育等公共物品的投资，增强人力资本水平，促进提升研究与发展人员素质，则也对区域创新效率的提升起到积极作用；但在另一方面，若财政分权程度的提高不能促进地方财政支出结构的转变或对财政科研、教育等方面的支出影响并不显著，则财政分权可能对区域创新效率起到负面作用。

2. 财政分权通过影响地方政府官员激励进而影响创新效率

财政分权会对地方政府官员的激励产生影响，根据激励的不同，地方政府官员可能对发展地方经济、促进区域创新效率的提升伸出"援助之手"，也可能会伸出"攫取之手"，成为抑制创新效率的不利因素。一方面，随着财政分权程度的提高，地方财政自主权的扩大，地方政府官员有较为强烈的动机发展地方经济，这有利于增加公共支出的规模，促进地方基础设施建设、促进投资、维护宏观经济稳定，为区域创新效率的提高创造了良好的宏观环境；但在另一方面，财政分权程度的扩大也使地方政府官员的晋升机制发生了扭曲，GDP 可能成为考察地方政府官员的决定性标准，在这一政策激励下，地方政府的生产性支出膨胀，资源的浪费、重复建设、环境污染等都成为这一激励下的潜在危机，对区域创新效率的提升产生消极影响（赵文哲，2008）。

3. 财政分权通过影响地方政策制定进而影响创新效率

一方面，财政分权给予了地方政府更大的自主权，在制定税收政策、补贴政策等与区域创新效率密切相关的方面更能够因地制宜，了解本地企业、个人的需求，例如，地方政府可以通过制定有吸引力的税收优惠政策、补贴政策、产权保护政策等激励企业增加研发投入，提升技术水平；有利的地方政策还可以吸引外商直接投资，通过技术溢出效应促进本地区技术水平和管理理念的提升，实现资源配置的优化，促进创新效率的提高。但在另一方面，在现有的财政体制下，财政分权程度的增加也可能引起地方政府之间的恶性竞争，例如不计后果的吸引 FDI 反而造成资源的浪费和效率的损失，或是以牺牲环境为代价促进经济增长,造成产业结构的扭曲以及创新环境的破坏,这都会对区域创新效率起到负面影响。

三、我国创新效率和财政分权的特征事实

(一)我国创新效率的特征事实

R&D支出是衡量一个国家或地区科技活动规模及科技投入强度的重要指标,反映了经济增长的潜力和可持续发展能力,是综合实力和竞争力的核心标志(严成樑,2011)。图1展现了我国真实R&D支出的变化趋势,可以看出,随着科教兴国战略的提出和实施,我国真实R&D支出(以1998年为基期进行平减)具有以下几个特征:(1)真实R&D支出呈不断上升趋势,1998年的真实R&D支出为551.1亿元,2015年这一数字已增加至9840亿元,增长近17倍,平均每年以115.5%的速度高速增长;(2)R&D支出在区域范围内也有较为明显的差异,东部地区的R&D支出远高于中部及西部地区,同时增长速度也高于中部及西部地区,这与区域经济特征相符合。

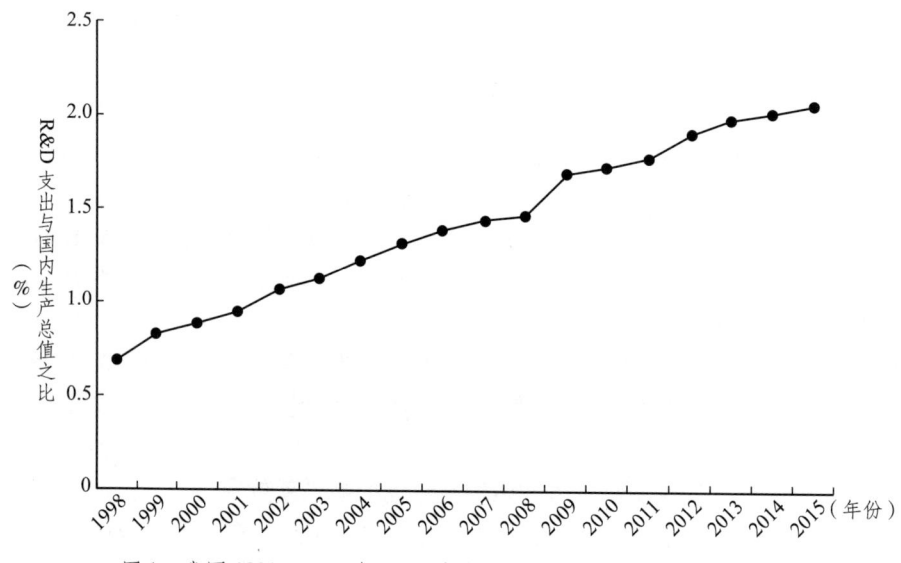

图1 我国1998~2015年R&D支出与国民生产总值之比变化情况

在国内专利受理量方面,根据不同专利受理量中包含的技术含量不同,可以将其分为高水平知识产出与低水平知识产出。高水平知识产出,即国内发明专利申请受理量从1998年的13726项上升至2015年的968251项,增长近71倍。低水平知识产出,即国内实用新型发明专利受理量与国内外观设计专利申请受理量。其中国内实用新型发明专利受理量从1998年的51220

项上升至2015年1119714项,增长近24倍,国内外观设计专利申请受理量从1998年的31287项上升至2015年的551481项,增长近18倍。

对图2进行分析可得,我国的总创新效率(每亿元R&D支出专利申请受理量)呈现出明显的先下降后上升的趋势,从1998年的149.7上升至2015年的175.3,上升幅度约为15%,在2007年时达到最低点,为54.6,此后呈现不断上升趋势,2015年时达到最高点,为101.4,这一变化可能推动机制是我国于2008年正式颁布了《国家知识产权战略纲要》,并且对《中国知识产权保护法》进行了修改,对创新活动起到了一定的激励作用;高水平创新效率(每亿元R&D支出发明专利申请受理量)也在近20年间呈现出总体不断上升的趋势,具体数值从1998年的24.9上升至2015年的80.8,增长近3倍,而低水平创新效率(每亿元R&D支出实用新型及外观设计专利申请受理量)的变化趋势与高水平创新效率有所不同,总体上呈现出先下降后上升的趋势,低水平创新效率从1998年的90上升至2015年的101.42,增长幅度为12%,远低于高水平创新效率的增长幅度。

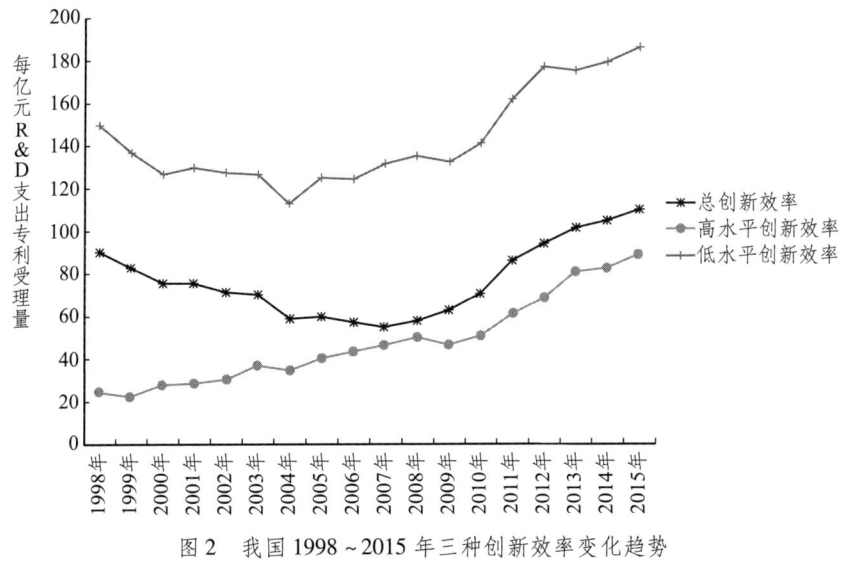

图2 我国1998~2015年三种创新效率变化趋势

(二)财政分权的特征事实

自新中国成立以来,中央政府和地方政府的财政关系经历了三个主要阶段(陈硕,2012):第一阶段为1949~1978年,中央计划的统收统支阶段,在这一时期内中央政府从在财政收支上有统一的调度权力,中央政府高度集权,地方政府可支配收入比例非常低过渡到地方政府财政收入占全国收入的绝大部分。在这一时间段内,集中财政体系为调动全国资源、集中解决经济困难起到了很大作用,但在后期出现了较多问题:地方政府不仅没有收入权,更没有自主的支出决策权,对中央政府高度依赖,但中央政府在信息方面的劣势增加了资源错配的机会,财政运转成本高昂并且地方居民的偏好和需求也无法得到有限的关注和满足。第二阶段为1979~1994年的财政包干阶段,在这一阶段内,中国逐渐脱离计划经济体制,采取了"财政包干"的经济体制,即每年由中央政府制定各地方政府的财政收入上交指标,收入大于支出的部分可由地方政府自由支配,在这种制度激励下,中央政府财力上升,同时地方政府也有更强的发展地方经济的动力。但这种体制并没有从根本上解决地方政府的激励问题,地方政府有隐藏税源的动机,制度外资金急剧上升,中央预算内财政收入占国家财政收入的比重和国家财政收入占GDP的比重都持续下滑,1993年这二者的比重仅为22%和12.6%(张晏,2005),长期以来导致中央政府财力回落。在这种经济背景下,我国的财政分权进入了第三阶段;第三阶段为1994年至今的分税制改革时期,通过1994年推行分税制改革,税收被分为中央税、地方税和共享税,分设国税、地税两大征收机构,确定了中央和地方的事权和支出范围,提高了中央政府的财政能力,中央政府和地方政府的财政关系得到调整;近十多年来中央政府又对税收制度进行了数次调整,形成了较为完备的财政税收体系。

  财政分权是财政体制改革的重要部分,已有的研究已经证明分权的程度会对经济增长、贫富差距以及公共品供给等多方面产生影响,因此合理的分权程度一直是各方学者研究的重点。本文的研究区间为1998~2015年,时间处于分税制改革之后,属于财政分权发展的第三阶段。从图3可以看出,以支出指标进行衡量的1998~2013年各省份财政分权程度平均值呈现出明显的先上升后下降的趋势,财政分权的最低点位于2004年,此后总体呈现出持续上升趋势,说明地方政府的自有财力正在稳步上升。根据图4,以自主度进行衡量的财政分权波动较大,在2002年及2009年有两次较大的波动,自主度指标的财政分权代表地方政府对中央政府转移支付的依赖程度,对财政分权变化趋势可能的解释是:在2002年以前,宏观经济较长时间内处于通货紧缩的状态中,地方政府自有财政收入不稳定,对中央政府的依赖性较强;在2002年之后,受到中国加入WTO影响,民营企业得到良好发展,地方政府的自有财政收入增加,对转移支付的依赖性降低,自主度上升;在2008年左右,受到国际金融危机冲击,地方大量中小企业破产,地方政府稳增长的压力不断加大,在积极的财政政策和适度宽松的货币政策引导下,债务规模扩张,财政分权程度提升。

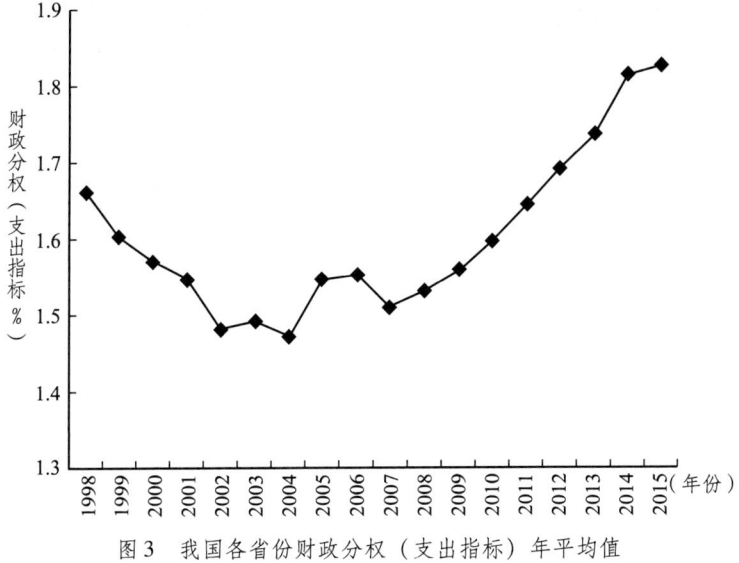

图3 我国各省份财政分权（支出指标）年平均值

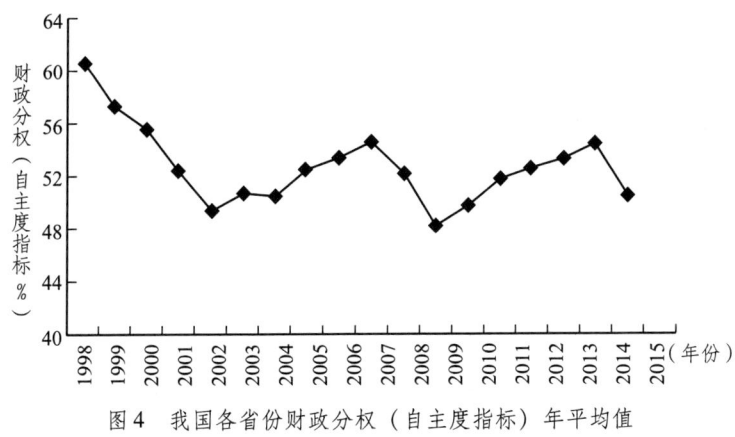

图4 我国各省份财政分权（自主度指标）年平均值

四、模型设定及数据说明

（一）模型设定

一般来讲，在开放的经济环境下，区域创新能力可能会受到包括区域经济发展水平、人力资本水平、科技投入、金融发展水平、产业结构等多种因素的影响。基于此，本文构建如下计量模型：

$$\text{inn}_{it} = \alpha_0 + \alpha \text{fis}_{it} + \beta X_{it} + \varepsilon_{it} \tag{1}$$

$$\varepsilon_{it} = V_i + \mu_{it} + \xi_{it} \tag{2}$$

其中 inn_{it} 代表被解释变量，即 i 省 t 年的创新效率；尽管目前多数相关研究选择采用专利授权数量来衡量区域创新能力，但我国不同区域之间各方面的差异较大，简单地用专利授权数量来衡量区域创新效率可能无法充分的代表区域创新能力，因此以每亿元 R&D 支出的专利申请受理量作为创新效率的衡量标准。考虑到不同的创新产出所包含的技术含量不同，发明专利包含的科技含量最高，实用新型及外观设计专利中包含的科技含量较低，本文对创新效率进行了进一步区分：inn 代表总创新效率，以国内专利申请受理数（项）/R&D 支出（亿元）进行估算 innh 代表高水平创新效率，以国内发明专利申请受理数（项）/R&D 支出（亿元）进行估算；innl2 代表第二种低水平创新效率，以国内实用新型及外观设计专利申请受理数（项）/R&D 支出（亿元）进行估算。fis_{it} 表示 i 省 t 年的财政分权程度。ξ_{it} 表示残差项，V_i 表示个体效应，μ_t 表示时间效应。

（二）主要变量

财政分权是模型的主要解释变量，因此科学合理的度量分权的程度是实证研究的基础和关键部分，陈硕（2012）发现不同的财政分权度量指标代表着不同的逻辑和事实，一些财政分权相关的研究结论可能依赖于分权指标的选取，因此为保证实证研究的完整性和科学性，本文从三种不同的角度对财政分权的程度进行衡量，分别为：

(1) 支出指标（fis_in）。

财政分权$_{it}$ = 人均省本级预算内财政支出$_{it}$/全国财政预算内支出$_t$

(2) 收入指标（fis_out）。

财政分权$_{it}$ = 省本级预算内财政收入$_{it}$/全国财政预算内收入$_t$

(3) 财政自主度指标（fis_auto）。

财政分权$_{it}$ = 省本级预算内财政收入$_{it}$/省本级预算内财政总支出$_{it}$

考虑到经济增长、财政支出等因素均会对创新效率产生影响，所以在进行实证分析时，本文对可能影响创新效率的其他变量进行了考虑，X_{it} 表示其他控制变量，包括：

(1) 人均实际 GDP（对数）。创新活动与区域经济发展程度密切相关，良好的经济发展环境有助于非经济性公共物品的提供，对基础设施和科研创新活动的发展，但在经济发展达到一定水平时，创新活动的边际产出可能是严格递减的，因此对创新效率的影响难以确定。

(2) 实际 FDI（对数）。中国一直将 FDI 作为技术引进的重要手段，FDI 会对地区创新能力和技术进步产生影响（范承泽等，2008）。随着我国对外开放的程度不断提高，在吸引外资方面，其规模和层次也在不断地增长。刘小鲁（2011）发现 FDI 对我国创新能力的积累具有显著的正向效应，但外商直接投资也存在严重的区域非均衡效应，在一定程度上也制约了创新活动在区域间的协调发展，因此 FDI 对不同创新效率的影响难以确定。

(3) 人力资本水平。本文以 6 岁及以上人口平均受教育年限来衡量地区人力资本水平，以 0 年、6 年、9 年、12 年、16 年分别表示文盲（半文盲）、小学（prim）、初中（mid）、高中（hig）、大专（uni）以上教育程度的居民平均受教育年限，则有：Hum = 6prim + 9mid + 12hig + 16uni，钱晓烨（2010）发现人力资本水平对区域创新活动有显著的促进作用，因此本文引入了人力资本水平变量，若其系数为证，则支持了上述理论。

（4）人均实际财政科技支出（对数）。本文以人均实际财政科技支出作为衡量政府干预程度的指标。在过去 35 年的市场化取向改革过程中，政府扮演了极其重要的角色，政府行为会影响地区科技创新水平（顾元媛、沈坤荣，2012）。同时，政府在区域创新活动中承担着重要责任，政府的财政科技投入越高，创新效率越高，其预期系数为正。

（5）金融发展指标。本文采用省份当年贷款总额占地区当年生产总值的比重来衡量各省份的金融发展情况，金融发展水平能够比较直观地反映出各省的经济环境，随着企业越来越成为创新活动的主体，金融发展程度可能会对区域创新效率的影响可能更大，并预期相关系数为正。

（6）产业结构指标。本文采用 i 省 t 年第三产业增加值占当年 GDP 的比重作为产业结构的衡量指标。我国当前正处于产业结构转变的关键时期，第三产业占 GDP 的比重是经济转型和产业结构的升级的表现，预期系数为正；同时，考虑到中西部内陆地区与东部沿海地区的经济发展阶段差异，产业发展可能会对其创新能力产生不同的影响，预期第三产业发展程度会对东部沿海地区产生影响较大，对中西部地区产生影响较小。

（三）数据来源

截止到 2016 年 12 月 31 日，中国共有 4 个直辖市、22 个省份、5 个自治区、2 个特别行政区，考虑到数据样本的可得定，本文剔除了 2 个特别行政区以及数据缺失较多的西藏自治区，得到样本地区共 30 个省区。由于自 1998 年我国才对分省份的 R&D 数据进行统计，本文选取的样本期间为 1998～2015 年，数据来源为中经网数据库、《中国人口统计年鉴》、《中国科技统计年鉴》、《中国财政统计年鉴》、《中国统计年鉴》。为了使不同年份的数据具有可比性，本文所有可变价格数据都利用 GDP 平减指数以 1998 年为基期进行调整。同时，鉴于我国区域经济发展的不均衡性，本文将选取的样本划分为中西部内陆地区及东部沿海地区，中西部内陆地区包括吉林、山西、黑龙江、内蒙古、河南、江西、安徽、湖北、湖南、陕西、云南、贵州、山西、甘肃、宁夏、四川、重庆、青海和新疆 19 个省（区、市），东部沿海地区包括辽宁、河北、北京、天津、山东、江苏、浙江、上海、福建、广东、广西、海南 12 个省（市、区）。主要变量的描述性统计如表 1。

表1　　　　　　　　　　　变量的简单描述统计

变量名称	均值	标准差	最小值	最大值
总创新效率	192.21	111.10	24.41	823.13
高水平创新效率	49.00	35.19	4.63	413.06
低水平创新效率	142.18	92.7	19.78	706.88
财政分权（收入指标）	1.61	1.33	0.01	7.08
财政分权（支出指标）	2.60	1.34	0.38	7.84
财政分权（自主度指标）	51.35	20.45	14.83	95.49
人均实际GDP（对数）	9.56	0.74	7.77	11.23
实际FDI（对数）	4.50	1.65	-0.79	7.44
人力资本水平	8.12	1.06	4.91	12.03
人均实际财政科技支出（对数）	3.53	1.06	1.25	6.72
金融发展水平	1.08	0.35	0.53	2.54
产业结构指标	39.98	7.79	28.60	76.65

五、实证结果及分析

（一）计量回归结果

1. 基本分析结果与讨论

本部分以三种创新效率为作为解释变量，考察财政分权的程度对我国不同创新效率的影响和作用机制。表2报告了基于回归方程（1）的回归结果，由于Hausman检验拒绝了随机效应模型，模型（1）~（9）均以固定效应模型进行回归。从回归结果可以看出，三种不同衡量标准的财政分权对创新效率的影响均高度显著并且符合预期，说明财政分权程度的提高显著地促进了创新效率的上升，实证的检验了财政分权与创新效率之间的因果关系，支持了是财政分权而非集权更有利于我国区域创新能力的发展的观点。并且，财政分权对高水平创新效率和低水平创新效率的促进作用有着巨大的差异，三种指标的财政分权对低水平创新效率的影响均数倍于对高水平创新效率的影响。

表2　　　　　　　　　　　基本回归

VARIABLES	(1) inn	(2) innh	(3) innl	(4) inn	(5) innh	(6) innl	(7) inn	(8) innh	(9) innl
fis_in	48.30 *** (15.41)	7.008 ** (3.540)	46.26 *** (13.11)						
fis_out				50.53 *** (13.34)	4.512 *** (3.085)	49.19 *** (11.33)			

续表

VARIABLES	(1) inn	(2) innh	(3) innl	(4) inn	(5) innh	(6) innl	(7) inn	(8) innh	(9) innl
fis_auto							2.324*** (0.669)	0.457*** (0.153)	2.060*** (0.570)
lgdp	-8.019** (3.969)	0.550 (0.912)	-1.594 (3.375)	-9.923** (3.920)	0.292 (0.906)	-3.423 (3.327)	-7.154* (3.993)	0.800 (0.914)	-0.939 (3.402)
lfdi	-5.206 (6.310)	-2.756* (1.449)	-0.542 (5.366)	-9.119 (6.495)	-2.886* (1.501)	-4.412 (5.513)	-2.708 (6.191)	-2.482* (1.418)	1.981 (5.275)
hum	-12.01 (12.81)	4.874* (2.942)	-16.59 (10.89)	-13.57 (12.72)	4.573 (2.941)	-18.06* (10.80)	-9.451 (12.85)	5.548* (2.943)	-14.57 (10.95)
ltech	2.071 (10.67)	9.031*** (2.451)	-12.01 (9.076)	-4.618 (10.93)	8.682*** (2.527)	-18.59* (9.278)	5.075 (10.57)	9.368*** (2.421)	-8.986 (9.008)
fin	59.13** (25.10)	9.513* (5.766)	49.09** (21.35)	67.39*** (24.59)	11.09* (5.685)	56.90*** (20.87)	64.74*** (24.75)	9.817* (5.667)	55.19*** (21.08)
str	-0.307 (1.374)	0.0333 (0.316)	0.819 (1.169)	0.303 (1.394)	0.0467 (0.322)	1.425 (1.183)	-1.110 (1.353)	-0.0832 (0.310)	0.0490 (1.153)
Constant	246.7** (102.2)	-42.92* (23.48)	177.3** (86.92)	232.5** (101.4)	-38.91* (23.43)	162.0* (86.03)	179.0* (108.0)	-61.21** (24.73)	124.3 (92.02)
Observations	510	510	510	510	510	510	509	509	509
R-squared	0.066	0.240	0.092	0.075	0.237	0.104	0.070	0.247	0.093
Number of pro	30	30	30	30	30	30	30	30	30

注：回归下括号内为 t 统计量，*** 表示 $p<0.01$，** 表示 $p<0.05$，* 表示 $p<0.1$。

在其他控制变量中，人均实际 GDP 的对数值越高，创新效率越低，可能的原因是在创新活动达到较高的水平时，创新活动的产出是严格边际递减的，因此随着经济水平的上升，创新效率下降；人均实际 FDI 的对数越高，高水平创新效率越低，对低水平创新效率的影响并不显著，这与张晏（2005）及王文剑（2007）的理论相一致，即各个地区为了吸引更多的外商直接投资导致了一种低效率的纳什均衡，使得恶性竞争的负面影响抵消了 FDI 投入所能带来的增长效应，另一种可能的解释是我国的 FDI 具有非常明显的区域非均衡分布特征，投资大量集中于东部沿海地区，而较少的投资于中西部地区，并且更多的投资于劳动力密集型产业，因此对高水平创新效率并不能起到促进作用；人力资本水平与高水平创新效率显著正相关，这与钱晓烨（2010）的研究结论相符合，即人力资本水平与区域技术创新活动存在显著的正相关关系，而人力资本水平对低水平创新效率的影响并不显著，可能的解释是高水平创新产出和低水平创新产出的性质不同，发明专利的技术水平含量较高，并且研发主体更多为高等院校和科研机构，而实用新型和外观设计的技术含量较低，研发主体更多为企业，因而人力资本对其的影响不同；人均财政科技支出与创新效率正相关，说明财政科技投入对创新效率的提高具有促进作用；金融发展指标与创新效率正相关，说明较好的金融经济环境更有助于创新活动的发展；产业结构对创新效率的影响并不显著，可能的原因是大部分专利申请集中在工业及新兴产业当中，第三产业的发展对其影响并不明显。

用了三种不同的财政分权衡量指标进行估计。模型（1）~（3）报告了以收入指标进行度量的财政分权对创新效率的影响，财政分权的程度每上升1个单位，总创新效率提高48.30个单位，高水平创新效率上升7.008个单位，低水平创新效率上升46.26个单位，财政分权对低水平创新效率的影响远高于对高水平创新效率的影响；模型（4）~（6）报告了以支出指标进行衡量的财政分权对创新效率的影响，总体来看，财政分权能够促进创新，且相对于高水平创新而言，财政分权对低水平创新促进力度更大；模型（4）~（7）报告了以财政自主度衡量财政分权时对创新效率的影响，可以看出，财政自主度可以促进创新效率提升，且相对于高水平创新而言，财政自主度对低水平创新的促进力度更大。

2. 创新效率差异下的分析结果及讨论

不同的创新效率代表着不同类型的创新产出。其中高水平创新效率代表发明专利申请效率，技术含量较高，低水平创新效率代表实用新型即外观设计专利申请效率，技术含量较低。模型（1）、（4）、（7）报告了财政分权程度对总创新效率的影响，模型（2）、（5）、（8）报告了财政分权对高水平创新效率的影响，模型（3）、（6）、（9）报告了财政分权度对低水平创新效率的影响，回归结果说明财政分权对低水平创新效率的影响远高于对高水平创新效率的影响，可能的解释是相较于低水平知识产出，高水平知识产出代表着核心的技术，其生产周期长、投入高的特点更为突出，在达到较高水平后存在着严格的产出边际递减。

3. 区域差异下的分析结果及讨论

考虑到我国不同地区的经济发展阶段差异，本文将被解释变量分为中西部内陆地区与东部沿海地区，以更全面的反应回归结果。表3报告了财政分权程度对我国中西部地区创新效率的影响，模型（1）、（4）、（7）报告了财政分权程度对总创新效率的影响，模型（2）、（5）、（8）报告了财政分权对高水平创新效率的影响，模型（3）、（6）、（9）报告了财政分权度对低水平创新效率的影响，回归结果说明以不同衡量标准的财政分权对创新效率的影响均高度显著并且符合预期，以支出指标的财政分权为例，财政分权程度每上升1个单位，总创新效率上升51.53个单位，高水平创新效率上升6.383个单位，低水平创新效率上升50.40个单位；财政分权（支出）指标与财政分权（自主度）指标对创新效率的影响与财政分权

（收入）指标相似，支持了是分权而不是集权促进了我国中西部内陆地区创新效率提升的观点。

表3　　　　　　　　　　分区域回归结果：中西部地区

VARIABLES	(1) inn	(2) innh	(3) innl	(4) inn	(5) innh	(6) innl	(7) inn	(8) innh	(9) innl
fis_in	88.09*** (31.25)	17.20** (7.608)	95.58*** (26.26)						
fis_out				51.53** (21.46)	6.383 (5.238)	50.40*** (18.13)			
fis_auto							1.482* (0.864)	0.433** (0.209)	1.573** (0.731)
lgdp	-10.25* (5.266)	-0.0762 (1.282)	-0.00491 (4.425)	-14.54*** (5.230)	-0.806 (1.277)	-4.497 (4.420)	-10.37* (5.457)	0.158 (1.318)	-0.182 (4.615)
lfdi	-11.07 (9.543)	-6.182*** (2.324)	-2.228 (8.020)	-11.59 (9.720)	-5.827*** (2.373)	-2.108 (8.215)	-8.107 (9.557)	-5.903*** (2.309)	1.147 (8.081)
hum	-11.38 (16.30)	2.572 (3.970)	-13.33 (13.70)	-13.40 (16.31)	1.936 (3.982)	-15.89 (13.79)	-14.03 (16.44)	2.343 (3.971)	-16.37 (13.90)
ltech	13.83 (14.81)	14.84*** (3.606)	-8.290 (12.45)	4.049 (16.23)	14.13*** (3.961)	-17.11 (13.72)	23.31 (14.85)	16.92*** (3.587)	2.024 (12.55)
fin	124.6*** (37.43)	36.77*** (9.112)	96.55*** (31.45)	127.6*** (37.52)	37.60*** (9.160)	100.2*** (31.71)	127.2*** (37.81)	36.87*** (9.135)	99.68*** (31.97)
str	-1.371 (1.826)	-0.0905 (0.445)	0.945 (1.534)	-1.871 (1.801)	-0.264 (0.440)	0.288 (1.522)	-2.537 (1.772)	-0.277 (0.428)	-0.346 (1.499)
Constant	188.8 (134.1)	-51.77 (32.65)	39.54 (112.7)	270.3** (126.0)	-29.88 (30.76)	136.9 (106.5)	242.1* (138.0)	-52.25 (33.35)	100.4 (116.7)
Observations	306	306	306	306	306	306	305	305	305
R-squared	0.121	0.296	0.109	0.114	0.287	0.092	0.105	0.293	0.082
Number of pro	18	18	18	18	18	18	18	18	18

注：回归下括号内为t统计量，*** 表示 $p<0.01$，** 表示 $p<0.05$，* 表示 $p<0.1$。

表4报告了财政分权程度对我国东部沿海地区创新效率的影响，模型（1）、（4）、（7）报告了财政分权程度对总创新效率的影响，模型（2）、（5）、（8）报告了财政分权对高水平创新效率的影响，模型（3）、（6）、（9）报告了财政分权度对低水平创新效率的影响，回归结果说明以不同衡量标准的财政分权对创新效率的影响均高度显著并且符合预期，以支出指标的财政分权为例，财政分权程度每上升1个单位，总创新效率上升52.39个单位，高水平创新效率上升10.14个单位，低水平创新效率上升42.25个单位；财政分权（支出）指标与财政分权（自主度）指标对创新效率的影响

与财政分权（收入）指标相似，支持了是分权而不是集权促进了我国中西部内陆地区创新效率提升的观点。

表4　　　　　　　　　　　　分区域回归结果：东部地区

VARIABLES	(1) inn	(2) innh	(3) innl	(4) inn	(5) innh	(6) innl	(7) inn	(8) innh	(9) innl
fis_in	49.40*** (17.50)	8.183** (3.282)	41.03*** (15.37)						
fis_out				52.19*** (17.40)	3.994 (3.311)	47.46*** (15.21)			
fis_auto							4.999*** (1.147)	0.744*** (0.218)	4.270*** (1.008)
lgdp	3.225 (6.152)	3.925*** (1.153)	2.987 (5.401)	1.415 (6.069)	3.549*** (1.155)	1.551 (5.306)	1.568 (5.917)	3.634*** (1.125)	1.635 (5.196)
lfdi	-7.770 (8.874)	-2.026 (1.664)	-5.914 (7.790)	-9.391 (8.958)	-1.629 (1.705)	-7.849 (7.832)	-4.065 (8.406)	-1.377 (1.598)	-2.887 (7.383)
hum	-12.99 (20.32)	7.452* (3.810)	-21.77 (17.84)	-14.86 (20.26)	7.190* (3.858)	-23.36 (17.72)	-5.706 (19.86)	8.514** (3.775)	-15.51 (17.44)
ltech	-17.36 (16.48)	2.793 (3.089)	-21.30 (14.46)	-19.24 (16.49)	3.022 (3.139)	-23.34 (14.42)	-20.01 (16.04)	2.469 (3.048)	-23.67* (14.08)
fin	4.113 (33.50)	-14.22** (6.280)	18.90 (29.41)	10.45 (32.90)	-11.74* (6.263)	22.90 (28.76)	15.23 (31.76)	-12.19** (6.037)	27.87 (27.89)
str	4.799** (2.209)	1.308*** (0.414)	3.468* (1.939)	5.424** (2.235)	1.286*** (0.426)	4.099** (1.954)	2.676 (2.153)	0.979** (0.409)	1.674 (1.891)
Constant	64.10 (169.3)	-118.4*** (31.75)	163.5 (148.7)	35.77 (170.7)	-110.2*** (32.50)	128.6 (149.3)	-144.6 (176.3)	-147.5*** (33.51)	-17.49 (154.8)
Observations	204	204	204	204	204	204	204	204	204
R-squared	0.090	0.352	0.148	0.095	0.335	0.160	0.139	0.370	0.194
Number of pro	12	12	12	12	12	12	12	12	12

注：回归下括号内为 t 统计量，*** 表示 p<0.01，** 表示 p<0.05，* 表示 p<0.1。

从上述回归结果可以看出，我国财政分权对创新效率的影响表现出较为明显的地区差异性：

（1）财政分权与东部地区及中西部地区的创新效率均正相关，说明财政分权在东部地区及中西部地区均有效地发挥了调动地方政府积极性、促进区域创新效率的作用；

（2）各区域财政分权对创新能力均起到积极作用，但影响程度有所不同，财政分权对中西部地区创新效率的促进作用高于对东部地区创新效率的促进作用，这在一定程度上说明由于东部沿海地区的市场化和工业化程度高于中西部地区，地方政府的财政自主度对创新效率影响的边际递减效用比较明显，而对于中西部地区，由于经济发展及创新环境均比东部地区低，所以政府财政能力增强，如果能够进一步完善社会保障和创新环境，对区域创新效率的促进作用更强。

（二）稳健性检验

考虑到在对创新活动的实证研究当中，往往因为度量指标、模型选择不同而对研究结果产生估计偏误。为了保证回归是稳健的，我们采用两种方式对解释变量和被解释变量进行调整：

（1）采用各省创新效率的三年滑动平均值作为被解释变量。一方面，采取滑动平均值进行回归可以排除创新效率与经济增长变量之间的反向因果问题；另一方面，考虑到财政分权对创新效率的影响可能无法在当期体现，因此本文采用创新效率的三年滑动平均值以准确反映财政分权对区域创新活动的中长期影响；

（2）采用主要解释变量滞后二期作为新的被解释变量进行回归。

表5报告了采用被解释变量三年滑动平均值进行回归的结果，模型（1）~（9）根据Hausman检验的结果均采用固定效应回归模型，与表2相比，表5中主要解释变量的系数显著性和符号均没有发生变化，证明基本回归结果是稳健的。

表5　　　　　　　　　　被解释变量：创新效率三年滑动平均值

VARIABLES	(1) inn_a3	(2) innh_a3	(3) innl_a3	(4) inn_a3	(5) innh_a3	(6) innl_a3	(7) inn_a3	(8) innh_a3	(9) innl_a3
fis_in	46.23*** (14.93)	4.352 (2.911)	44.68*** (12.94)						
fis_out				35.64*** (13.02)	0.380 (2.538)	38.13*** (11.26)			
fis_auto							2.677*** (0.644)	0.491*** (0.125)	2.281*** (0.560)
lgdp	-11.67*** (3.845)	-2.566*** (0.750)	-7.745** (3.331)	-13.41*** (3.824)	-2.710*** (0.746)	-9.449*** (3.307)	-10.37*** (3.846)	-2.193*** (0.745)	-6.808** (3.343)
lfdi	-6.231 (6.113)	-2.481** (1.192)	-1.701 (5.296)	-8.001 (6.335)	-2.186* (1.235)	-3.983 (5.479)	-4.149 (5.963)	-2.441** (1.156)	0.520 (5.183)
hum	-21.33* (12.41)	2.380 (2.420)	-23.21** (10.75)	-23.16* (12.41)	2.129 (2.420)	-24.89** (10.73)	-17.77 (12.38)	3.290 (2.399)	-20.52* (10.76)
ltech	-5.500 (10.34)	8.382*** (2.016)	-15.71* (8.957)	-9.094 (10.66)	8.700*** (2.079)	-20.00** (9.222)	-2.955 (10.18)	8.457*** (1.974)	-13.03 (8.852)
fin	44.44* (24.32)	8.255* (4.742)	34.45 (21.07)	54.05** (23.99)	9.559** (4.677)	43.25** (20.74)	47.92** (23.84)	7.596 (4.619)	39.09* (20.72)
str	0.638 (1.331)	0.220 (0.260)	1.026 (1.153)	0.883 (1.359)	0.164 (0.265)	1.361 (1.176)	-0.137 (1.303)	0.142 (0.253)	0.281 (1.133)

续表

VARIABLES	(1) inn_a3	(2) innh_a3	(3) innl_a3	(4) inn_a3	(5) innh_a3	(6) innl_a3	(7) inn_a3	(8) innh_a3	(9) innl_a3
Constant	373.6*** (99.02)	4.427 (19.31)	322.8*** (85.79)	387.5*** (98.86)	12.13 (19.28)	328.2*** (85.51)	277.0*** (104.0)	-21.45 (20.16)	250.9*** (90.42)
Observations	510	510	510	510	510	510	509	509	509
R-squared	0.114	0.253	0.160	0.110	0.249	0.160	0.129	0.273	0.169
Number of pro	30	30	30	30	30	30	30	30	30

注：回归下括号内为 t 统计量，*** 表示 p<0.01，** 表示 p<0.05，* 表示 p<0.1。

表 6 报告了采用被解释变量滞后二期进行回归的结果，模型（1）~（9）根据 Hausman 检验的结果均采用固定效应回归模型，与表 2 相比，表 6 中主要解释变量的系数显著性和符号均没有发生变化，证明基本回归结果是稳健的。

表 6　　　　　　　　　　稳健性检验：解释变量二期滞后

VARIABLES	(1) inn	(2) innh	(3) innl	(4) inn	(5) innh	(6) innl	(7) inn	(8) innh	(9) innl
fis_in_l2	63.83*** (12.65)	13.87*** (5.270)	50.66*** (9.477)						
fis_out_l2				79.93*** (11.04)	19.78*** (4.673)	64.03*** (8.233)			
fis_auto_l2							1.622*** (0.594)	0.139 (0.244)	1.315*** (0.445)
lgdp_l2	19.55 (19.76)	19.24** (8.230)	14.97 (14.80)	-14.95 (19.77)	10.72 (8.369)	-12.66 (14.74)	27.18 (20.39)	19.61** (8.388)	21.39 (15.29)
lfdi_l2	-13.54** (6.840)	-10.19*** (2.849)	-3.315 (5.124)	-21.36*** (6.823)	-12.31*** (2.887)	-9.625* (5.087)	-9.461 (6.921)	-9.131*** (2.847)	-0.0287 (5.192)
hum_l2	-7.740 (11.74)	1.787 (4.892)	-14.96* (8.798)	0.0846 (11.51)	3.834 (4.870)	-8.663 (8.580)	-9.552 (12.00)	1.297 (4.938)	-16.53* (9.002)
ltech_l2	28.25** (11.76)	13.81*** (4.899)	6.196 (8.811)	31.81*** (11.41)	14.57*** (4.829)	9.017 (8.508)	29.00** (12.04)	14.42*** (4.952)	6.714 (9.029)
fin_l2	125.9*** (20.18)	30.56*** (8.407)	93.62*** (15.12)	126.3*** (19.42)	30.02*** (8.220)	93.75*** (14.48)	142.1*** (20.25)	34.55*** (8.331)	106.5*** (15.19)
str_l2	-0.586 (1.105)	-0.191 (0.460)	1.163 (0.828)	0.429 (1.093)	0.0853 (0.462)	1.982** (0.815)	-1.464 (1.115)	-0.367 (0.459)	0.453 (0.837)

续表

VARIABLES	(1) inn	(2) innh	(3) innl	(4) inn	(5) innh	(6) innl	(7) inn	(8) innh	(9) innl
Constant	-189.3 (135.6)	-197.6*** (56.50)	-120.3 (101.6)	-45.39 (130.4)	-165.3*** (55.17)	-5.801 (97.20)	-233.1 (147.4)	-186.6*** (60.63)	-158.4 (110.5)
Observations	480	480	480	480	480	480	479	479	479
R-squared	0.272	0.360	0.195	0.312	0.376	0.246	0.244	0.350	0.160
Number of pro	30	30	30	30	30	30	30	30	30

注：回归下括号内为 t 统计量，*** 表示 p<0.01，** 表示 p<0.05，* 表示 p<0.1。

六、结论及政策建议

（一）主要结论

本文采用了我国 1998~2015 年的面板数据实证的检验了财政分权与区域创新效率之间的相关关系，可以得到如下主要结论：

（1）随着科教兴国战略的提出和实施，我国真实 R&D 支出呈不断上升趋势，平均每年以 114.8% 的速度高速增长，同时 R&D 支出在区域范围内也有较为明显的差异，可以看出东部地区的 R&D 支出远高于中部及西部地区，同时增长速度也高于中部及西部地区，这与区域经济特征相符合；我国的总创新效率（每亿元 R&D 支出专利申请受理量）呈现出明显的先下降后上升的趋势，在 2007 年时达到最低点，此后呈现不断上升趋势，2015 年时达到最高点；

（2）实证分析的结果表明区域创新能力是财政分权，人力资本水平，人均财政科技支出以及金融发展水平、产业结构指标等共同作用的结果，其中财政分权指标、人力资本水平及人均财政科技支出对区域创新能力均有显著的促进作用，这与国内外的学者的研究是一致的，支出水平的财政分权程度每上升一个单位，总创新效率水平上升 69.95 个单位，高水平创新效率上升 8.231 个单位，低水平创新效率上升 64.73 个单位；

（3）考虑到我国区域经济发展的不均衡性，本文将财政分权对区域创新能力的影响分为东部沿海地区及中西部内陆地区分别进行考察，研究结果显示财政分权对东部及中西部地区的三种创新效率均有显著的促进作用，但在影响程度上存在较大差异，财政分权对中西部地区的影响远大于对东部沿海地区的影响。

（二）相关政策建议

根据以上分析，本文认为要提升区域创新能力，不仅需要加大财政科技支出，增强对区域人力资本的投入，更要：

（1）从财政制度方面做出努力，切实考虑我国区域经济及创新环境的差异性，提升地方政府的财政自主权，给予其必要的财力保障，同时引导地方政府从以 GDP 为标准的政治竞赛激励环境中走出来，形成正确的政府偏好，促使地方政府给予教育等民生类公共物品有效的关注和投入，设计科学合理的转移支付制度，建立正确的考核机制，为区域创新能力增长提供保障；

（2）强化知识产权的保护力度，大力扶持高新技术产业的发展，稳步提升区域自身的创新能力；在考虑东部沿海地区与中西部内陆地区的创新能力差异的基础上，通过区域合作的方式发挥中西部地区的后发优势；

（3）中西部内陆地区及东北部部分省份，应努力为当地企业发展提供良好的发展环境，包括提供便利的税收政策、财政资助、推动产学研合作等多种方案，强化市场意识，促进区域创新能力的提升和发展，逐渐缩小与东部沿海地区创新能力的差距。

（三）不足及后续研究方向

本文的缺陷主要有三个方面：

（1）在研究的时间维度上有所不足。囿于数据搜集困难，没有能够从更长的时间维度内考察分税制改革前后财政分权对区域创新能力的影响；

（2）在构建区域创新能力函数时，假设政策因素对区域创新能力的影响忽略不计，这种假设可能在某种程度上夸大了财政分权对区域创新能力的影响；

（3）本文尝试通过每亿元 R&D 支出所对应的专利申请受理数作为衡量区域创新能力的指标，但这一测量方法较为单一，可能还存在更科学的测量方法。

后续的研究可以从三个方面进行：

（1）增加搜集数据的力度和途径，尝试从更长时间范围内得到财政分权对区域创新效率影响的更具普遍性的结论；

（2）在考察政策、制度因素等对区域创新能力影响的前提下开展财政分权程度对区域创新能力的影响研究；

（3）通过构建更有说服力的创新效率指标来度量我国省级单位、地级市单位甚至是县级单位的金融发展水平，并以此为变量开展相关研究。

参 考 文 献

[1] 白俊红、蒋伏心. 协同创新、空间关联与区域创新绩效 [J]. 经济研究，2015 (07)：174 – 185.

[2] 白俊红等. 应用随机前沿模型评测中国区域研发创新效率 [J]. 管理世界，2009

(10): 51-61.

[3] 陈硕,高琳. 央地关系:财政分权度量及作用机制再评估 [J]. 管理世界, 2012 (06): 43-55.

[4] 丁菊红、邓可斌. 政府偏好、公共品供给与转型中的财政分权 [J]. 经济研究, 2008 (07): 78-87.

[5] 傅勇. 财政分权、政府治理与非经济性公共物品供给 [J]. 经济研究, 2010 (08): 4-13.

[6] 范承泽,胡一帆,郑红亮. FDI对国内企业科技创新影响的理论与实证研究 [J]. 经济研究, 2008 (01): 89-100.

[7] 龚强、王俊、贾坤. 财政分权视角下的地方政府债务研究:一个综述 [J]. 经济研究, 2011 (07): 145-152.

[8] 顾元媛,沈坤荣. 地方政府行为与企业研发投入——基于中国省际面板数据的实证分析 [J]. 中国工业经济, 2012 (10): 77-86.

[9] 高晓霞、芮雪琴、宋燕. 中国省市区域创新能力动态研究——基于2001~2010年面板数据 [J]. 科技管理研究, 2014 (02): 16-19.

[10] 贺俊,吴照奂. 财政分权、经济增长与城乡收入差距——基于省际面板数据的分析 [J]. 当代财经, 2012 (05): 27-32.

[11] 蒋殿春、张宇. 经济转型与外商直接投资的技术溢出效应 [J]. 经济研究, 2008 (07): 26-36.

[12] 贾智莲、卢洪友. 财政分权与教育及民生类公共品供给的有效性——基于中国省级面板数据的实证分析 [J]. 数量经济技术经济研究, 2010 (06): 139-150.

[13] 刘小鲁. 我国创新能力积累的主要途径:R&D,技术引进,还是FDI? [J]. 经济评论, 2011 (03): 88-94.

[14] 李涛,周业安. 财政分权视角下的支出竞争和中国经济增长:基于中国省级面板数据的经验研究 [J]. 世界经济, 2008 (05): 3-13.

[15] 鲁钊阳,廖杉杉. FDI技术溢出与区域创新能力差异的双门槛效应 [J]. 数量经济技术经济研究, 2012 (05): 76-87.

[16] 李晨光,张永安. 区域创新政策对企业创新效率影响的实证研究 [J]. 科研管理, 2014 (09): 26-35.

[17] 钱颖一、温加斯特. 中国特色的维护市场的经济联邦制 [C]. 现代经济学与中国经济改革. 北京:中国人民大学出版社, 2003.

[18] 钱晓烨等. 人力资本对我国区域创新及经济增长的影响 [J]. 数量经济技术经济研究, 2010 (04): 108-119.

[19] 沈坤荣、付文林. 中国的财政分权制度与地区经济增长 [J]. 管理世界, 2005 (01): 31-39.

[20] 谭志雄、张阳阳. 财政分权与环境污染关系实证研究 [J]. 中国人口·资源与环境, 2015 (04): 110-115.

[21] 王文剑、仉建涛、覃成林. 财政分权、地方政府竞争与FDI的增长效应 [J]. 管理世界, 2007 (03): 13-20.

[22] 严成樑、沈超. 知识生产对我国经济增长的影响——基于包含知识存量框架的分析 [J]. 经济科学, 2011 (03): 46-55.

[23] 张宇. 财政分权与政府财政支出结构偏异——中国政府为何偏好生产性支出 [J]. 南开经济研究, 2013 (03): 35-48.

[24] 朱承亮等. FDI、人力资本及其结构与研发创新效率 [J]. 科学学与科学技术管理, 2011 (09): 37-42.

[25] 赵文哲. 财政分权与前沿技术进步、技术效率关系研究 [J]. 管理世界, 2008 (07): 34-43.

[26] 张晏、龚六堂. 分税制改革、财政分权与中国经济增长 [J]. 经济学, 2005 (10): 76-103.

[27] 张克中、王娟、崔小勇. 财政分权与环境污染: 碳排放的视角 [J]. 中国工业经济, 2011 (10): 65-73.

[28] Grossman, G. M., Helpman. Trade, Knowledge Spillover and Growth [J]. NBER Working Paper No. 3485, 1990.

[29] Grossman, G. M., Helpman. Innovation and Growth in the Global Economy [M]. MIT Press, Cambridge, MA, 1991.

[30] Nelson, R. R., Phelps, E. S. Investment in Humans, Technological Diffusion, and Economic Growth [J]. American Economic Review, 1966, 56 (1): 69-75.

[31] Oates, W. E. Fiscal Federalism. New York: Harcourt Brace Jovanovich, 1972.

[32] Oates, W. E. "An Essay on Fiscal Federalism" [J]. Journal of Economic Literature, 1999, 37: 1120-1149.

[33] Tiebout, C. A. Pure Theory of Local Expenditures [J]. Journal of Political Economy, 1956, 64: 416-424.

An Analysis of the Impact of Fiscal Decentralization on China's Regional Innovation Efficiency

Xue Ningxuan   Yan Chengliang

Abstract: In this paper, we use the fixed effect panel data model to study the correlation between local government fiscal decentralization and regional innovation efficiency. The results show that the improvement of fiscal decentralization has significantly increased the efficiency of regional innovation. Per capita financial and technological expenditure, the level of financial development also has a positive impact on regional innovation efficiency. After further segmenting the innovation efficiency, we found that the effect of fiscal decentralization on the efficiency of low-level innovation is higher than that of high-level innovation. What's more, sub regional regression results show that the effect of fiscal decentralization on the efficiency of innovation in the interior and western regions of China is higher than that on the eastern coastal areas.

Keywords: fiscal decentralization, innovation efficiency, panel data

〔国民经济战略与规划〕

供给侧结构性改革动因与路径：基于企业视角

蒋长流[*]

摘　要： 中国经济高增长期城乡居民收入得以快速增长，需求结构呈现出个性化、服务化和高端化的趋势，但供给结构调整的滞后性导致供求关系呈现出不平衡、不协调和不匹配的局面，问题出在生产和供给侧。供给侧结构性改革可以从古典政治经济学和马克思主义政治经济学中找到理论渊源关系。供给侧结构性改革肩负着"宏观稳定＋消除扭曲＋新动力机制培育"的大变革大调整任务。从企业这一微观视角看，供给侧结构性改革的逻辑契合企业转型升级的成长阶段性要求，突破点应着眼于企业创新和企业精神与信仰的追求。为此，供给侧结构性改革的进路在于企业投资环境改善、企业家精神激发和政企关系转型三个关键维度。

关键词： 供给侧结构性改革　企业家精神　供求关系

一、导　言

马克思主义政治经济学所揭示的生产力和生产关系原理为我们理解经济发展动力源泉提供了重要理论依据。生产力发展受到阻碍，表明生产关系方面存在着与生产力发展不相适应的问题。当前，中国经济正处在转型升级和深化改革的关键时期。全面深化改革是从生产关系层面寻求发展的动力保障，转型升级则是着重于从生产力层面在供给和需求两侧寻求发展的动力基础。作为全面深化改革重中之重的供给侧结构性改革是从生产领域着手提高供给结构对需求结构的适应性和灵活性，着力实现经济结构优化升级、增长动力之转换，最终达到变中求新、新中求进和进中有破之根本要求。市场化改革是我国30多年经济高速增长的一个主要动力源，伴随市场化改革进程

---

[*] 本文受到安徽大学质量工程项目"《宏观经济学原理》研究性示范课（ZLTS2016016）"资助。

蒋长流（1967～　），男，安徽岳西人，安徽大学经济学院教授、副院长。研究方向：宏观经济理论与政策、科技创新与管理、健康与人力资本经济学，联系方式：chliujiang@163.com。

的是政企日益分开，企业成为自主经营、自负盈亏的市场经济主体。但是，政府通过行政手段干预微观经济主体行为，进而影响供给体系的基本格局短期内尚难以根本扭转。因而供给侧的着力点应当放在微观层面的企业主体意识培养、企业家精神激发和市场化行为塑造上，应体现在新型政企关系的构建上。这实质上就是要求增加实体企业扩大有效投资的积极性和活力，选准投资方向以达到增加各要素有效投资量的目的。因此，从企业视角去思考供给侧结构性改革的动因和路径显得尤为必要。

虽然现有研究对于我们需要什么样的供给侧结构性改革、供给侧结构性改革需要搞清楚的关键问题、供给侧结构性改革实质和路径等均有著述，但其主要视角是立足于宏观层面，将中国供给侧结构性改革看作是肩负着"宏观稳定＋消除扭曲＋新动力机制培育"的大改革大调整任务（刘元春，2016）。立足于中长期视角的供给侧结构性改革，关键在于发力产品供给端，通过政府的"放、管、服"，提升经济运行效率，鼓励创新创业，促进经济可持续发展。然而，供给侧产品供给端的主体是企业，企业是经济增长的主体和产品与服务的直接提供者，供给侧改革的切入点在企业和企业家精神。只有每一家企业都能充分认识供给侧结构性改革的新形势和实质，通过转变经营思路，以创新促进提质增效，重塑竞争优势，实现在"新常态"背景下的新增长，供给侧结构性改革的目标才能得以实现，企业的状况如何很大程度上决定着供给侧结构性改革的成效（罗仲伟等，2016）。供给侧改革并不意味着增强政府对市场和企业干预的力度，而是通过合意的财政、税收、产业和社会保障政策，将企业塑造为配置资源的主体，并厘清政府与企业的边界（白让让，2016）。长期以来我国企业之所以取得巨大成功，虽然有赖于从投入端到产出端所形成的低成本同质化平面规模扩张的经营发展模式，但正是对这种经营模式的惰性依赖，使企业难以通过创新迅速调整自身的产品结构和服务方式，以满足快速变化的市场需求（罗仲伟等，2016）。况且，中国的高速经济增长并不是在相对稳定的市场体制上实现的，而是在由计划经济向市场经济转轨的过程中实现的，经济增长需要消费升级和需求拉动，但如何在生产领域中不断地通过技术进步提高企业竞争力，如何通过产业结构的调整和升级来推动工业化进程，如何通过合理配置资源改善经济效率等，同样是我们在高速经济增长中面临的严峻挑战（刘伟等，2016）。我国供给侧改革以扩大有效供给为目标，要求企业积极响应供给侧结构性改革的宏观政策导向，融入供给侧结构性改革所营造的创新驱动氛围。就宏观政策而言，重在帮助企业降低成本，进一步减少阻碍经济主体活力的制度性因素以及政府对企业的不合理干预，发挥企业微观主体的能动性。通过深化改革，消除发展阻碍经济发展的制度性因素，发挥市场的主导作用，为市场主体营造更为宽松的经营环境与投资环境，提高市场与企业的信心（胡鞍钢等，2016）。

就现有研究来看，立足于企业视角来探讨如何推进供给侧结构性改革问题的研究尚不够系统深入。本文试图从企业这一微观视角，基于供给侧结构性改革的逻辑契合企业转型升级的成长性要求这一判断，在仔细梳理供给侧结构性改革的内涵和逻辑架构的前提下从企业投资环境改善、企业家精神培育和政企关系转型三个关键维度深入剖析供给侧结构性改革的进路。本文的第二部分从历史发展的脉络阐述供给侧结构性改革的理论因袭，第三部分从宏观和微观两个分析供给侧结构性改革的现实动因，第四部分是对供给侧结构性改革契合企业成长阶段性要求进行逻辑分析，本文的最后一部分提出供给侧结构性改革的路径。

二、供给侧结构性改革理论溯源

对于供给侧结构性改革的理论渊源，目前争论的成分多于共识的成分。要理解供给侧结构性改革，必须从理论源头上进行必要的梳理。供给侧结构性改革是对当前中国经济发展新阶段上供求动态平衡关系的一次再认识，强调的是供给体系和供给结构对经济体系内生需求的相互适应性和匹配性。供求原则是市场经济有效运行需要遵循的首要原则，供求分析的基本范式贯穿现代经济学始终。无论是从微观视角分析单一产品市场和单一要素市场的运行，或是分析单个消费者和单一厂商行为的相互作用，还是从宏观视角分析总体经济的运行状况，供给和需求都是不可拆分的对立统一的两个方面。供给和需求是经济这个大舞台上的男女主角。

一方面，早在古典经济学家那里，其注意力就已经聚焦于经济的需求面和供给面了。在古典经济学家看来，收入决定了产出的需求，而收入首先是由生产带来的。由于总产出的需求取决于谁将从生产中获得收入，所以收入分配的变化影响到总体经济活动。如果工人们的工资下降，总产出的需求也跟着下降。对于生产者而言，总产出的增加只有在总产出的需求也增加时才是有利可图的（Hendrik Van den Berg，2012）。亚当·斯密等人希望用物理学的数学确定性来论证其对市场经济的思考。他们借鉴了牛顿所认为的"每个力均存在反作用力"的论述，认为自我管理的市场也以同样的方式运行，供求关系一直处于互动之中，并互相调整。如果消费者对商品和服务的需求增长，卖家则会相应地提高价格。一旦价格过高，需求就会下降，迫使卖家调低价格以刺激需求。亚当·斯密对供求关系的认识集中体现在其分工理论中。斯密认为，劳动分工的而结果就是所有不同行业的产量的巨大增加，在一个治理有方的社会里，这会致使普遍的丰裕能够惠及最下层的人民。各劳动者，除自身所需要的以外，还有大量产物可以出卖……别人所需的物品，他能予以充分供给；他自身所需的，别人亦能予以充分供给。但是，斯密又认为，分工起因于交换能力，分工的程度，因此总要受交换能力大小的限制,换言之,要受市场广狭的限制。斯密的"分工受制于市场程度这一陈述今天听起来可能平淡无奇,但在他做出这一陈述时却是一个全新而且重要的新见地。"尽管斯密宣称消费是所有生产的目的,但他并未发展出一种成熟的消费理论,而是主要关心生产(见图1)。

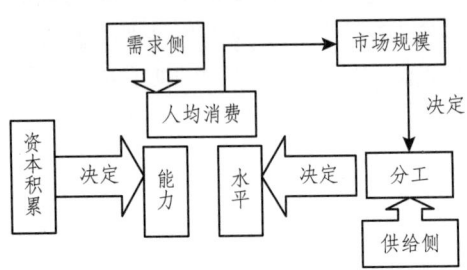

图1 亚当·斯密与供给侧改革溯源

另一方面,供给侧结构性改革又是在新常态下中国经济增长动力转换大背景下提出的治国方略,而研究经济增长动力的早期思想也该追溯到亚当·斯密。虽然亚当·斯密并未构建一个简明扼要和逻辑清晰的增长模型来阐释技术创新和增长的关系,但亚当·斯密还是细致地论述了增长过程中新思想和创新的作用。在亚当·斯密的思想中,他将商业和制造业的出现看作是摆脱先前时代对封建和教会相依性的必不可少的工具。对于这一重大历史变革的解释,亚当·斯密是严格地在经济意义(供给和需求)上进行的:"只要大封建所有者找不到用他产品的超过其优先的需求的部分可以去购买的东西,他们就会用它来供养众多的家仆和佃户,他们的势力由此而建立,并且在这一基础上进行公平惩处和统帅所在地区的军队。封建主势力只有通过商业和制造业的兴起才能被打破,即让他们成为市场经济的一部分,供给他们的产品,使其用剩余产品能够买得起;并且让他们自己能够消费,而不是与佃农和家仆共享。随着他们不再供养佃农与家仆,他们也就失去了原有的势力与权威。大庄园主开始为市场生产换取现金的庄稼,其佃农在长期租赁基础上支付现金租金,而不是提供徭役。庄园主把钱花在商业和制造业的产品上,以这种方式直接或间接地维持着许多人的生活,像他们原来一样。但不同的是,过去,每一个家仆或佃农完全依附于一个大庄园主,而现在,一个庄园主通过他的购买只能提供工人和他们的雇主收入的一个微小的份额"。虽然这段话本意是说明斯密对于商业社会促进文明的重要影响,但无疑也可视作斯密思想中重视供给的思想之源。"尽管斯密宣称消费是所有生产的目的,但他并未发展出一种成熟的消费理论,而是主要关心生产。只是后来由于工业革命使生产得以增加,经济冲突的问题变得越来越紧迫,于是,在李嘉图的思想中,分配才开始成为中心问题……斯密对于生产的无处不在的强调……使他以人均收入而非总收入作为经济福利的标准"。斯密在其《国富论》的绪论及全书设计中开篇第一句话就是"一国国民每年的劳动,本来就是供给他们每年消费的一切生活必需品和便利品的源泉"。继斯密之后,法国经济学家让·巴蒂斯特·萨伊提出"生产会创造对产品的需求"或者"一种产品一旦被创造出来,就立即提供一个刚好等于该产品全部自身价值的对于其他产品的市场"的观点。萨伊提出的生产(供给)产品会引发后续需求的思维,内含了长久的启发性:实质上,这一萨伊定律核心认识的重大贡献在于启发式赋予了经济学研究中"生产和消费、供给和需求的相互影响决定市场容量(和产品价格)"的思考(贾康等,2014)。这表明古典政治经济学已经开始强调供给和需求在经济活动中的意义。

马克思的经济发展观建立在古典经济模型基础之上。在马克思经济学的逻辑体系中,尽管供求论同其价值论相比属于辅线,但也是一条重要逻辑线索(金碚,2017)。马克思在论述生产和消费的同一性时也指出:"在经济学中常常以需求和供给、对象和需要、社会创造的需要和自然需要的关系来说明"(黄群慧,2016)。马克思经济学的价值论是供给侧主导的,认为商品价值在根本上是由供给因素决定。在供求论层面,马克思论证了供给结构(部类关系)与需求结构的平衡需满足严格的条件,而现实中并非总是能够满足这样的结构均衡条件。供给侧失调的价值论性质"内嵌"在供求体系中(金碚,2017)。马克思对经济的需求面和供给面之间关系的认识也被融入当今西方大学的宏观经济学教材之中。

20世纪的供给学派经济学,乃至后来的里根经济学等均明确供给面经济的重要性。然而这些西方理论的出台均有其特定的现实背景条件,与中国当前的现实条件具有本质区别。因此,这些理论不能构成中国供给侧结构性改革的理论依据。我们必须超越各种类型的凯恩斯主义和供给经济学的对立与争论,跳出"用需求管理来处理需求问题"和"用供给管理来处理供给问题"的二元主义困境,强化结构性视角、制度性视角和增长模式转换视角,中国供给侧结构性改革的理论依据只能是中国特色社会主义政治经济学(刘元春,2016)。

三、供给侧结构性改革的现实动因

(一)中国经济增长阶段性变化规律使然

2001年中国加入WTO以后,中国需求侧出口量的增加无疑是除投资外拉动经济增长的一驾重要马车。然而,出口需求这驾马车在2008年金融危机爆发后受到发达国家对中国出口产品需求急剧萎缩的影响,突然出现大幅下滑,触发中国经济增速大幅下滑。应对这种情况中央政府于2009年所采取的"四万亿"大规模应急刺激政策固然将2010年的经济增长率迅速拉回到两位数增长轨道,但也由此带来地方政府投资冲动、房地产扩张、结构调整问题被掩盖、行业与企业分化等负面效应。从2011年开始,经济增长率再次从两位数降回到10%以下,并在此后的2012年跌破8%,2015年又跌破7%。

  对于中国经济的下行原因,部分学者从红利效应减弱或消失视角加以解释,包括人口红利、市场红利、全球化红红利、政策红利等;也有人将其归结为产业结构调整因素,2012年服务业产值占GDP的比例已超过第二产业,虽然这被视作产业结构的优化,但服务业的劳动生产率低于制造业,从而导致经济增速下降。上述对于中国经济增速下降的分析,可能过于侧重表象,实质上,中国经济增长趋缓的原因也源于创新不足。习近平同志就指出:"创新不是发表论文、申请到专利就大功告成了,创新必须落实到创造新的增长点上,把创新变成实实在在的产业活动",这种创新不足导致中国潜在增长率的下降。需要强调的是,中国经济增长放缓还有一个不容忽视的原因就是环境资源约束性增强所致,对环境可持续性的持续关注使得"高污染、高能耗、高排放"等"三高企业"迫切需要作出调整。

  基于国内外经济形势和发展环境的深刻认识,2013年底,中央经济工作会议指出中国经济进入到所谓的增速换档期、结构调整阵痛期和前期刺激政策消化期等三期叠加阶段。三期叠加的形势表明中国经济下行压力短期内难以消除,中国经济经济增长进入到了一个新的阶段。2014年5月9~10日,习近平在河南考察时指出,"我国发展仍处于重要战略机遇期,我们要增强信心,从当前中国经济发展的阶段性特征出发,适应新常态,保持战略上的平常心态。"这是新一代中央领导首次以新常态描述新周期中的中国经济。经济发展进入新常态的表象是增长速度从高速转为中高速,也就是说,效益好、质量高、环境友好的速度提上去,效益差甚或无效益、质量低、污染高的速度则降下来。新常态是对中国经济的增长速度从高速转向中高速,发展方式从规模速度型转向质量效率型,经济结构从增量扩能为主转向调整存量、做优增量并举,发展动力从主要依靠资源和低成本劳动力等要素投入转向创新驱动的一种新定位,认识、把握、引领新常态是当前和今后一个时期做好经济工作的大逻辑。

  可以说,中国在1998年和2008年两次失去结构调整的机会,这两次机会是与需求面有很大关系的,以需求结构的调整倒逼供给结构的调整,但错失机会导致的供给结构的调整滞后效应使得产能过剩、结构趋同、股市泡沫和房地产过度繁荣等系列问题不断累积。由此,新常态下中国经济所面临的问题集中体现为国际金融危机爆发导致的外需缩减、驱动中国经济增长的基本动力源变化导致的增速下滑、"四万亿"应急政策刺激导致的产能过剩以及体制机制问题累积导致的结构扭曲等方面,以新发展理念为指导、以供给侧结构性改革为主线的治国新方略是基本遵循。2015年11月中央经济工作会议明确指出,推进供给侧结构性改革是认识新常态、适应新常态、引领新常态的主动之举。总之,中国供给侧结构性改革是一个不断探索、深化认识的过程,是综合考虑内外环境所做出的适应和引领新常态的重大发展方略(见图2)。供给侧结构性改革的目的是提升全要素生产率,实质是促进经济增长动力的内生机制的生成。2015年11月10日,中国国家主席习近平在中央财经领导小组第十一次会议上提出:"在适度扩大总需求的同时,着力加强供给侧结构性改革,着力提高供给体系质量和效率,增强经济持续增长动力,推动我国社会生产力水平实现整体跃升"。

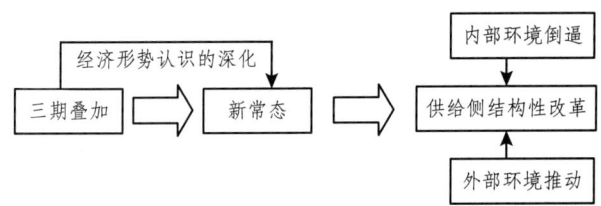

图2 供给侧结构性改革的提出

(二) 供给侧结构性改革是企业成长阶段性的要求

供给侧其实涉及的是个潜在经济增长问题。潜在经济增长的关键决定因素技术和生产组织方式都在企业这个供给侧。一般而言,企业的成长应先后经历四个阶段:第一阶段,企业家想法和理念得以体现的产品生产阶段,此阶段上难以摆脱过于简单化的价格竞争行为,但价格竞争机制不能确保企业价值的增长和盈利水平的提升。第二阶段,为寻求企业价值增值之新途径,注重品质和市场规模的阶段,即品牌塑造阶段,就成为企业成长的必然要求。对企业品牌进行统计研究发现,20%的强势品牌占有了80%的市场份额,商标品牌在创新发展和市场竞争中作用之大、影响力之强可见一斑。第三阶段,品牌的成长离不开与消费者之间关系的深层发展,需要用心去满足消费者的需求,为消费者提供全新的服务,从而实现走向服务提供阶段之目的。作为一种独特的产品,服务给企业带来价值链高端上的勃勃生机。第四阶段,从服务中分离出来的一种更高的价值创造就是消费者体验,这是企业发展的最高境界,进入这个阶段上的企业为其未来开启了成功的另一扇大门。与企业成长的阶段相对应的是产品经济、服务经济和体验经济(见图3)。

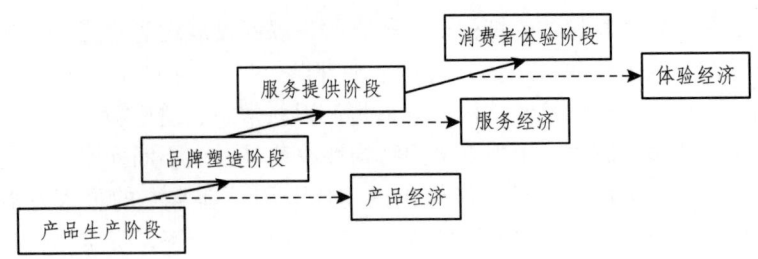

图 3 企业成长的阶段性及其经济形态

市场中的企业是技术创新和资源组织方式的创新主体,发达国家中小企业之所以能创造新供给,寿命也更长些,秘密在于重视品牌经营,品牌的创造和维护是生命线。我国存在短期行为,打一枪换一个地方,缺乏品牌意识,管理粗放,停留在生产产品这个低级层次上,未能进入到品牌塑造阶段。相比而言,在我国的 GDP 中,部分新生产出来的产品配套不全、标准化程度低,品种、款式、性能等大众化趋势明显而有失个性化,导致消费者的选择性空间被挤压,从而无法进入实际消费环节或在生产中难以被使用,即难以实现"惊险的一跃",无形中增加了库存量。

伴随着改革开放,经济自由化与市场化带来了中国增长奇迹的同时也开启了消费者需求变化的大门,随着中国消费者变得越来越富裕、越来越理性和成熟,消费者对服务质量的期望同步上升。以顾客为中心的体验已成为城市发展的某种象征,而且许多本土企业切实感受到了日益识货的本国消费者所想要的高标准质量的驱动力。中国企业能否适应以"顾客体验"为中心的体验型经济,品牌忠诚度和服务质量就显得格外重要。有资料表明,通过对 2015 年中国 60 个知名品牌所进行的调查,在接受调查的 9000 名中国消费者中,80% 的品牌被接受调查者列为客户体验"一般",其中零售和电商品牌垫底。[①] 由此看来,供给侧结构性改革正是适应了企业成长的阶段性要求,中国以制造业为基础的经济需要通过供给侧结构性改革快速向以服务业为主转变。

四、供给侧结构性改革契合企业推动经济增长的主体性逻辑

(一)正确理解供给侧结构性改革的内涵

2015 年 11 月习近平总书记在中央财经领导小组第十一次会议首提"供给侧结构性改革",随后在亚太经合组织(APEC)工商领导人峰会上,习近平发表题为《发挥亚太引领作用应对世界经济挑战》的主旨演讲,指出:

---

① 《环球时报》2016 年 8 月 2 日第 7 版。

"要解决世界经济深层次问题,单纯靠货币刺激政策是不够的,必须下决心在推进经济结构性改革方面做更大努力,使供给体系更适应需求结构的变化。"在中央财经领导小组第十二次会议上,习近平指出"制定好方案是做好供给侧结构性改革的基础",提出供给侧改革方案需要五个"搞清楚"。2016年1月4日《人民日报》曾以整版聚焦供给侧结构性改革,刊发权威人士访谈《七问供给侧结构性改革》。基于上述背景,供给侧结构性改革的内涵可以概括如下(见图4)。

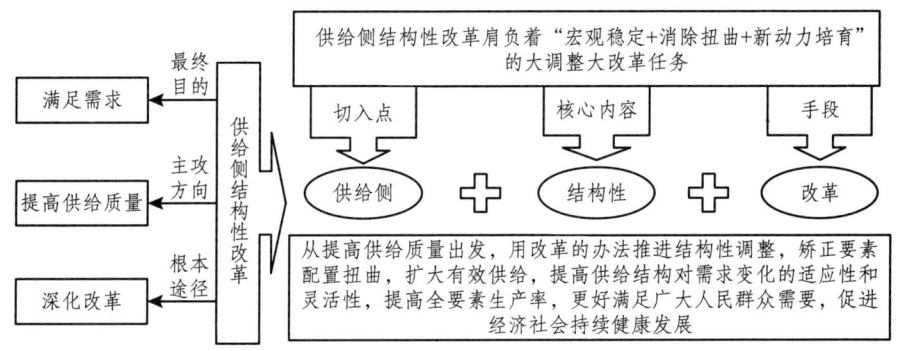

图4 供给侧结构性改革内涵图解

(二)供给侧结构性改革是保底线和求长远关系的动态平衡

国际经验表明,中等收入阶段之后,制度和科技创新对于经济增长的贡献将会更加重要和突出。我国2010年后进入中等收入阶段,2016年人均GDP已经突破8000美元,生产率和创新驱动成为此阶段的主要驱动力。"供给创造需求"的萨伊定律与"需求决定供给"的凯恩斯定律虽然将供给与需求之间的对立统一关系作了不同侧面的解读,但前者侧重的是长期视角的分析,后者侧重的是短期视角的分析,二者共同之处是强调总量对应关系而忽视了结构对应关系。推进供给侧结构性改革是适应和引领经济发展新常态的重大创新,正确把握供给侧结构性改革背景下宏观经济政策的总体思路,需要从需求管理和供给侧结构性改革的动态关系中去理解(见图5)。

(三)供给侧结构性改革大逻辑中的企业主导作用

改革开放以来我国居民可支配收入连续增加,尤其是2001年加入WTO之后,城乡居民收入增长率在2004年与GDP增速实现同步,并于2009年后跑赢GDP增长率,收入的不断上升使得居民的消费方式也发生了根本性转变,从最初的解决温饱问题,到目前更加注重个性、质量、品牌和社会潮流。与此同时,我国居民在可支配收入连年上升的基础上,也在逐步转变消费观念,追求生活品质的提高。但从国内供给侧来看,虽然2014年《财富》

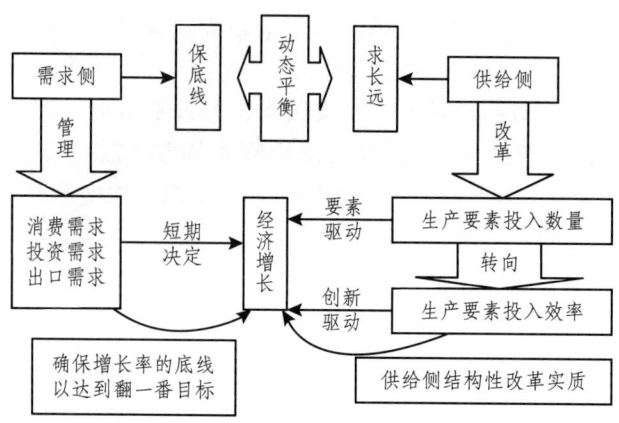

图 5　供给侧结构性改革与需求管理的关系

杂志排行榜的前 500 强企业中，我国（含港澳）企业占据了 100 个席位，远超日本，接近美国。但品牌企业数量不容乐观，在前 100 名奢侈品品牌的排名中，中国的品牌仅有 5 个，其中 4 个品牌都是黄金首饰，而服饰、汽车、化妆品等品牌无一入榜。

需求变了，供给的产品却没有变，质量、服务跟不上。国内有效供给和高端供给跟不上消费需求升级的需要，带来大量"需求外溢"，消费能力严重外流，从而导致我国境外消费热度不减。从奶粉、药品、保健品、马桶盖、电饭煲到高级化妆品等外国品牌商品，都是中国消费者采购的对象。2005～2014 年我国境外消费年平均增长率为 25.2%，是同期国内社会消费总额增速的 2 倍。2014 年境外消费规模高达 1648 亿美元，占全球境外消费市场份额的 10% 以上，连续三年位居世界第一。2011～2015 年仅五年时间，我国境外旅游消费总额增长了 214%，境外奢侈品消费也上升了将近 11 倍。

因此，需求和供给呈现出不平衡、不协调和不匹配的局面。导致这一问题的根源则在于我国经济高速增长过程中过分追求总量而忽视结构性问题所致，因此问题出在供给侧。导致供给侧不能适应需求结构变化的是经济结构和动力结构，解决的对策只能是制度和机制创新（见图 6）。中国目前的结构性问题主要包括产业结构、区域结构、要素投入结构、排放结构、经济增长动力结构和收入分配结构等六个方面的结构问题。

五、充分发挥企业推进供给侧结构性改革的主动性

供给侧结构性改革需要坚持调动各方面积极性，尤其要注重调动企业家、创新人才的积极性。

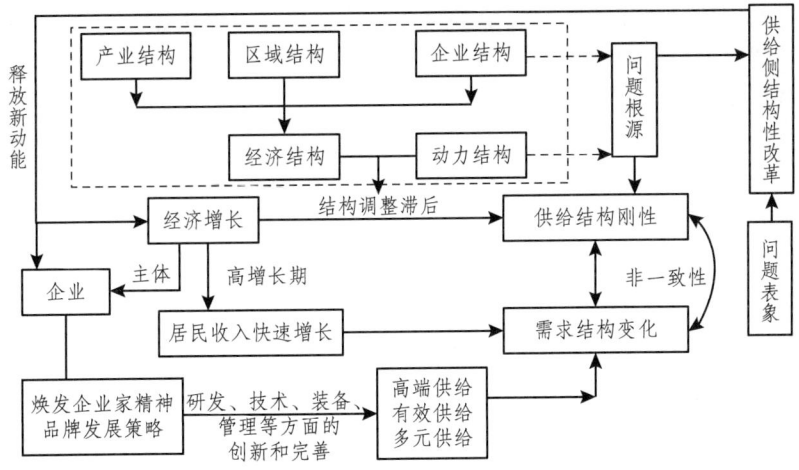

图6 供给侧结构性改革企业视角的逻辑架构

(一) 大力激发企业家精神

经济发展的任何理论首先都离不开对企业家精神的理解。正是自然产生并发挥作用的企业家,在市场和需求都没有保证的情况下,提供了推动经济发展之手。他们做出是否投资的决策,他们决定投资的数额,他们计划方案的质量都决定了经济增长的速度与实质,而他们投放市场的新奇产品则唤起了市场和需求。正是在创造与应对市场的过程中,企业家们将自己的生活转向服务他人。虽然企业家是创新创业的主体,并非所有的社会都能造就企业家,也并不是所有社会都能实现快速的经济增长与变化。美国社会之所以率先走向环保主义的新时代,并伴随着技术和社会的转变,是由于它解放了企业家,重视企业家的创业之魂——创造力与信念的不可思议的作用。

在经济增长与发展过程中,企业家的创业和创新精神具有举足轻重的地位和作用,大力塑造企业家精神,不仅有助于缓解中国经济转型过程中长期面临着的严峻就业压力,而且有利于促进经济增长方式向创新型增长的转型(陈刚等,2016),有利于民间投资增长,更有利于供给侧结构性改革的推进。

"企业家精神"则是企业家精神和经营管理技能的集合。或者说,"企业家精神"指企业家组织、经营和管理企业的创新、冒险、敬业、执著、学习、诚信等能力的综合体现方式,它是一种重要而特殊的无形生产要素。企业家精神也是表明企业家这个特殊群体的所具有的共同特征,是他们所具有的独特的个人素质、价值取向以及思维模式的抽象表达,是对企业家理性和非理性逻辑结构的一种超越、升华。

虽然改革开放以来的中国经济增长进程中却少不了中国企业家的创业和创新精神的贡献,但与美国这样的创业型发达经济体相比较,中国经济的创业活力和企业家精神仍然是远远落后的。李宏彬等(2009)使用中国省级面板数据的经验研究证实,企业家的创业和创新精神对经济增长有显著的正效应,企业家的创业精神每增长一个标准差将促进年均经济增长率提高 2.88 个百分点左右。

虽然劳动、资本和土地是企业从事生产所必不可少的要素,但真正能让企业具有活力并能够赚利的只能是企业家精神的塑造。企业家精神表现为三个方面:

其一,敢为人先的冒险精神。具有创造性的人,即企业家,总是进入凡人不敢跨越的黑暗边陲,冒着巨大的风险,凭着执著的信念来探求黑暗尽头不尽的光明财富。只有创业者才能隐约感觉到未来前景模糊的重大意义之所在,这就是创业的时机把握能力。正是创业之魂战胜了人类的惰性和人类生活所需的稀缺资源。每个企业对于企业家来说都是其新想法的试验与测试。如果想法获得成功,则不仅可以获得利润及,即财富的增加,也同时增长了企业家的见识。而且只有让创造财富的企业家能够控制财富本身,经济才能持续增长。而完善的产权保护制度,不仅能降低潜在的企业家在创业过程中可能遭遇的诸如"掠夺"等不确定性风险,提高创业活动的预期收益,而且还将促使潜在的企业家把更多的资源投入到创业这类生产性活动之中(陈刚、陈敬之,2016)。

其二,守正出奇的工匠精神。工匠精神是推进供给侧结构性改革、实现从制造大国向制造强国转变的重要推手,之所以国内有些高端产品我们做不出来,不是因为我们没有技术和能力,恰恰是因为缺乏用心钻研、勇攀高峰的工匠;有些产品我们做出来却无人问津、没有竞争力,也不是因为设备不先进,而是因为我们缺乏把工作当责任和使命的工匠。所以,我们对物质利益追求的急功近利使得人们对精神价值特别是超越性价值追求的"工匠精神"被遮蔽了。工匠精神在于用"心",在于那种特有的、只与自己较劲、坚持把东西做到极致的专心致志,时刻想着使命感那份内心驱动。一位合格的企业家也应该是一位优秀的工匠。

其三,变中求异的创新精神。熊彼特关于企业家是从事"创造性破坏"的创新者观点,凸显了企业家精神的实质和特征。一个企业创新精神的消亡,也就是衰败的最大隐患。一个企业,要成为真正意义上创造利润、增加财富的主体,要求企业家必须具有变中求异的创新精神,包括从产品创新到技术创新、市场创新、组织形式创新等等。但创新不是"天才的闪烁",而是企业家从事艰苦卓绝的工作的结果。

(二) 改善企业投资环境

供给侧结构性改革重在政府为创新营造良好氛围,首要的是建设稳定的宏观经济环境;其次是促进好的法制化市场体系的形成,而不是直接去确定攻关的内容、确定技术路线、去给企业许多补贴,甚至是已经到了竞争后的阶段，继续给一些企业补贴，这样削弱了市场的竞争。一个健全的投资环境要求宏观经济保持充分稳定，这样才能给微观政策的建立和执行创造良好的环境。政府的政策和行为通过对成本、风险及竞争壁垒的影响，决定企业面临的机会。因此，营造一个更好的投资环境要求政府通过降低不合理的成本、减少与政策相关的风险、减少竞争壁垒应对以上三方面。合理的监管可解决抑制生产性投资的市场失灵，并协调企业利益和社会利益；健全的税收制度产生足够的收入来提供公共服务，从而改善投资环境，并实现其他社会目标。

这是创造财富的过程成为挣取更多财富的最佳教育方式。美国企业对企业家来说都是一个想法的试验田和检验地。如果该想法成功了，则带来双重收益：使资金和知识一并得到增加。只有当利润与企业家知识共同增长时，经济才能持续发展。一般而言，只有当创造财富的人能够有效控制财富本身，它才能不断增长。私有产权的有效保护制度则是改善企业投资环境的首要之义。但这并不是说各级干部的积极性、主动性、创造性不重要，不是说政府可以无所作为，政府的首要作用就是创造有利于改进技术和生产组织方式的制度环境，特别是包括法治在内的保护产权的制度（许小年，2016）。斯密早就认识到了政府在为创新设立专利保护中所起的作用。斯密曾指出，个人和财产的保护、法律和秩序的维护、对政府干预人们活动的权力的限制以及公平和可预见的法律体系是营造良好的创新和专业化环境的必要组成部分。

（三）以加快政企关系转型激发企业活力

在传统的政企关系模式下，企业家问得最多的两个问题可能是：其一，政府将会什么时候出台力度更大的刺激政策？其二，政府下一步会支持什么样的产业，将提供什么样的优惠措施和补贴。这两个问题的实质就是通过政策红利实现企业发展，这种思维模式已经不再适应供给侧结构性改革背景下新型政企关系模式了。在新的形势下，一个企业想追求可持续的增长，现在可能需要考虑的是，更多的把关注的焦点，从过去对政府政策的关注转向对市场需求的关注——市场侧是企业之灵魂所在。在这种新型政企关系模式下，企业有意识地构建和维系关系网，但更重视创新、产品品质、管理能力等，基本不触犯法律底线。正如习近平总书记所言："官商交往要有道，相敬如宾，而不要勾肩搭背、不分彼此，要划出公私分明的界限"。通过构建政商关系"亲"和"清"的新生态来激发企业创新创业积极性（见图7）。为了激发企业活力和潜力，需要政府及时制定促进各行业健康发展的一系列政策和制度，为企业转型升级创造有利环境。对于阻碍资源优化配置的诸多不合理体制和政策阻碍需要及时变革和清理，通过降低各种制度性交易成本和不合理税费，减轻企业负担，扩大企业经营自主权。新形势下，我国企业必须贯彻落实创新发展新理念,着力在品牌、技术、质量和服务方面确立竞争新优势,尽快向全球价值链中高端攀升,力争在全球价值链中占据先导地位。

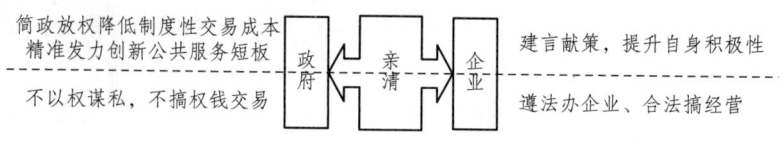

图7 新型政企关系模式

参 考 文 献

[1] 白让让. 供给侧结构性改革下国有中小企业退出与"去产能"问题研究 [J]. 经济学动态, 2016 (07): 65-74.

[2] 陈刚、陈敬之. 产权保护与企业家精神——基于微观数据的实证研究 [J]. 经济社会体制比较, 2016 (01): 81-93.

[3] 胡鞍钢, 周绍杰, 任皓. 供给侧结构性改革——适应和引领中国经济新常态 [J]. 清华大学学报 (哲学社会科学版), 2016 (02): 2-7.

[4] 黄群慧. 论中国工业的供给侧结构性改革 [J]. 中国工业经济, 2016 (09): 5-23.

[5] 贾康, 苏京春. 探析"供给侧"经济学派所经历的两轮"否定之否定"——学理启示及立足于中国的研讨展望 [J]. 财政研究, 2014 (08): 2-16.

[6] 杰里米·里夫金著. 张体伟, 孙豫宁译. 第三次工业革命 [M]. 北京: 中信出版社, 2015: 202.

[7] 金碚. 基于价值论与供求论范式的供给侧结构性改革研析 [J]. 中国工业经济, 2017 (04): 5-16.

[8] 李宏彬, 李杏, 姚先国, 张海峰, 张俊森. 企业家的创业与创新精神对中国经济增长的影响 [J]. 经济研究, 2009 (10): 99-108.

[9] 刘伟, 蔡志洲. 经济增长新常态与供给侧结构性改革 [J]. 求是学刊, 2016 (01): 56-65.

[10] 刘元春. 论供给侧结构性改革的理论基础 [N]. 人民日报, 2016年2月25日.

[11] 罗仲伟, 李先军. 供给侧结构性改革背景下的企业经营范式重构 [J]. 价格理论与实践, 2016 (03): 39-42.

[12] 乔治·吉尔德. 重获企业精神 [M]. 北京: 机械工业出版社, 2014: 42, 242-243.

[13] 斯皮尔格著, 晏智杰等译.《经济思想的成长》[M]. 北京: 中国社会科学出版社, 1999: 206, 211, 213.

[14] 许小年. 高层为什么要强调"供给侧"? [J]. 新产经, 2016 (01): 27-30.

[15] 亚当·斯密著, 郭大力, 王亚南译.《国富论》[M]. 北京: 商务印书馆, 1996: 1, 11, 14.

[16] Hendrik Van den Berg. Economic Growth and Development [M]. Singapore: World Scientific, 2012.

On the Root Causes and Path of Supply-side Structural Reform from the Lens of Business Agent

Jiang Changliu

Abstract: The income of urban and rural residents has increased rapidly during China's high growth period, which causes the demand structure toward individuation, tertiarization and top-end. The adjustment rigidity of supply-side structure results in disequilibrium, discordant, and mismatch of supply and demand, which results from supply-side production. The root causes of supply-side reform evolve from the classical and Marxism political economics. For supply-side reform, the tasks of great changing and adjusting should be taken on, which mean macroeconomic stability, distort eliminating and cultivating new driving mechanism. From the perspective of firm behavior, the logic of supply-side structural reform is coincidence with the stages of enterprises during their growing process, and the breakpoint of this structural reform should concern business innovation and the pursuit of spirit and belief of enterprise. Therefore, to push the progress of supply-side structural reform, the three key measures should be done, which are improvement of business investment environment, the spirit of enterprises and the transition of relationship between government and enterprises.

Keywords: supply-side, structural reform, the spirit of entrepreneurship, relationship between supply and demand

京津冀基本公共服务均等化问题研究

董正信　赵子键[*]

摘　要：京津冀协同发展是2014年由习近平总书记提出并经中央有关会议确定为国家发展战略的重大区域发展战略。但由于三地基本公共服务上存在的巨大差异，导致协同发展成效不佳，因此，本文研究的目的在于对比三地基本公共服务发展现状，对京津冀三地基本公共服务均等化水平进行测度，进而总结京津冀基本公共服务主要障碍，提出建议措施。本文在梳理京津冀公共服务问题相关研究和基本公共服务理论研究的基础上，对京津冀地区基本公共服务六项领域进行对比分析。由于当前京津冀基本公共服务主要由政府提供，受政府财政收支影响大，故首先对三地财政均等化进行测度，得出三地人均财政收支差异大、转移支付水平低的结论，继而构建包含21个统计指标的综合评价体系，使用熵值法测权重，对三地基本公共服务均等化水平进行测度并综合评分，得到的结论是虽然三地在基本公共服务各领域存在很大差异，但从均等化水平走势和综合评分的走势来看，三地基本公共服务均等化水平是在不断提升的。

关键词：京津冀协同发展　基本公共服务　均等化

京津冀协同发展的思路由来已久，但由于三地基本公共服务上的差距，人才和资源仍不断涌进北京、天津，一方面加剧了北京大城市病；另一方面使得北京对周边地区难以形成有效辐射带动作用。在公共服务层面上，京津冀地区区域整合性和联系度较低，区域内公共服务发展严重失衡，公共服务资源错配现象突出。"大树底下不长草"的说法形象地描述了这一现象，区域内教育、医疗、社会保障等资源集中于北京，而三地的行政边界又成了公共服务资源配置的"断崖"。

从京津冀整体来看，基本公共服务水平的差异直接影响着三地的人口流向、产业对接和协同发展的实际效果，因而是解决协同发展的关键点。故本文目的是立足当前京津冀协同发展战略，对京津冀三地基本公共服务均等化水平测度，进而深入探索三地公共服务共建共享的有效路径，为京津冀协同发展扫清障碍。

---

[*] 董正信（1954~　），男，河北怀安人，河北大学经济学院教授。研究方向：国民经济学，联系方式：hbdzx1954@126.com。

赵子键（1991~　），男，河北邢台人，河北大学国民经济学硕士研究生。

一、京津冀基本公共服务研究现状及理论框架

（一）研究现状

京津冀协同发展的概念提出以后，近两年学者们关于京津冀基本公共服务的研究逐渐展开来。

1. 关于京津冀公共服务差异的研究

梁林（2016）通过构建综合评价模型对2013年三地基本公共服务均等化水平做出评价，得到2013年京津冀三地排名为北京、天津、河北，并从七个领域对三地进行比较。马慧强（2016）构建基本公共服务均等化评价体系，采用集对分析模型对2006~2013年京津冀基本公共服务均等化水平进行测度，认为三地基本公共服务绝对差异呈现缩小趋势。姜溪（2017）对京津冀地区人均GDP、财政收入、可支配收入与公共服务水平相关指标进行分析，得出三地公共服务不均等在扩大的结论。周京奎（2017）在分析三地公共服务面临的障碍后，构建包含6个方面16个指标的指标体系，对京津冀13个城市公共服务配置水平进行测度，提出实现京津冀公共服务一体化机制设计。陈志国（2015）在其著作《京津冀基本公共服务发展比较研究》中对三地2010~2013年数据从教育、就业、社保、基础设施、社会服务、文化体育、卫生医疗、环保8个方面详细对比了三地差异，并使用主成分分析法对2013年相关项目评分，得出2013年北京7.05、天津-2.13、河北-4.92的综合得分。

2. 关于京津冀公共服务差异原因和障碍的研究

鲁继通（2015）对京津冀基本公共服务现状的特征进行概括，认为经济发展水平和财力差距大、各级政府事权财权不匹配、公共服务供给单一与市场化不足是三地公共服务不均等障碍。王延杰（2016）在概括三地基本公共服务差距基础上，认为财力、人力和物力资源配置失衡以及财税体制调控能力是三地基本公共服务断崖式落差的原因，并提出相应改善方法。

3. 从财政、供求角度对京津冀公共服务问题的研究

陈丽莎（2016）从京津冀公共服务供求关系影响因素的角度进行分析，提出相应的构建京津冀协同发展有效衔接的公共服务供求关系思路。郑林昌（2017）利用DEA分析法，在分析京津冀公共服务发展现状的基础上，选取四领域八项指标作为产出指标，对京津冀三地公共服务投入产出效率分析，得出三地整体公共服务投入产出综合效率较低并且三地公共服务水平与效率较低的结论。高雪莲（2015）认为京津冀公共服务水平梯度差异显著，很大程度上是因为财政分配不均衡，建议在整个京津冀区域

内，通过横向财政平衡，促进公共服务一体化。吴强（2016）从三地公共服务支出角度对2007~2014年三地数据进行分析，得出河北支出水平相当于北京1/3天津50%~75%的结论。

当前对京津冀基本公共服务的研究集中于分析三地差异，对于整体上基本公共服务均等化走势分析尚有欠缺，因此本文在分析三地基本公共服务差异的基础上，对2006~2014年三地基本公共服务均等化水平与综合得分走势展开分析。

（二）相关概念界定

1. 基本公共服务

基本公共服务是公共服务的重要组成部分，它指在某个时间阶段应提供何种公共服务的问题。我国政府在2012年《国家基本公共服务体系"十二五"规划》中指出，基本公共服务是由政府主导提供的，与经济社会发展水平和阶段相适应，旨在保障全体公民生存和发展基本需求的公共服务。基本公共服务范围要覆盖民生所需求的基本领域。由此可以概括出基本公共服务的四个标准。第一，基础性，即现阶段的政府提供的基本公共服务应该是公民所必需的。第二，亟须性，即直接面向社会中所最迫切需求的群体。第三，广泛性，应为社会全体成员提供的。第四，可行性，即应以国家经济发展水平和人民基本需要为前提，保障其可行度。本文所讨论的基本公共服务领域为基础教育、医疗卫生、社会保障、文化事业、基础设施和环境保护。

2. 基本公共服务均等化

关于我国基本公共服务均等化问题，《国家基本公共服务体系"十二五"规划》中强调基本公共服务均等化，指全体公民都能公平可及地获得大致均等的基本公共服务，其核心是机会均等，而不是简单的平均化和无差异化。本文中所提基本公共服务均等化采用机会均等的含义，即政府平等的利用公共资源平等的给个人提供均等的生存必要服务和均等的发展机会。

（三）相关理论

1. 福利经济学——均等化的必要性与合理性依据

庇古在《福利经济学》中提出"经济福利"的观点，即"福利是个人所获得的效用，人的本性就是追求经济福利最大化，但经济福利具有边际效用递减的规律，即富人所获得货币的边际效用小于贫穷的人获得的边际效用"。因而庇古给出提高社会总体福利水平的两种方法，即增加国民收入总量和完善收入分配制度。从京津冀基本公共服务均等化上来看，福利经济学为京津冀地区的基本公共服务均等化问题提供了理论上的必要性与合理性依据,并且庇古所提出增加国民收入和地区间转移支付来提高公共服务供给总量和对公共服务资源优化配置来增进区域整体经济福利水平也为京津冀地区基本公共服务均等化提供了改革思路的借鉴。

2. 公平正义论——均等化的伦理学基础与价值合理性依据

罗尔斯在《正义论》提出两大原则,即在承认个体差异原则的基础上坚持平等自由原则向居民提供机会均等的公共服务。他要求社会和经济不平等应该满足两个条件,一是在机会均等的条件下,所有地位和职务对所有人开放;二是即使出现不平等的安排也必须适合于"最少受惠者"的最大利益。从京津冀基本公共服务均等化问题上看,罗尔斯的公平正义论为均等化提供了新思路,我们首先要承认京津冀三地存在很大差距,如何在这种差异上坚持机会均等、过程均等和结果均等的三个思路来实现三地基本公共服务均等化则是我们要解决的关键问题。同时罗尔斯提出的受益均等、主体广泛和优惠合理三个原则为京津冀基本公共服务问题提供了解决方法上的借鉴。

3. 公共财政理论——实现均等化的财政决策

公共财政理论是为了解决市场失灵问题,提出在市场经济中引入政府力量来提供公共产品满足社会需求,填补市场缺位的空白,即在市场机制下建立主要运用政府收支和转移支付等手段发挥作用的财政体制机制。财政分权理论和地方公共产品理论也是公共财政理论的重要内容,其中财政分权理论认为地方政府更了解当地居民偏好,更有效率的提供公共服务,而且还可以对区域内不同经济状况、财政状况进行具体分析区别对待合理调整相应政策,从而提高政策合理性与科学性。地方公共产品理论还认为中央政府与地方政府需要职责分工,施展出各自优势履行各自职能,逐步完善中央与地方的良性互补的供给体系。从京津冀基本公共服务均等化上看,公共财政理论为其实现均等化提供了财政上的解决思路,首先公共财政为基本公共服务提供资金是其重要保障,其次它为京津冀三地政府基本公共服务供给机制的建立提供了新思路,最后它的财政分权理论和地方公共产品理论为京津冀三地各级政府构建从中央到地方的基本公共服务供给体系提供了理论指导。

二、京津冀基本公共服务现状分析

福利经济学中提出改善社会福利水平的两个重要手段即提高国民收入总量和对国民收入合理分配。在对京津冀基本公共服务状况分析的基础上,笔者将基本公共服务主要分为6个领域即基础教育、医疗卫生、社会保障、文化事业、基础设施、环境保护,用统计数据和各领域内指标变异系数的对比对京津冀基本公共服务各领域投入总量与是否合理分配进行分析。变异系数是指标标准差与均值之比,反映指标间的变异程度,变异系数越大,差异程度就越大。本章数据来源为2006~2015年北京统计年鉴、天津统计年鉴、河北经济年鉴。

(一) 基础教育方面

中国施行的义务教育是可以使社会成员得到平等的终身发展机会的一种教育,它形成了我国教育的基础,是稳定我国社会结构的重要一环。基础教育是基本公共服务的重要方面,下面将对三地基础教育进行对比分析。

从表1中可以看出三地的义务教育普及情况,北京专任教师负责小学、中学的学生数分别为14.4和9.0,天津专任教师负责小学、中学的学生数分别是14.7和10.8。而河北省专任教师负责小学、中学学生数是31.63和27.08,远远高于北京和天津地区,河北省每一个小学专任教师要比北京和天津多负责一倍多的学生数量,而河北中学专任教师要负责学生数是北京天津的三倍。

表1 2014年京津冀三地义务教育状况

	项目	北京	天津	河北
小学	学校数/所	1040	842	12529
	在校生数/个	821152	573181	5642900
	专任教师数/个	57024	38968	178403
	每一专任教师负担学生数/个	14.4	14.7	31.63
中等学校	学校数/所	766	579	2958
	在校生数/个	651443	543821	3392300
	专任教师数/个	22492	50329	125269
	每一专任教师负担学生数/个	9.0	10.8	27.08

从京津冀三地普通小学生师比上看,波动较大,在2007年达到最小值,2007~2010年处于上升态势,表明三地差距变大,最近年份中,普通小学生师比变异系数下降,表明差异性减弱。普通中学生师比变异系数曲线在小学生师比曲线上方,在2010年前处于下降态势,2010年后不断上升,说明普通中学生师比差异在不断扩大,应该警醒。三地教育经费占财政支出之比从2009年后不断提高,表明在教育支出方面三地都在努力提高地区教育水平。从人均财政教育经费支出上来看,变异系数值很大,在0.4~0.7区间波动,表明三地差异较大,但从2009年以来曲线走势向下,表明状况在逐渐好转

（见图1）。

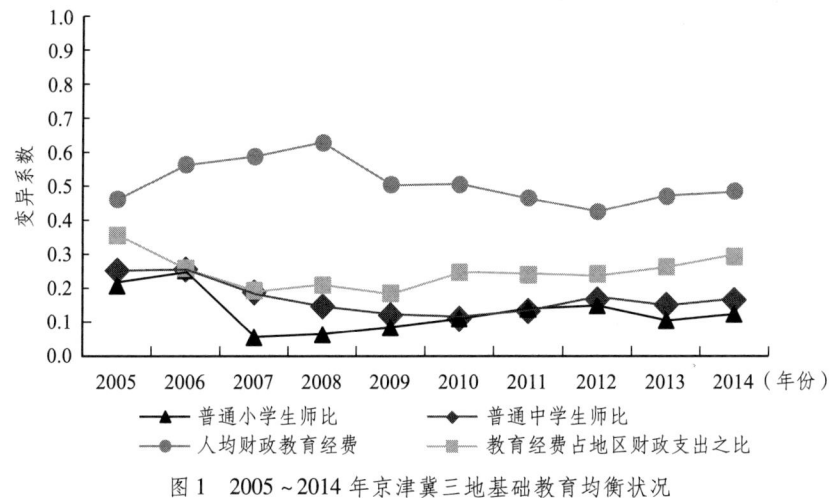

图1 2005~2014年京津冀三地基础教育均衡状况

京津冀三地教育资源分配不公平，河北省面临更大压力，三地要想实现基本公共服务均等化，就必须正视基础教育上的不公平现象，重新合理分配教育资源，无论是从财政资金还是教师人才建设上要加强对河北的倾斜力度。

（二）医疗卫生方面

医疗卫生主要指基本医疗服务是指政府为公民提供的基本福利性医疗，使公民可以得到疾病治疗等方面护理，保障人民健康和生存。从统计数据可以看出，北京2014年在医疗卫生上支出322亿元，占总支出比重4.5%；天津2014年在医疗卫生上支出161亿元占比5.5%，河北省支出446亿元，占比9.55%（见表2、图2）。

表2　　　　　　　　2014年京津冀三地卫生医疗状况

项目	北京	天津	河北
医疗卫生机构数/所	10265	4990	78906
医疗卫生床位数/位	109789	60984	322909
基层医疗卫生机构/个	1958	4419	75624
卫生技术人员/个	304990	84783	513230
每千户籍人口执业医师数/（个/千人）	6.72	2.1	3.77

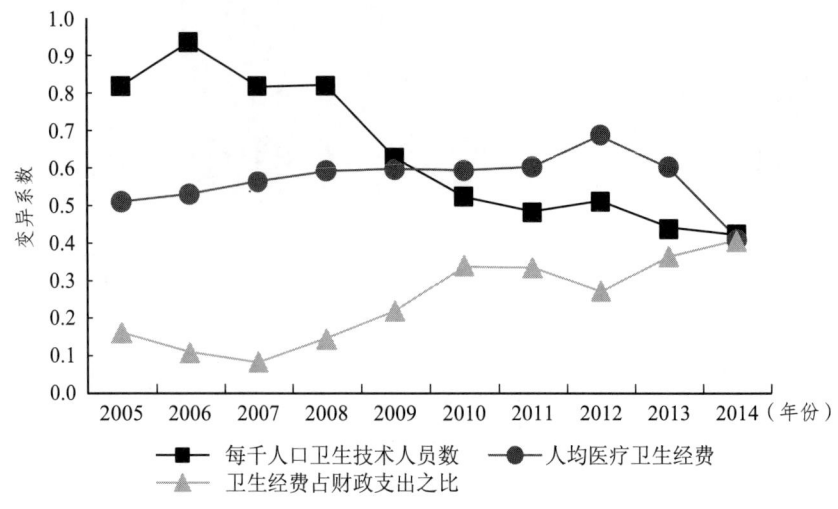

图2 2005~2014年京津冀三地医疗卫生均衡情况

通过每千人口卫生技术人员变异系数来看，2005~2012年为上升态势，表明三地差异在不断变大，2012~2014年数据走势向下，2014年出现最低点，表明三地卫生状况的差异逐渐降低。从人均医疗经费变异系数的走势看，曲线趋势向下，三地在人均医疗经费上差距在不断减小。从医疗卫生支出占财政支出之比我们也可以看出，京津冀三地在医疗支出上差异不断变大，曲线趋势向上。

京津冀三地整体医疗卫生服务水平不均等，若想建立京津冀基本公共服务均等化体系，就要对天津、河北的医疗卫生上给予更多支持。

（三）社会保障方面

社会保障是国家用强制力作为手段，对国民收入进行再分配，但是受到国情和地区经济发展水平限制，我国城市地区社保体系相对完善，而占我国人口绝对数量的农民享受到的社保则很有限。从地区上来看，东部经济发达地区社保覆盖率较为完善，中西部需要进一步发展。京津冀地区虽都处于东部，但其内部社保程度也不尽相同。

从统计数据来看，北京2014年职工最低工资为1560元，低于天津的1680元，高于河北的1040元。北京失业保险金最低标准、城市居民最低生活保障标准分别为1012元和650元（见表3）。其2014年新型农村合作医疗参合率达到了99.6%，体现了北京基本公共服务供给的广覆盖，而同期的天津和河北受到财政限制，达不到北京的广覆盖程度。从社会享受救济补助的人员情况来看，2014年北京社会救助对象总人数14万人，其中城市、农村居民最低生活保障人数为9万和5万，天津相应的数值为13万和10万，河北相应数值为62万、200万人远远超出北京天津的数量，所以从河北城市居民和农村居民最低生活保障人数来看，河北省除了在基本公共服务上与北京天津有很大差距，更重要的是河北经济落后所带来的贫困人口，在这个方面更需要河北先大力发展农村经济，减少贫困人口数量，继而为人民提供基本公共服务。

表3　　　　　　　　2014年京津冀地区社会保障状况

项目	北京	天津	河北
职工最低工资标准/元	1560	1680	1040
城市居民最低生活保障标准/元	650	640	205
农村居民最低生活保障标准/元	460	440	120
城镇职工养老保险/元	1392	545	908.31
城镇职工医疗保险/元	1431	509	944.46
城市居民最低生活保障人数/万人	8.9	13.58	62.5
农村居民最低生活保障人数/万人	5.1	10.14	209.8

从图3中可以看得到，基本医疗保险参保率、失业保险参保率两条曲线在2005~2014年均呈向上趋势，其中失业保险参保率来看变异系数达到0.9，表明差异正在逐年扩大，京津冀三地社会保障差异明显。从社保经费占财政支出之比的变异系数曲线可以看出三地在社保上支出较为稳定，虽然近两年差异扩大，但也显示出三地较为重视社会保障，这为社保上的均等化打下基础。

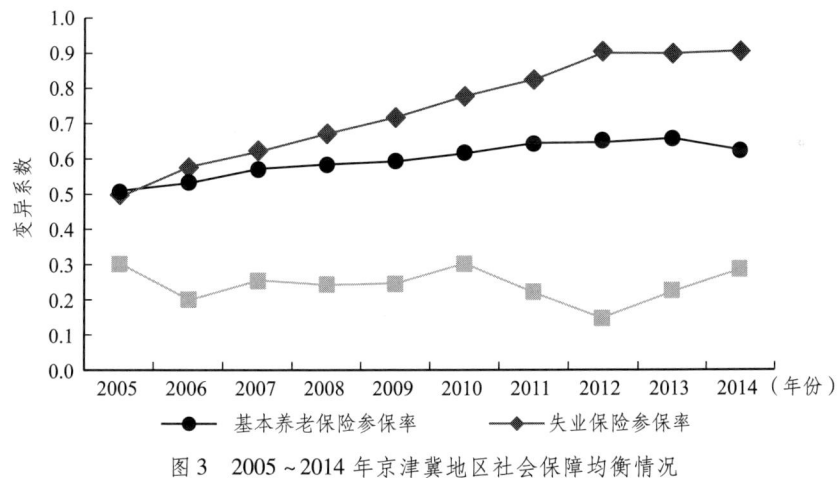

图3　2005~2014年京津冀地区社会保障均衡情况

（四）文化事业方面

文化事业也是基本公共服务提供的重要方面。衡量指标主要有公共图书馆个数、公共图书馆总藏数、公共图书馆建筑面积和人均公共图书馆藏书量（见表4）。

表4　　　　　　　　2014年京津冀三地文化事业发展情况

项目	北京	天津	河北
公共图书馆个数（所）	25	31	172
公共图书馆总藏数（册）	5601	1598	2104.78
公共图书馆建筑面积（平方米）	115.7	169.37	43.7
人均公共图书馆藏书量（册/人）	1.03	1.05	0.28

从图4中我们可以看到，三条曲线基本在0.5水平线上方，表明在基本文化上的差异较大，其中人均拥有公共图书馆藏书量的变异系数在0.6水平线附近，走势平稳略微下降，表明京津冀三地差异较大，但是呈现缩小趋势；从人均拥有公共图书馆建筑面积来看，2005~2011年曲线趋势向下，2011~2014年曲线产生波动，且维持在0.6附近；人均文化支出上变异系数呈现上升趋势且数值较大，表明差异增大。三条曲线均处于较高数值处，表明京津冀三地在文化服务上不均等现象明显，文化公共服务均等化仍有很多路要走。

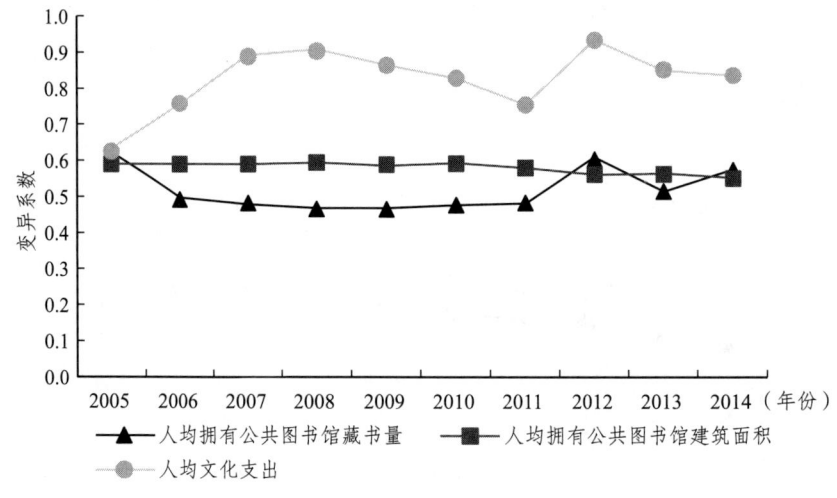

图4　2005~2014年京津冀三地文化服务均衡情况

（五）基础设施方面

基础设施是基本公共服务的重要内容，是指为社会生产和居民生活提供的公共服务的物质工程设施。随着我国经济水平的提高，政府在基础设施上的支持力度加大。城市道路建设、居民水电煤气、公共交通等都属于基础设施方面的建设。本文选取基础设施指标为人均城市道路面积、每万人拥有公通过计算人均城市道路面积和每万人拥有公共交通车辆的变异系数可以看出，人均城市道路面积变异系数从 2005～2011 年在逐年上升三地差距在逐渐变大，但在近三年中有所下降，三地差异逐渐降低。从每万人拥有公共交通车数量的变异系数来看 2005～2009 年差异上升，2010～2014 年呈现逐渐下降趋势，三地差异降低。从最近几年两条曲线的走势来看，京津冀三地基础设施建设不断完善，基础设施均等化水平正在提高（见图 5）。

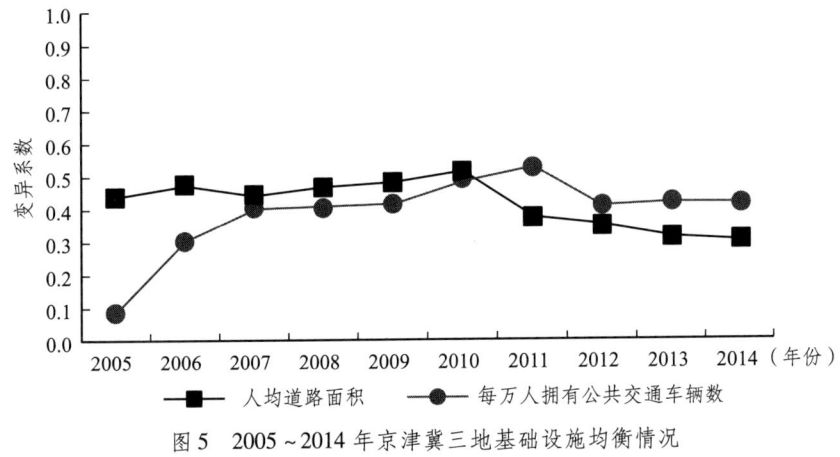

图 5　2005～2014 年京津冀三地基础设施均衡情况

（六）环保方面

环境保护是当前京津冀关注的主要问题，我们从污水处理率、人均环保支出和三地环保支出占财政支出之比的变异系数来分析京津冀环保上的现状。

从图 6 中我们可以看出污水处理率变异曲线走势向下；人均环保支出在

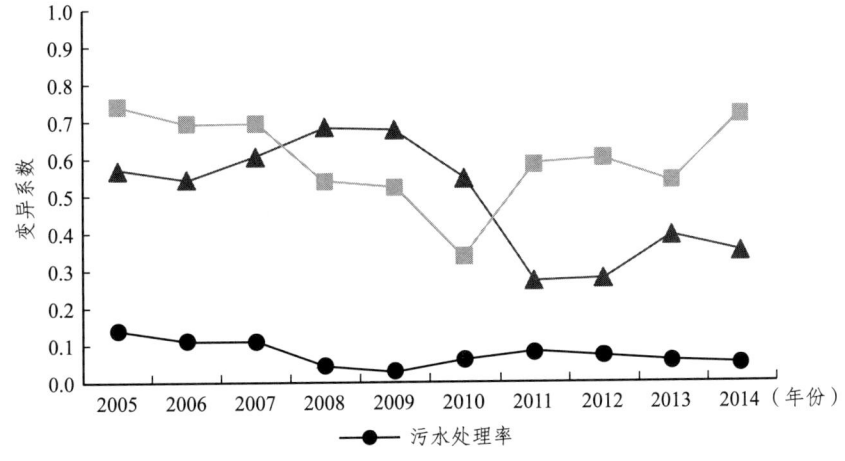

图 6　2005～2014 年京津冀三地环境保护均衡情况

2005～2010年逐年下降,但2010年后出现大反转,表明三地人均环保支出不仅没有逐步均等,反而呈现非均衡性加剧态势,环保支出占财政支出之比则从2008年逐渐下降,2013年略有上升,但2014年下降,差异程度有所下降。

三、京津冀地区基本公共服务均等化水平测度

前面我们分析了京津冀地区基本公共服务六大领域的具体情况,从分析中看出三地在基本公共服务各领域上差异明显,反映出三地在基本公共服务上的不均等现象,但部分领域指标显示差异扩大,部分领域指标显示差异缩小,因而需要对三地基本公共服务进行综合评价,对基本公共服务均等化走势进行综合分析。由于当前京津冀基本公共服务供给以政府为主,受财政影响较大,所以先对影响基本公共服务供给的三地财政均等化水平进行分析,再构建综合指标体系,测度三地基本公共服务均等化水平和走势,并进行综合评分,以此来得到三地基本公共服务均等化水平走势的直观表现。

(一)财政均等化分析

福利经济学中强调的国民收入分配平均来提高社会总体福利水平和公共财政理论中财政分权理论与地方公共产品理论的研究奠定了我们研究的基础。基本公共服务均等化离不开财政,财政收支为基本公共服务均等化提供了前提和保障,在我国基本公共服务主要由各地政府提供,因而政府财政收入能力和财政支出结构对基本公共服务的影响很大。在财政均等化方面,本文主要计算使用人均财政收入和人均财政支出的变异系数和极差率进行分析。

变异系数可以对单项的公共服务均等化问题进行评价,也可以对整体的公共服务均等化问题进行评价,它主要反映指标间的变异程度,变异系数越大,差异程度就越大。

$$变异系数 = \frac{选取指标的标准差}{选取指标的均值} \quad (1)$$

极差率则是反映指标间波动程度数值,用极差率计算京津冀三地人才财政收支,数值越大,表明京津冀人均财政收支波动程度就越大。

$$极差率 = \frac{选取指标最大值}{选取指标最小值} \quad (2)$$

通过对2005～2014年三地人均财政收支状况的计算,得到表5,并作图7、图8。

表5　2005～2014年京津冀地区人均财政收（支）变异系数与极差率、转移支付绩效变化情况表

年份	人均财政收入变异系数	人均财政支出变异系数	转移支付绩效	人均财政收入极差率	人均财政支出极差率
2005	0.74	0.69	0.05	4.77	5.17
2006	0.68	0.68	0	4.35	5.15
2007	0.76	0.75	0.01	5.1	5.69
2008	0.74	0.69	0.05	4.94	5.04
2009	0.74	0.64	0.1	5.03	4.54
2010	0.8	0.72	0.08	5.8	5.29
2011	0.72	0.65	0.07	5.18	4.64
2012	0.66	0.61	0.05	4.63	4.2
2013	0.71	0.65	0.06	5.28	4.75
2014	0.79	0.69	0.1	6.58	5.24

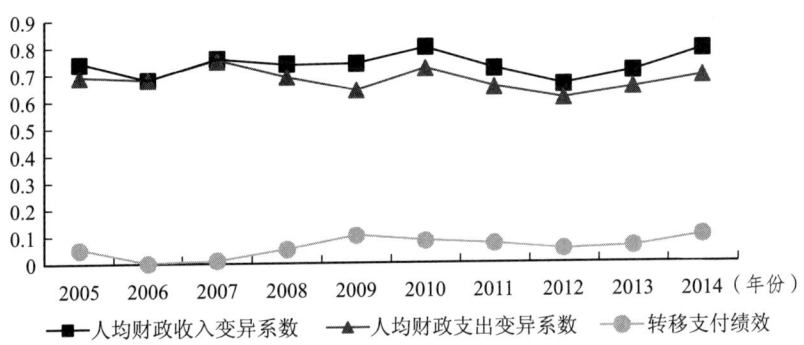

图7　京津冀地区2005～2014年人均财政收支变异系数与转移支付绩效变化情况图

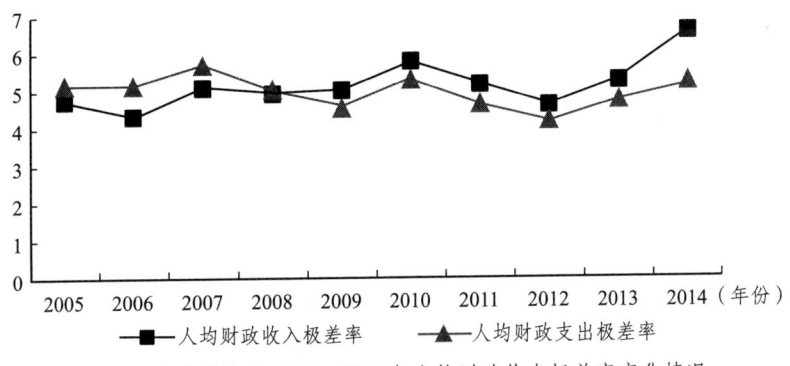

图8　京津冀地区2005～2014年人均财政收支极差率变化情况

1. 人均财政收入变异系数

从图7中可以看出，京津冀三地人均财政收入变异系数较大，在0.6～

0.8区间内波动，反映出京津冀三地人均财政收入差距较大的现状，从时间上看，人均财政收入变异系数上下波动，2010年数值达到顶峰为0.8，随后连续两年降低，2012年达到最低点0.66，随后又上升到2013年的0.71，2014年达到0.79，说明京津冀三地人均财政收入差距很大，并且很难突然发生改变，从这点来看，河北还是要努力发展经济，提高财政收入，以提高人均财政收入。

2. 人均财政支出变异系数

基本公共服务强调的是每个社会成员都可以享受到的最基本的服务，因此和政府人均财政支出水平紧密相关，我们利用图7中进行分析，人均财政支出变异系数曲线在人均财政收入变异曲线下方，表明三地政府的人均财政支出差异比人均财政收入差异较小，也由此可以看出三地政府在财政收入差距不断扩大的情况下努力为居民提供基本公共服务。人均财政支出变异系数在0.7附近波动，只有2007年和2010年数据在0.7以上。

3. 转移支付绩效

转移支付是调节区域内财政能力的重要手段，一方面可以合理优化财政资金提高公共服务供给能力，另一方面在公共财政理论中通过转移支付也会提高公共产品的供给效率与决策合理性，转移支付绩效用来表明转移支付的效果，从图7中可以看出，京津冀三地转移支付效果较差在0.1以内，在最近几年中，走势向上，表明三地都在进行完善转移支付，从而提升基本公共服务水平的努力，但转移支付要实现较好效果仍前路漫漫。

4. 人均财政收支极差率

从极差率上来看，三地人均财政收入和支出的极差率皆呈现上升态势，表明三地人均财政收支上差异波动在逐步扩大。2008年以前人均财政收入极差率小于人均财政支出极差率，2008年以后人均财政收入极差率继续上升，而人均财政支出极差率在4~6的区间波动，表明三地在人均财政收入不断扩大的情况下，人均财政支出的差异波动在缩小，而人均财政支出直接关系到基本公共服务所能达到的水平，说明三地基本公共服务状况在逐渐好转，这为三地基本公共服务均等化的实现创造了财政条件。

庇古在福利经济学中提出提高社会总福利水平的两个重要途径即提高国民收入总量和对国民收入合理分配来使得资金在居民处的边际收益相同从而使社会福利水平最大化，从上面分析来看，京津冀三地人均财政收支能力差异很大，人均财政收支变异系数在0.7~0.8较高水平内波动，同时区域内转移支付作为三地国民收入分配的重要手段，在0.1的较小值内，表明京津冀三地在国民收入分配上不均等现状严重，需要改善。结合相关数据从罗尔斯公平正义论角度来看，京津冀经济能力财政能力差异很大并且在人均收支上更为突出是很难避免的，但是三地应在承认差别的基础上，针对各地区不同经济水平提供以受益均等、主体广泛、优惠合理为核心的机会均等的基本公共服务。同时可将人均财政收支与转移支付的数据分析结合公共财政理论中财政分权和地方公共产品理论来从公共服务各领域资金分配和区域内财政转移支付角度提高区域公共服务均等化水平。

(二) 京津冀三地基本公共服务评价

1. 评价方法

(1) 指标体系构建及指标选取。本文采用综合评价的方法，构建一个包含 21 个具体指标来对京津冀基本公共服务均等化水平进行评价（见表6）。

表6　　　　　　　　　基本公共服务均等化综合指标表

总指标	一级指标	二级指标	单位	指标方向
基本公共服务均等化水平	基础教育	普通小学生师比 A_1	%	-
		普通中学生师比 A_2	%	-
		人均财政教育经费 A_3	元/人	+
		教育经费占地区财政支出之比 A_4	%	+
	医疗卫生	每千人口卫生技术人员数 A_5	人/千人	+
		每万人卫生机构数 A_6	所/万人	+
		人均医疗卫生经费 A_7	元/人	+
		卫生经费占财政支出之比 A_8	%	+
	社会保障	基本养老保险参保率 A_9	%	+
		失业保险参保率 A_{10}	%	+
		人均社会保障支出 A_{11}	元/人	+
		社保经费占财政支出之比 A_{12}	%	+
	公共文化	人均拥有公共图书馆藏书量 A_{13}	本/人	+
		人均拥有公共图书馆建筑面积 A_{14}	平方米/人	+
		人均文化支出 A_{16}	元/人	+
		文化支出占财政支出之比 A_{15}	%	+
	基础设施	人均道路面积 A_{17}	平方米/人	+
		每万人拥有公共交通车辆数 A_{18}	量/万人	+
	环境保护	污水处理率 A_{19}	%	+
		人均环境保护支出 A_{20}	元/人	+
		环保支出占财政支出之比 A_{21}	%	+

(2) 指标的无量纲化。建立评价矩阵 $X = (x_{ij})_{n*s}$ 表示一个有 N 个评价单元格，每个单元格有 S 个评价指标的矩阵，其中 X_{ij}，i = 1, 2, …, n,

$j = 1, 2, \cdots, s$. 由于建立的指标体系中有正指标与负指标之分，采取不同的计算方法：

正指标公式：$X'_{ij} = \dfrac{x_{ij}}{\max(x_{1j}, x_{2j}, \cdots, x_{nj})}$ (3)

负指标公式：$X'_{ij} = \dfrac{\min(x_{1j}, x_{2j}, \cdots, x_{nj})}{x_{ij}}$ (4)

（3）确定指标权重。确定权重的方法有很多，主要分为两类：主观定权法和客观定权法。主观定权法主要有专家评分、层次分析等根据主观价值判断来确定指标权重；客观定权法主要有因子分析法、主成分分析法和熵权法根据对数据进行处理来确定权重，本文中指标数远大于样本数因此不适用于因子分析法和主成分分析法。熵值法能够反映出指标信息熵值的效用价值从而确定权重，且运用熵值法确定权重可以消除人为因素干扰，使评价结果更为科学，故本文使用熵权法确定指标权重。

具体步骤：在建立规范矩阵的基础上，计算各指标熵权。

首先，计算第 i 地区第 j 项指标的比重，

$$P_{ij} = \dfrac{x_{ij}}{\sqrt{\sum_{i=1}^{n} x_{ij}^2}}$$ (5)

第二步，计算指标信息熵，$E_j = -K \sum_{i=1}^{m} P_{ij} \ln(P_{ij})$，其中 $K = \dfrac{1}{\ln n}$ (6)

第三步，计算信息效用值 θ，$\theta_j = 1 - E_j$ (7)

第四步，计算熵权，$W_j = \dfrac{1 - e_j}{\sum_{j=1}^{s}(1 - e_j)}$ (8)

（4）计算基本公共服务均等化指数。将各年各指标权重与各指标变异系数对应相乘后加总，可以得到京津冀三地基本公共服务差异度数据，随后我们定义京津冀基本公共服务均等化为"1 - 差异度"在计算出京津冀基本公共服务均等化指数。

计算各指标评价值，得到各年份综合得分：

$$M_{ij} = W_j \cdot X'_{ij}$$ (9)

2. 基本公共服务均等化水平测度

对京津冀相关数据用熵权法进行加工，得到 2005～2014 年各指标权重，如表 7。

对 2005～2014 年京津冀各指标统计数据进行处理，计算出变异系数，具体数值如表 8 所示。

表7　2005~2014年京津冀各指标权重

权重	基础教育						医疗卫生	
	A_1	A_2	A_3	A_4	A_5	A_6	A_7	A_8
2005	0.045	0.045	0.047	0.046	0.048	0.045	0.053	0.045
2006	0.045	0.045	0.048	0.045	0.048	0.045	0.055	0.046
2007	0.044	0.045	0.049	0.045	0.048	0.045	0.053	0.045
2008	0.044	0.045	0.050	0.045	0.049	0.045	0.053	0.045
2009	0.045	0.045	0.048	0.045	0.049	0.051	0.049	0.045
2010	0.045	0.045	0.048	0.045	0.049	0.051	0.048	0.046
2011	0.045	0.045	0.047	0.045	0.049	0.050	0.048	0.045
2012	0.045	0.045	0.048	0.046	0.047	0.049	0.048	0.045
2013	0.045	0.045	0.048	0.045	0.049	0.049	0.047	0.046
2014	0.045	0.045	0.048	0.046	0.047	0.049	0.047	0.047

权重	社会保障						公共文化	
	A_9	A_{10}	A_{11}	A_{12}	A_{13}	A_{14}	A_{15}	A_{16}
2005	0.048	0.048	0.053	0.046	0.050	0.050	0.050	0.045
2006	0.048	0.049	0.053	0.045	0.050	0.048	0.052	0.044
2007	0.049	0.050	0.048	0.045	0.050	0.048	0.055	0.046
2008	0.049	0.050	0.049	0.045	0.050	0.047	0.055	0.045
2009	0.049	0.051	0.047	0.045	0.050	0.047	0.054	0.045
2010	0.050	0.052	0.047	0.046	0.050	0.048	0.054	0.045
2011	0.050	0.053	0.048	0.045	0.050	0.048	0.052	0.045
2012	0.050	0.055	0.048	0.045	0.049	0.049	0.055	0.046
2013	0.050	0.055	0.048	0.045	0.049	0.048	0.054	0.045
2014	0.049	0.055	0.048	0.046	0.049	0.049	0.053	0.045

续表

权重	基础设施			环境保护	
	A_{17}	A_{18}	A_{19}	A_{20}	A_{21}
2005	0.045	0.047	0.045	0.051	0.049
2006	0.046	0.047	0.045	0.050	0.048
2007	0.047	0.047	0.045	0.050	0.049
2008	0.047	0.047	0.044	0.048	0.050
2009	0.047	0.047	0.044	0.048	0.050
2010	0.048	0.045	0.045	0.046	0.048
2011	0.049	0.046	0.045	0.049	0.046
2012	0.047	0.046	0.045	0.049	0.046
2013	0.047	0.046	0.045	0.048	0.046
2014	0.047	0.046	0.045	0.051	0.046

表8　2005~2014年京津冀三地各指标变异系数

变异系数	A_1	A_2	A_3	A_4	A_5	A_6	A_7	A_8	A_9	A_{10}	A_{11}
2005	0.205	0.251	0.461	0.355	0.510	0.142	0.819	0.159	0.507	0.498	0.784
2006	0.250	0.254	0.564	0.258	0.530	0.163	0.937	0.312	0.533	0.575	0.797
2007	0.053	0.186	0.588	0.192	0.564	0.280	0.820	0.082	0.570	0.623	0.538
2008	0.061	0.144	0.628	0.208	0.593	0.289	0.821	0.142	0.583	0.670	0.592
2009	0.082	0.119	0.505	0.184	0.596	0.750	0.629	0.217	0.593	0.716	0.460
2010	0.221	0.108	0.505	0.246	0.594	0.755	0.524	0.339	0.616	0.775	0.463
2011	0.137	0.131	0.465	0.238	0.603	0.648	0.482	0.334	0.641	0.823	0.490
2012	0.147	0.165	0.425	0.241	0.423	0.639	0.511	0.271	0.651	0.903	0.524
2013	0.103	0.149	0.471	0.262	0.603	0.635	0.437	0.364	0.656	0.897	0.501
2014	0.122	0.163	0.486	0.291	0.409	0.626	0.423	0.405	0.622	0.903	0.487
变异系数	A_{12}	A_{13}	A_{14}	A_{15}	A_{16}	A_{17}	A_{18}	A_{19}	A_{20}	A_{21}	
2005	0.302	0.590	0.618	0.626	0.077	0.089	0.440	0.140	0.743	0.570	
2006	0.202	0.590	0.492	0.759	0.090	0.305	0.478	0.112	0.697	0.546	
2007	0.254	0.592	0.483	0.890	0.306	0.407	0.448	0.111	0.697	0.607	
2008	0.244	0.596	0.467	0.905	0.245	0.406	0.469	0.045	0.541	0.686	
2009	0.246	0.590	0.467	0.866	0.278	0.418	0.483	0.030	0.524	0.679	
2010	0.302	0.593	0.478	0.831	0.195	0.493	0.197	0.060	0.339	0.548	
2011	0.223	0.582	0.485	0.756	0.143	0.527	0.376	0.079	0.585	0.273	
2012	0.149	0.564	0.605	0.936	0.389	0.412	0.350	0.072	0.603	0.279	
2013	0.227	0.565	0.516	0.855	0.252	0.423	0.316	0.056	0.542	0.393	
2014	0.287	0.553	0.575	0.838	0.178	0.417	0.307	0.049	0.718	0.350	

将我们得到的各年份指标权重和各指标变异系数相乘后进行加总,得到 2005~2014 年京津冀地区基本公共服务差异度数据,如图 9 所示。

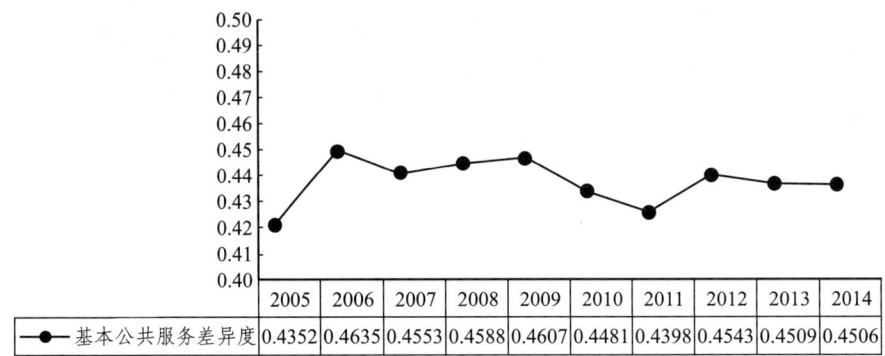

图 9 2005~2014 年京津冀地区基本公共服务差异度

从图 9 中我们可以看出京津冀三地基本公共服务差异值在 0.45 附近波动,2006 年达到最大值 0.463,2006~2014 年基本呈现下降趋势,2011 年达到最小值,2012 年有所反弹,但总体趋势向下,表明三地差异在变小。

我们定义基本公共服务均等化程度为"1-基本公共服务差异度",根据差异度数据计算来衡量京津冀基本公共服务均等化程度,如图 10 所示。

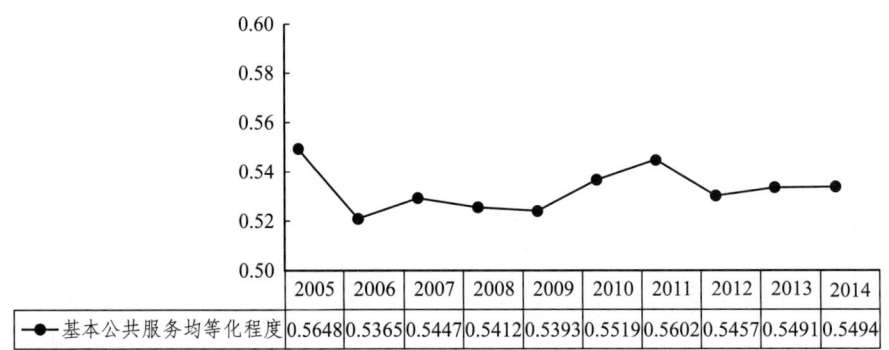

图 10 2005~2014 年京津冀地区基本公共服务均等化程度

福利经济学认为提升社会福利水平的重要途径在于对国民收入的平均分配,从图中可以看出京津冀三地基本公共服务均等化程度在 0.5~0.6 区间波动,虽然相对于差异化程度来看,均等化程度数值略高,但三地需要进一步合理分配资源来提升区域整体基本公共服务供给水平。从曲线走势上看,2006~2011 年曲线呈上升趋势,表明三地基本公共服务均等化水平在不断提升,2012 年均等化水平有所下降,2012~2014 年曲线继续上升趋势,曲线整体走势波动上升,表明三地基本公共服务均等化水平稳步提升。

3. 三地基本公共服务综合评分

表9是根据公式计算的京津冀基本公共服务综合评分。

表9　　　　　　　　　基本公共服务综合评分

年份	北京	天津	河北
2005	0.920	0.701	0.526
2006	0.933	0.681	0.496
2007	0.898	0.703	0.540
2008	0.895	0.714	0.539
2009	0.860	0.673	0.588
2010	0.845	0.731	0.575
2011	0.846	0.718	0.589
2012	0.863	0.690	0.574
2013	0.848	0.713	0.584
2014	0.847	0.702	0.593

从图11中我们可以看到，北京、天津、河北三地基本公共服务评分差距很大，北京综合评分水平比河北高了接近一倍，天津在河北、北京中间波动。但是我们也应该看到河北的评分趋势走向不断向上升，这表明河北随着财政投入的逐年增加、基础设施的不断完善，基本公共服务评分在逐渐提升。北京趋势再向下走，和北京常住人口逐年增加所带来的大城市病所带来的问题，使得评分下降。

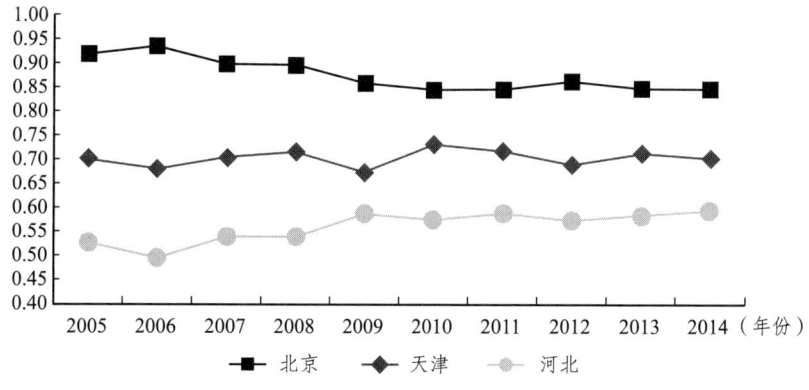

图11　2005~2014年三地基本公共服务综合评分走势图

我们将2014年三地分项得分单独取出进行分析，做图12。

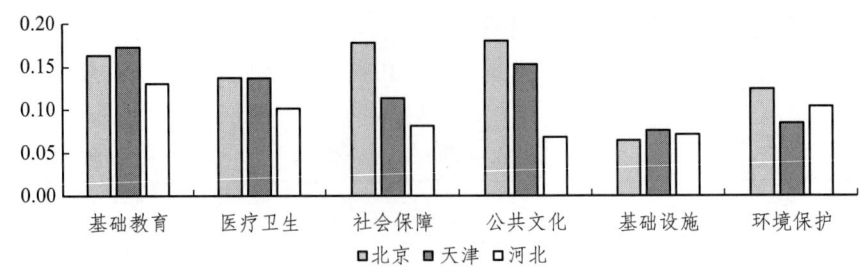

图 12 2014 年三地分项得分图

从图 12 中我们可以看出 2014 年三地北京地区在医疗卫生、社会保障、公共文化、环境保护上遥遥领先，但在基础设施上得分最低，一是由于本文在指标选择上选取的是人均道路面积导致北京评分较低；二是也反映出北京大城市病问题严重，人口过多所带来的一系列问题。天津地区在基础教育上评分三地最高，是因为天津财政支出在教育上占比多，但天津在环境保护上是三地评分最低的，需要大力加强。

4. 主要结论

本文对京津冀基本公共服务现状进行分析对比，在对三地财政均等化水平分析基础上，构建了包含基本公共服务六项领域 21 项指标的综合评价体系，使用熵权法测量权重，结合变异系数测量京津冀基本公共服务均等化水平，并进行评分，得出以下主要结论。

（1）罗尔斯的公平正义论提出差异的存在时难以避免的，但可以针对不同个体提供机会均等的服务，从对京津冀财政均等化水平的分析上看，三地在人均财政收入差距不断扩大的情况下，人均财政支出的差距相对于人均财政收入在逐渐减小，反映出三地政府对基本公共服务的重视。但从数据反映来看，转移支付作为公共财政理论调节区域财政能力的重要手段，三地转移支付水平低是基本功公共服务均等化实现的一大障碍。

（2）福利经济学中认为对国民收入进行平均分配是提高社会福利的重要手段，从京津冀地区基本公共服务均等化程度的图形整体走势来看，一是曲线整体走势趋向上升，表明三地基本公共服务均等化水平在不断提高；二是均等化数值在 0.5 以上区间波动，均等化水平超过差异化水平，但要真正实现均等化仍有很多路要走，三地需要进一步对资源进行合理分配。

（3）从京津冀三地综合评分走势图来看，北京基本公共服务综合评分呈现下降趋势，天津评分波动上升，河北评分稳步提升，三条曲线整体走势向中间靠拢，表明三地基本公共服务均等化水平在不断提升。

四、基本公共服务均等化障碍分析与对策建议

前文对京津冀基本公共服务现状、财政均等问题和基本公共服务均等化

水平进行了分析,得出三地基本公共服务虽面临诸多差异但均等化水平在稳步提升,本节主要对京津冀基本公共服务均等化面临的障碍进行分析,并提出建议对策。

(一)障碍分析

1. 行政壁垒带来的公共服务落差

京津冀地处我国华北地区,其政治地位、经济地位、文化地位和科技地位在全国的优势非常明显,但地区内部的复杂行政区划也是京津冀三地基本公共服务不均等的重要原因。

从行政区划上来看,京津冀行政区划层次较多,包含两个直辖市北京天津和一个有11个地级市的河北省,行政隶属关系复杂,三地政治地位差异很大。北京作为国家首都、全国政治中心,具有独特超然地位,拥有国内一流的科技资源、教育资源、医疗卫生资源、文化资源等优势,基本公共服务水平明显高于天津和河北。

行政壁垒主要表现在制度性壁垒上,北京、天津为了缓解大城市病,严控户籍管理制度,从而使得三地在教育、医疗、社保上产生歧视性公共服务政策,北京户口意味着更好的社会保障。据2015年数据显示,河北城乡居民基础月养老金75元为北京470元的16%、天津245元的30%,仅为北京零头,三地差异明显。

2. 经济发展水平和财力差距过大

从三地统计数据来看,北京和天津2014年的人均地区生产总值已经达到和超过了10万元大关,同期河北省的人均地区生产总值仅为4万元,从公共财政支出来看,2014年河北人均公共财政支出为0.63万,北京是河北的3.3倍,天津是河北的2.9倍。对于河北地区来说,河北地区经济发展水平低,据最新统计数据看,河北2015年上半年GDP增速为6.6%,在32个省份中仅位列27位,低于全国7%的增速,因而其他地区建设不完善,人才和资金流向北京、天津,再加上河北地区仍然以农村人口为主,经济压力更显巨大。而受到我国现行财政体制的制约,基本公共服务供给主要受到地方财政收入和支出结构影响,因此,三地经济发展水平和财政支出能力的差异导致了京津冀三地基本公共服务供给的数量和质量差异。

3. 三地转移支付水平低

对三地财政均等化测度的结果表明三地转移支付水平在0.1水平内,水平低。转移支付是指各级政府之间为了解决财政失衡而通过一定的形式和途径转移财政资金的活动。在我国财政层面上,转移支付有三种模式,一是自上而下的纵向转移;二是横向转移;三是纵向横向转移的混合。在京津冀地区中,从纵向上看,中央财政对北京天津河北三地的转移支付力度不同,北京作为首都,是财政转移支付的重点地区,对天津河北的转移支付力度不足，相应的基本公共服务水平也会落后。从横向上看，京津冀地区财政自成体系，横向财政转移支付制度不健全，无法实现互联互通，加剧了区域间的基本公共服务不均等的状况。

4. 公共服务供需失衡、共建共享程度低

北京地区2014年财政支出为7147.75亿元，人均财政支出为3.3万元，河北地区2014年财政支出为4677.3亿元，人均财政支出为6334.5元。财政支出是一个地区基本公共服务提供的保障，从人均财政支出我们可以看到，京津冀地区财政支出地区性差异很大，人口数量最多、最需要提供基本公共服务的河北地区由于财政能力的限制财政支出反而最少，因而京津冀地区基本公共服务供给与需求不匹配，供需严重失衡。且三地基本公共服务供给模式以政府提供为主，难以满足人们多元化需求。

从公共服务共建共享角度来看，长期以来京津冀三地从自身水平和利益出发，形成"一亩三分地"的公共服务提供路径，三地在跨区医疗服务和管理、养老保险、社会保险跨区结算上尚未统一，在交通上"断头路"频现，三地基本公共服务共建共享机制亟须建立。虽然当前《2016年京津冀协同发展项目》已经出台，但是公共服务上内容仍主要在北京市内进行疏解，三地公共服务共建共享尚未形成可行性路径。

(二) 实现京津冀基本公共服务均等化的政策建议

1. 打破行政藩篱，协调经济发展

要想实现京津冀基本公共服务均等化，就要打破行政藩篱，打通原有封闭的公共服务体系和资源体系，逐步实现地区的互联互通，使得转移人口可以享有和北京相同的公共服务水平和资源。这需要在国家层面上建立可以协调三地工作的体制机制。

另一方面也要协调好区域内部经济发展的问题，这是均等化实现的物质基础和必备条件。《京津冀协同发展规划纲要》中明确了三地定位，三地需要明确各自定位，积极调整三地产业格局，进行产业转移与对接，合理优化配置区域内资源，加快区域经济发展，促进财政收支相应增加，为基本公共服务均等化提供有力的基础。

2. 提高财政保障能力与转移支付绩效

从财政收支推进京津冀区域基本公共服务均等化的角度看，主要有两点，一是做大财政总量提高基本公共服务均等化的财政保障能力，京津冀地区需要进一步优化经济结构，在北京的带动下提升天津河北的第三产业发展，提高区域经济水平，实现财政收入增加，为基本公共服务均等化打下基础；二是优化调整财政支出结构，加大基本公共服务领域支出力度，提高基本公共服务供给能力，提高区域内财政民生支出占财政支出的比重，根据人民需要，探索建立和三地经济发展水平相适应的基本公共服务支出体系，向基础教育、医疗卫生、社会保障等事业倾斜，满足人民最基本最迫切的公共需求。

京津冀三地需要完善财政转移支付体系，逐步建立京津冀基本公共服务一体化的财政投入和保障机制，按照科学高效的原则合理配置。在完善纵向转移支付机制的基础上，探索建立京津冀三地政府间横向财政转移支付机制，通过建立纵向和横向的转移支付机制，逐步缩小京津冀各地间的财力差距，进而推进京津冀基本公共服务均等化的实现。

3. 完善基本公共服务供给，加快共建共享

公共服务有非竞争性和非排他性，需要政府来提供。但随着经济发展和人民需求的变化，仅靠政府提供无法满足社会需求，需要市场机制和社会力量的参与。引入两者可以提高公共服务供给效率，优化资源配置，使得基本公共服务供需平衡。京津冀需要进一步探索公共服务的供给形式，改善三地基本公共服务供需失衡的现状。在另一方面京津冀基本公共服务供给也应该采用联合供应的模式，加快共建共享。一是可以构建统一平台共享数据，统一政府供给标准；二是设立地区发展基金，共同出资、削峰填谷，加快要素流动，进而实现京津冀基本公共服务均等化。

参 考 文 献

[1] 陈丽莎，孙伊凡. 构建京津冀协同发展中有效衔接的公共服务供求关系 [J]. 河北大学学报（哲学社会科学版），2016（04）：101 – 105.

[2] 陈志国. 京津冀基本公共服务发展比较研究 [M]. 2015. 12.

[3] 高雪莲. 京津冀公共服务一体化下的财政均衡分配 [J]. 经济社会体制比较，2015（05）：58 – 65.

[4] 姜溪，刘瑛莹. 京津冀公共服务均等化研究 [J]. 商业经济研究，2017（03）：211 – 213.

[5] 梁林. 京津冀基本公共服务均等化评价及河北省提升途径研究 [J]. 河北工业大学学报，2016，8（03）：1 – 10.

[6] 鲁继通. 京津冀基本公共服务均等化：症结障碍与对策措施 [J]. 地方财政研究，2015（09）：70 – 75.

[7] 马慧强，王清，弓志刚. 京津冀基本公共服务均等化水平测度及时空格局演变 [J]. 干旱区资源与环境，2016（11）：64 – 69.

[8] 王延杰，冉希. 京津冀基本公共服务差距、成因及对策 [J]. 河北大学学报（哲学社会科学版），2016（04）：83 – 90.

[9] 吴强，段雅伶. 京津冀基本公共服务支出差异测定与评价 [J]. 价格理论与实践，2016（02）：149 – 152.

[10] 郑林昌，刘晓. 京津冀地区公共服务投入产出效率评价 [J]. 商业经济研究，2016（21）：213 – 215.

[11] 周京奎，白极星. 京津冀公共服务一体化机制设计框架 [J]. 河北学刊，2017（01）：130 – 135.

Research on Equalization of Basic Public Services in Beijing, Tianjin and Hebei

Dong Zhengxin   Zhao Zijian

Abstract: Integrated development of Beijing, Tianjin and Hebei is a major regional development strategy put-forward by general secretary Xi Jinping in 2014. But because of the large gap on the basic public services, the regional economic development is not very well. Therefore, the purpose of this paper is to compared the current basic public services situation in three areas. And measure the basic public services equalization in three areas, find problems, analysis the reasons and give suggestion. This article is based on the research of domestic scholars and to clarify the concept of public service. And then analysis the basic public services from six field in Beijing, Tianjin, Hebei. And because the current basic public services are mainly provide by the government, it affected by the financial situation, so first of all, we measure the equalization of financial situation in three places And the conclusion is that the per financial revenue and expenditure have a large gap and transfer payment level is low. And then we structured a comprehensive evaluation system containing 21 statistical indicators, to measure the basic public services equalization in three places and give score. The conclusion is that although the six fields of basic public services have large gap, but the level of equalization is improving.

Keywords: integrated development, basic public service, equalization of basic public service

〔国民经济运行〕

人口转型、要素禀赋与经济发展方式转变

赵文哲 董丽霞[*]

摘 要：本文利用跨国面板数据研究了人口转变过程抚养比变化对经济增长方式转变的影响机制。根据人口转变的相关理论，本文将人口转变分为四个阶段，人口转变的阶段与经济发展水平相关。人口转变的不同阶段上由于要素禀赋动力的差异，经济增长的方式也有所不同。基于 WDI 数据库对发展阶段的划分，本文比较了不同发展阶段上人口转变对经济增长的作用及其机制。最后，根据实证分析结论和中国人口结构的发展趋势预测了我国未来 2015~2100 年间的经济增长趋势。

关键词：人口转变 经济发展方式 要素禀赋

一、引 言

从 1978 年以来，由于我国经济的快速增长，我国发展阶段经历了从低收入国家到中高收入三个阶段，1978 年我国以当期美元衡量的人均 GDP 仅为 155 美元，仅相当于美国的 1.4%。到 2010 年，我国以当期美元衡量的人均 GDP 达到 4514 美元，并进入中高收入国家的行列，2014 年，中国人均 GDP 达到 7593.88 美元。按照 2005 年不变美元价格衡量的，2014 年中国人均实际 GDP 达到 3865.88 美元，相当于美国的 8.33%。而 2011 年按照 PPP 计算的中国人均实际 GDP 占美国的比重则达到了 20.7%。从总量上来看，

---

[*] 本文受到北京市社会科学规划一般项目（项目批准号：14JGB083）"北京市人口转变与经济发展方式转型关系研究"、国家社科基金重大招标项目（项目批准号：16ZDA005）"供给侧结构性改革与发展新动力研究"和国家社科基金重大招标项目（项目批准号：14ZDB120）"转型发展新阶段中国经济增长动力研究"资助。

赵文哲（1980~ ），男，河南商丘人，中央财经大学经济学院，副教授。研究方向：人口与经济增长、公共财政、城镇化与人口流动，联系方式：zwenzhe@cufe.edu.cn。

董丽霞（1982~ ），女，山西孝义人，中国社会科学院经济研究所助理研究员。研究方向：人口与劳动经济，教育经济与教育财政，收入分配。

经过 PPP 调整，以 2011 年不变价格国际元衡量的我国 GDP 总量在 2014 年达到 17.2 万亿，超过了美国的 16.6 万亿，成为第一大经济体。[①]

过去 30 多年中我国经济增长主要呈现出以下特点：

第一，高储蓄、低消费和高投资。过去几十年，无论是居民储蓄率和国民储蓄率，中国都处于较高的水平。从 1990 年到 2010 年，居民消费增长率平均为 14.4%，而固定资本形成增长率则达到了 18.7%。随着固定资本形成的增长，在 GDP 增长中，固定资本形成比重逐渐升高。20 世纪 90 年代初，资产—产出之比只有 20%，而到了 2014 年，资本—产出之比达到 80% 以上。固定资产投资的增加导致全社会高杠杆率，政府负债、企业负债额居民负债到了 GDP 的 235%，中国成为全球杠杆率最高的国家之一，超过欧盟 60% 的标准。同时，高投资也造成资本回报率下降（白重恩、张琼，2014）。

第二，长期以来，我国依靠低成本劳动力优势促进经济增长。一方面，较低的劳动成本吸引 FDI 流入中国，但这些 FDI 大多数是利用中国低成本的劳动力优势进行加工贸易，附加值较低，劳动者报酬较低。另一方面，较低的劳动力成本导致资本报酬较高，而工资相对较低，这加剧了收入不平等。

过去经济增长模式与我国人口状况有关。从 20 世纪 60 年代中期到 80 年代初，我国劳动年龄人口增长率一直处于较高的状态，这为改革开放后我国利用低成本劳动力促进经济发展提供了条件。从 80 年代开始，由于"一孩政策"的逐步推行，劳动适龄人口增长率经历了长达 10 年的下降，从 1997 年又开始升高。但是进入 21 世纪中期后，由于持续较低的生育率，我国劳动适龄人口数量增长速度持续下降，而且未来也不太可能达到 20 世纪的高水平。随着生育率的下降，我国人口年龄结构也发生了相应的变化。从 70 年代中期开始，我国少儿抚养比持续下降，由最高的 80% 下降到 2014 年的不足 40%。同时，从 60 年代中期开始老人抚养比不断升高，2014 年我国老人抚养比超过 14%。根据蔡昉（2010，2011）利用联合国人口展望（World Population Prospects）数据的估计，我国人口总规模预计在 2030 年达到峰值，届时中国人口为 14.62 亿，而在此之前，15~64 岁劳动年龄人口于 2015 年达到峰值，总量为 9.98 亿。随着人口结构的转变，不但未来我国劳动力供给数量会下降，储蓄和人力资本积累也会发生相应的变化，这对于未来我国经济增长提出了新的挑战。要维持经济较高的增加，我国需要根据要素禀赋的变化转变经济发展方式，转换经济增长背后的动力机制。

本文将利用跨国面板数据讨论人口转变对经济增长的影响以及背后的动力机制，并结合对未来中国人口年龄结构的估计预测未来我国的经济增长速度。本文第一部分是引言；第二部分是理论机制分析；第三部分利用跨国面

[①] 以上数据均来自 WDI。

板数据进行实证分析;第四部分根据我国未来人口结构预测经济增长及政策含义。

二、人口转变与经济增长:理论机制

(一)新古典理论下的人口与经济增长

人口是影响经济增长的重要因素。对于人口的作用,文献一般从人口增长率、生育率、死亡率或预期寿命几个角度进行研究。新古典经济增长理论中一般将人口增长视为外生的,它对经济增长的作用是负的,这种观点与马尔萨斯人口观是一致的。经验研究一般表明,生育率和人口增长率的外生下降会显著提高经济增长率(Rosenzweig,1990;Li and Zhang,2007)。Acemoglu and Johnson(2007)利用跨国面板数据证明预期寿命的外生增加对经济增长的影响不显著,这主要是因为预期寿命延长增加了存活的人口,从而对资源的消耗增加,从而抵消了经济增长的内在动力。Rada(2009)也持有相似的观点,他认为低生育率和预期寿命提高的人口老龄化过程会使得资源更多地分配给不进行生产的老年人,导致全社会非生产消费支出增加,储蓄率和公共投资下降,导致未来经济增长的潜力下降。

新古典增长理论将生育和预期寿命的变化都视为外生的,因此,对于人口转变与经济增长的关系看法比较线性化,而一些研究则得出了相反的结论。例如,Bloom et al.(2014)在 Acemoglu and Johnson(2007)经验模型和数据的基础上加入健康水平的初始值,回归结果发现预期寿命升高(死亡率下降)对经济增长有显著正向作用。这个结论意味着预期寿命升高对经济增长的影响取决于该国预期寿命的初始水平,而预期寿命的初始水平实际上与一国的经济发展水平有关。即预期寿命的变化实际上是内生的。因此,要更好的理解人口转变与经济增长的关系,需要一个经济发展和增长的统一模型(unified model)。这类模型将讨论不同经济发展阶段上人口死亡率、生育率、家庭内部转移支付和经济增长趋势以及这些变量之间的交互作用。

预期寿命与经济增长关系不一致根源在于人口转变不是独立于经济发展水平的,而是内生于经济增长和收入水平变化的(Ehrlich and Lui,1997)。人口转变内生于经济增长和收入水平变化的原因来源于两个方面:一是由于生育率可能受到收入水平的影响,收入水平越高,抚养孩子的机会成本越高,家庭对孩子的质量要求越高,因而生育孩子的数量越少。二是社会基础设施水平和个人在医疗健康方面的投入。无论基础设施还是医疗健康投入都与一个国家宏观经济条件有关,尤其是收入水平和财富水平有关,而社会基础设施和个人医疗投入会导致死亡率和预期寿命的变化。

（二）内生增长理论下的人口与经济增长

1. 生育内生、预期寿命和死亡率外生的内生增长模型

Becker, Murphy and Tamura（1990）较早在内生增长理论中将人口转变视为内生变量进行研究，这被称为 BMT 模型。该模型假设存在一个利他的永世效用函数，并且人力资本的投资收益率是最优子女数量的减函数，而最优子女数量是家长人力资本的减函数。该模型产生了多重均衡，包括三个均衡：稳定的低水平马尔萨斯陷阱均衡上，不稳定发展状态和稳定的持续增长均衡。初始人力资本水平是决定经济和人口增长处于高水平均衡还是处于低水平均衡的主要因素。Ehrlich and Lui（1991）构建了一个最优内部转移支付的家庭模型，模型中考察了死亡率对家庭生育行为、教育投入的影响。他们发现随着年轻人死亡率下降和年轻人预期寿命升高，生育率会下降，由于孩子数量作为养老的隐形合同保障能力下降，年轻人会增加对子女教育的投入，人力资本积累水平的提高会推动经济增长；同时，老龄化和预期寿命的升高也会通过储蓄率增加促进经济增长，但是模拟结果显示，随着老龄化，储蓄率先升高，然后收敛到一个稳态水平，最后储蓄率又下降。Raut and Srinivasan（1994）考虑内生生育与经济增长之间的关系，他们认为抚养孩子的成本等于工资减去抚养孩子的时间机会成本，因而抚养孩子的成本会影响全要素生产率。由于工资随时间而变化，因而抚养孩子的成本也是变化的，这决定了竞争均衡路径具有非线性特征。这个非线性特征产生了多重均衡的结果，既包括新古典增长理论的收敛均衡，也包括指数级的持续增长均衡和爆炸性持续增长均衡。

在上述研究中，虽然生育率是内生的，但是仍将死亡率和预期寿命视为外生的，这些外生预期寿命模型的两个缺陷（Finlay, 2006）：一是假设预期寿命与收入之间只具有单向因果关系，一般的结论是无论初始人均收入高低，外生预期寿命增加都会促进所有国家的经济增长；二是忽略了健康投资的作用。

2. 预期寿命内生化的增长模型

将寿命内生化是人口转变与经济增长关系研究的另一个重要方向（Ehrlich and Lui, 1997; Blackburn and Cipriani, 1998）。对于预期寿命的影响，大部分研究认为，预期寿命增长会通过储蓄率升高（Ehrlich and Lui, 1991; Futagami and Nakajima, 2001; Li et al., 2007; Bloom et al., 2008a; Zhang et al., 2003, 2005）、教育投入增加（Ehrlich and Lui, 1991; Fougère and Mérette, 1999; de la Croixa and Licandro, 1999; Ludwig et al., 2007; Bloom et al., 2008a; Zhang et al., 2001, 2003, 2005）以及技术进步的提高（Prettner, 2009; Irmen, 2009）等导致经济增长。这类模型的共同特点是在内生增长理论框架下讨论人口转变与经济增长的关系，文献中主要有两条主

线：一是将婴儿死亡率内生；二是将成人死亡率内生。

（1）婴儿死亡率内生的增长模型。Blackburn and Cipriani（1998）利用一个连续时间的 OLG 模型刻画利他父母在一个人口内生决定的永世家庭中进行代际转移使得永世效用函数最大化，父母选择储蓄、生育和对下一代子女的健康支出水平，这个模型中婴儿死亡率是内生的，它是公共健康投入的函数。该文的研究结果表明，人均收入升高导致生育率和婴儿死亡率下降，并使得人口增长率下降，而婴儿死亡率的下降会使得储蓄率升高，投资增加，因而会促进经济增长。

（2）成年人死亡率内生的增长模型。Blackburn and Cipriani（2002）在一个三期 OLG 模型中加入存活到第三期概率的决定函数，存活概率是教育水平的函数，因为教育会使人们增加那些有助于提高个人对健康的投入，从而导致死亡率下降。在给定存活到第三期的概率，每一个代理人通过选择生育和消费实现最大化效用，在这个过程中，由于预期寿命升高，教育的回报率会升高，与此同时抚养孩子的机会成本也会升高，这导致人力资本积累提高和生育率下降。由于预期寿命的内生性，这产生了多重均衡结果，经济收敛到哪个均衡与初始条件有关：当初始人力资本存量较高时，人们会增加对健康的投入，因而预期寿命提高，这导致生育率下降和人力资本投资增加，经济收敛到一个高水平均衡；当初始人力资本存量较低时，则会产生相反的结果，经济收敛到一个水平低均衡。

Chakraborty（2004）在一个两期 OLG 模型中假设成年人死亡率内生于公共投资，成年人死亡率的下降会刺激储蓄率升高，同时也会刺激对教育的投入，物质资本积累和人力资本积累都会促进经济增长。内生于公共健康投资的死亡率变化通过实物资本积累会导致多重均衡：对于穷国来说，由于对健康的公共投资较少，预期寿命较低，储蓄和投资较少，因而产生低收入和高死亡率的低水平均衡，即所谓的"发展陷阱"（development traps）；对于富国来说，由于对健康公共投资较多，这会产生高收入和低死亡率的高水平均衡。内生与公共健康投资的死亡率变化也会通过教育投入产生"门槛效应"（threshold effects）在人力资本存量较低的国家，对健康投资的需求较低，因而死亡率较高，这进一步使得教育投入较少，人力资本水平增长很慢，经济增长速度也较慢；当人力资本存量达到一个门槛值，教育投入会加速增加，随着人力资本水平的快速增长，经济增长速度也较快。与 Chakraborty（2004）不同，Finlay（2006）也在一个两期 OLG 模型中将第二阶段成年人的死亡率视为私人和公共健康投入共同决定的函数。并且他将教育投入视为风险投入项目，健康投入是获得教育风险收益的保证，两种投入是互补的：如果教育投入增加，健康投入也会增加以增加获得风险投资收益的概率；如果健康投入增加，由于预期寿命增长，个人对教育投入的意愿也会增加。该文的主要贡献是识别了教育投入与健康投入如果相互作用以及风险厌恶的影响:随着风险厌恶程度提高,自愿进行教育投入的门槛收入水平逐渐升高,而健康投资的门槛收入水平非单调增加,因此当风险厌恶程度较高时,健康投资会先于教育投资以增加获得风险投资(教育投入)收益的概率。

上述研究都是将死亡率视为健康投入的函数,无论是私人健康投入还是公共健康投入都与该国居民和政府所拥有的资本存量有关,因此,Blackburn and Issa(2002)在一个三期 OLG 模型中将成年人死亡率视为资本存量的函数,由于经济发展水平和资本存量水平具有强烈的正相关关系,因而这意味着预期寿命与经济发展水平有关。他们的分析表明,死亡率下降会导致储蓄和教育的预期回报率升高,从而刺激物质资本和人力资本投资,这两种投资进一步促进经济增长。而由于这个过程中,资本积累增加使得家庭将更多资源花费到健康上,因此进一步提高预期寿命。因此,由于初始经济发展水平不同,本文暗示存在多重均衡:较低的资本存量和发展水平使得健康投入较低,因而死亡率较高,这压低了投资水平,从而产生了一个低水平的均衡;相反则会产生一个高水平均衡。

无论将婴儿死亡率内生还是将成年人死亡率内生,寿命内生化的统一模型一般从资本积累和人力资本积累两个角度考察人口转变对经济增长的影响。由于预期寿命是内生的,初始的经济发展水平决定了这些模型都存在多重均衡。在收入水平较低的,由于人均资本存量较低,私人和公共健康投入比较少,因而死亡率较高,这使得人力资本和实物资本投资的未来预期回报率较低,这导致社会对储蓄和教育投入降低,社会的资本积累和人力资本积累速度下降,经济增长率较低。这是一个低水平均衡。相反,在收入水平较高时,由于人均资本存量较高,私人和公共健康投入较多,因而死亡率较低。由于人力资本和实物资本投资回报率升高,这导致社会对储蓄和教育投入升高,经济增长升高,这是一个高水平均衡。

经验分析上,De la Croixa(2008)以及他与 Lindh and Malmberg(2006)发现,不论在什么发展阶段上(工业革命之前的马尔萨斯社会还是现在经济增长社会)预期寿命升高对收入增长都有正向作用。但是,一些研究发现预期寿命升高对经济增长的作用不明显。Hazan and Zoabi(2005)发现更长的寿命不能解释经济从停滞到增长转变时期人力资本的积累。这是因为寿命升高会同比例提高各类教育水平孩子未来收入水平,使得质量和数量之间的相对回报率不受影响。预期寿命升高对经济增长有不同的作用,可能与预期寿命发挥作用的方式有关。例如,在人口老龄化过程中,年轻人可能更倾向于增加教育投入,中年人更倾向于增加储蓄和物质资本积累来应对预期寿命的延长(Fougère and Mérette,1999),因此,在预期寿命较低的发展中国家,由于劳动人口更多,预期寿命升高通过教育投入和资本积累对未来经济增长有正向作用,而在预期寿命较高的发达国家,预期寿命的升高和死亡率的下降伴随着老龄化加剧，储蓄下降更多，经济增长会变慢（De la Croixa and Licandro，1999；Boucekkine and De la Croix，2002）。因此，一些研究指出，预期寿命升高对经济增长的正向作用先高后低，在第三世界国家，预期寿命升高会对经济增长有正向作用，在工业化国家，预期寿命升高对经济增长有负向作用（Zhang et al.，2003，2005），即虽然预期寿命对教育和经济增长有稳健的正向作用，但是这些影响随着预期寿命的升高而削弱。

3. 人口红利效应

生育行为和预期寿命的变化会影响人口的年龄结构，进而产生人口转变（demographic change）。一些研究认为，人口年龄结构中抚养比的（包括少儿抚养比和老人抚养比）升高会阻碍经济增长（Lindh and Malmberg，1999；Li et al.，2007；AN and Jeon，2006），这样的解释大多是从生命周期理论出发，较高的抚养比会降低储蓄率，从而遏制了经济增长。但是 Kelley（1973）指出少儿抚养比和老人抚养比对储蓄率的影响并不相同，少儿抚养比对储蓄率的影响会随着时间和空间的改变而变化：在非常贫穷的国家，由于家庭收入接近一般维持在最低生存水平（subsistence level），城市化水平和劳动生产率较低时，儿童的增加会使得家庭的消费支出增加，储蓄下降；而在发达国家，儿童数量增加会由于劳动力增加而使得储蓄反而增加。对于那些经济增长较快，生活水平高于最低生存水平、但仍然处于农业社会的国家来说，儿童增加对家庭储蓄率的影响是不确定的。Bloom et al.（2003，2005，2008，2009，2012）认为人口转变过程中存在"人口红利"（demographic dividend）效应，因而人口转变中少儿抚养比下降和老人抚养比升高并不一定与经济增长具有负向关系；同时，人口红利效应也使得人口老龄化可能与经济增长具有正相关性，这是因为抚养比变化时，家庭的劳动参与、储蓄、教育投入以及企业创新行为可能也会发生变化，这会通过固定资本投资、人力资本投资和技术进步影响经济增长。

总结起来，"人口红利"效应主要有三个来源：人口转变过程中劳动力供给增加、教育投入增加和储蓄增加（Bloom et al.，2003）。根据作用发挥作用方式的不同，可以分为"第一人口红利"和"第二人口红利"。"第一人口红利"是指人口转型过程中生育率下降使得劳动力供给比例增加从而促进经济增长。但是之后，低出生率会降低未来劳动年龄人口增长率，而经济发展和医疗技术改进等造成的预期寿命提高会降低死亡率，并增加未来老年人口增长率。未来更多的资源（如医疗、社会保障等）将花在老年人身上，从而使得人均收入增长减缓，"第一人口红利"开始消失甚至为负。"第二人口红利"有两个方面的来源，一是人口转型过程中死亡率下降和预期寿命升高使得整个社会逐渐进入老龄化，因而劳动者会为自己年老时的消费进行储蓄，从而促进经济增长；二是生育率下降导致父母对孩子的教育投入增加，从而人力资本投资促进经济增长。第一人口红利带来的经济增长大概可以持续五十年甚至更长时间，它的作用取决于各年龄段的"支持率"（support ratio）。"支持率"是指生产者（劳动年龄人口的劳动力数量）与消费者（儿童和老年人口的数量）之间的比例。在生育率大幅下降的时期，由于更多的妇女劳动参与升高，和儿童抚养比下降，支持率是上升的。第二人口红利的规模取决于养老保障制度的设计。在现收现付（pay-as-you-go）的养老保障体制下，由于养老全部由当期存活的年轻人通过交税来负担，因而这会降低当期储蓄率，第二人口红利不会发生作用。但在家庭养老保障模式和基金累积养老保障制度下，老龄化会刺激家庭和个人的财富积累，从而产生第二人口红利。

Bloom et al.（2003，2005，2008，2009）研究了世界各国人口红利效应，指出欧美等发达国家人口红利正逐渐消失，近几十年来东亚等新兴经济体的经济奇迹可以由人口红利效应来解释，非洲南撒哈拉等不发达国家由于较高的出生率和婴儿死亡率下降，未来的人口红利效应会比较高。对于东亚等国家来说，人口红利通过三种驱动促进经济增长：一是生育率下降、预期寿命增长和年龄结构的动态化生育率下降导致妇女劳动参与率升高；二是预期寿命增长导致储蓄增加；三是老龄化导致这些国家人均教育投入的增加（Bloom et al.，2009）。对于发达国家而言，由于生育率下降伴随着劳动参与率和劳动人口比重双重下降，以及人口老龄化严重，储蓄率和人力资本投资增加比较缓慢，因而这些国家未来的经济增长不乐观。但是，Bloom et al.（2008）认为这可以通过改变养老保障制度、延迟退休提高劳动参与率和吸引来自劳动力富裕国家的移民来缓解。

（三）人口转变的阶段与经济增长

人口转变理论分析过去人口结构发生变化的原因和预期未来人口结构的发展趋势（Caldwell，1976）。传统人口转变理论侧重于根据事实和数据归纳人口变化的规律，而较少用经济学理论来解释人口生育率和死亡率发生变化的原因。在充分认识人口转变内在动力的基础上，根据经济发展与人口增长和人口结构之间的关系，现代学者重新思考人口转变阶段的划分，例如Bloom et al.（1998），Malmberg and Sommesta（2000）在汤普森人口转变三阶段划分的基础上，按照不同年龄人口在总人口中的比重将一个国家的人口结构划分为儿童阶段（child phase）、青年阶段（young adult phase）、成年阶段（phase ofpopulation maturity）以及老龄阶段（phase of ageing），人口转变发生在连续两个年龄阶段之间。Jackson（2010）[1] 将人口转变分为前现代阶

---

[1] Jackson, Andrew Jr., 2010, Demographic Transition, School of Doctoral Studies (European Union) Journal, pp: 148 – 163.

段、城市化/产业化阶段、成熟工业化阶段和后工业化阶段,每个阶段都对应不同的生育率、死亡率以及人口结构的变化。

本文将人口转变分为四个阶段。第一是高死亡率、高生育率和人口低增长阶段;第二是死亡率下降、高生育率和人口增长率升高的阶段;第三是低死亡率、生育率快速下降和人口增长率下降的阶段;第四是低死亡率、低生育率和人口低增长率的阶段。将人口转变划分阶段的意义在于识别不同阶段上经济发展如何影响出生率、死亡率和人口结构的变化,以及在这个过程中人口结构变化对个人储蓄、消费、劳动参与、代际转移支付、教育投入等行为的影响。

根据上述人口转变四个阶段的特征,我们认为在人口转变的不同阶段,经济增长的动力是不同的。在人口转型的第一阶段如前工业化国家,由于高生育率和高死亡率,人口增长率也比较低,由于人口预期寿命较短,年轻劳动力数量较多,人口素质不高。这导致经济结构以土地密集型产业为主,产业结构以农业为主。在农业社会,收入增长会被较快的人口增长所抵消,因而未来储蓄率和资本积累更低,产生了所谓的"马尔萨斯陷阱"。例如,工业革命之前国家大都处于该阶段。在人口转型的第二阶段,虽然生育率依然维持在较高的水平,但由于死亡率下降,人口自然增长率升高,成年劳动人口增加,这为未来经济发展提供了充足的劳动力。而由于当前人口抚养比较高,资本相对较少,政府在产业发展战略上更倾向于发展劳动密集型产业,在对外开放战略上倾向于发展低成本加工贸易产业,同时大力引进外资、走外向型发展道路。这一阶段,"第一人口红利"发挥主要作用。第三阶段,随着收入水平的提高,死亡率的下降和预期寿命的提高,生育率开始大幅下降,人口自然增长率变慢,因此少儿抚养比下降,同时老人抚养比逐渐升高,这导致储蓄率升高,因而物质资本积累增加。在产业发展战略上政府倾向于选择资本密集型产业,在对外开放战略上倾向于发展资本密集型的工业制成品出口产业,同时资本输出增加。在这个阶段,经济增长率较快,人均收入水平升高。在这一阶段,"第二人口红利"发挥主要作用。在第四阶段,低死亡率和低生育率使得老人抚养比较高,而少儿抚养比较低。这时期,人口受教育水平普遍较高,然而人口老龄化加重使得储蓄率下降,物质资本积累增加速度下降。但是由于劳动相对于资本更加稀缺,这个阶段国家的企业更侧重于开发劳动节约型的技术(Irmen,2009)。因此,该阶段产业结构以技术密集型产业为主,更重要的是在对外开放战略上倾向于促进技术含量较高的产品的出口或直接在国外投资,从而形成大量跨国公司。在这个阶段,尽管国家技术发展水平较高,但是人均收入位于较高的水平,且劳动力和储蓄率下降导致产出下降会抵消技术创新投资对产出的正向作用,因而经济增长率速度比较慢。

三、跨国的历史经验和实证分析

(一) 发达国家的历史经验

按照 Galor and Weil (1999, 2000) 的分析,发达国家从第一次工业革命开始就从后马尔萨斯经济增长体制进入了现代经济体制阶段,而那个时候现在的发展中国家大部分还处于马尔萨斯经济体制时期。目前,大部分发达国家都进入了老龄化社会,因此,根据发达国家发展的经验事实,我们可以从一个较长的历史时期分析人口转变,尤其是人口老龄化与经济增长的关系,以及分析社会家经济发展的每个阶段上人口转变对经济增长背后动力和因素的影响。

1820 年以前,发达国家死亡率只是缓慢且不规则的下降。例如,英格兰 1620~1626 年、1726~1751 年、1801~1826 年三个时间段上的平均婴儿死亡率分别为 17.1%、19.5% 和 14.4%。法国 1740~1749 年、1820~1829 年两个时段的平均婴儿死亡率分别是 29.6% 和 18.1%。工业革命后,欧美工业化国家的人口死亡率才开始大幅下降。如表 1 所示,1820 年后,欧美国家的出生率持续下降,尤其是 1900 年后下降幅度更大,与此相对应,预期寿命也大幅升高。从 1820 年到 1950 年,西欧国家平均出生率从 3.64% 下降到 1.83%,出生时预期寿命从 36 岁升高到 67 岁。美国的人口出生率和预期寿命也发生了相似的变化。日本的出生率在 20 世纪初有所升高,但是到 20 世纪中叶又继续下降,并且预期寿命也持续升高。

表 1　　　　　　　　　出生率和预期寿命

时间	出生率 (%)				出生时预期寿命 (岁)			
	西欧平均	美国	日本	英国	西欧平均	美国	日本	英国
1820	3.64	5.52	2.62	—	36	39	34	40
1900	3.08	3.23	3.24	—	46	47	44	50
1950	1.83	2.4	2.81		67	68	61	69

资料来源:安格斯·麦迪逊.《世界经济千年史》(2003)。

在将近 200 年中,发达国家的人口转变经历了马尔萨斯体制、后马尔萨斯体制以及现代经济增长体制。西方国家在 18 世纪中期以前处于马尔萨斯体制。马尔萨斯体制阶段的特征是技术进步伴随着土地扩张,这导致人口规模和人口密度增长,但人均收入水平短期内会升高但长期维持在最低生活水平。这个体制分为两个时期,马尔萨斯体制的初期,由于技术进步速度较低和人口增长侵蚀资源的扩张,人均产出增长率,接近于零,人口增长率也比较低;在马尔萨斯体制后期,技术进步的加速使得人口增长不能抵消技术进步带来的产出增长,因而人均产出增长率和人口增长率都会有小幅升高。从18世纪中期到1870年第二次工业革命完成前,西方国家处于后马尔萨斯时期,后马尔萨斯体制的早期特征是技术进步仍会导致人口增长,但是产出的增长幅度更大,因而人均产出有小幅增长。这个时期,虽然人均产出会增长,但是人力资本积累和形成对经济增长的贡献微乎其微。后马尔萨斯体制晚期特征是技术进步促进了人力资本投资,导致实际工资大幅升高,同时导致了人口转变,主要表现为生育率大幅下降。从1870年第二次工业革命开始至今,欧美发达国家处于现代增长体制时期。在现代增长体制时期,技术进步加速,对人力资本的需求增加,因而人口转变加速,这导致人均产出以较高的速度增长。在这个时期,人口转变表现为生育率和人口增长率都明显下降,使得前期要素积累和技术进步的成果转化为人均收入的增长,人口转变从三个渠道提高经济增长:(1)降低了人口增长对资本和土地的稀释作用,使得人均资本存量和人均土地面积增加;(2)对教育投入的增加提高了人力资本水平;(3)年龄结构的改变提高了劳动人口占总人口的比重。经济增长模式从马尔萨斯体制转变到后马尔萨斯体制的内在动力是较快的技术进步导致产出更快的产出增长率,抵消了人口较快的增长,从而使得人均产出有小幅升高;经济增长模式从后马尔萨斯转变到现代增长体制的内在动力是生育率下降的过程中,较快的技术进步人力资本积累相互促进,进一步导致人口增长率下降,人均产出持续增加。

与发达国家不同,发展中国家经济增长体制转变的时间较晚,在1900年前,发展中国家大部分都处于马尔萨斯体制,从20世纪中期开始,亚洲和拉美国家开始进入后马尔萨斯经济增长体制,而目前非洲许多国家仍处于马尔萨斯或后马尔萨斯体制。各国经济发展阶段的差异意味着我们可以通过分析不同发展阶段上人口抚养比和经济增长的关系来讨论内生人口转变对经济增长的影响。

(二)跨国面板数据的回归分析

本文选用高收入的OECD国家、中高收入国家、中低收入国家和低收入国家作为样本考察在不同发展阶段上人口老龄化对经济增长的影响。经验模型以MRW(Mankiw,Romer and Weil,1992)为基准进行设定:人口抚养比本文的模型如下:

$$\gamma_{it} = \alpha + \beta X_{it} + \chi Z_{it} + \eta_i + \lambda_t + \varepsilon_{it} \tag{1}$$

其中,X表示人口变量,包括预期寿命和抚养比,Z是增长理论模型中包含的其他变量。我们用1960~2010年的跨国面板数据对模型进行回归。我们将样本每隔五年分为一个时间段,1960~2009年共分成十个时间段:

1960~1964年、1965~1969年、1970~1974年、1975~1979年、1980~1984年、1985~1989年、1990~1994年、1995~1999年、2000~2004年、2005~2009年。这10个时间段构成一个面板数据。在模型中，因变量是人均实际GDP在每个时间段内的平均增长率γ，人均实际GDP以2005年不变价格的美元来表示。解释变量包括两类：一是我们关心的人口变量X，二是控制变量Z。人口变量X包括少儿抚养比ydep、老人抚养比odep和预期寿命life，少儿抚养比用0~14岁人口占15~64岁人口的比重来刻画，老人抚养比用65及以上年龄人口占15~64岁人口比重来衡量，人口抚养比反映了人口年龄结构转变。预期寿命刻画在一定的人口年龄结构下死亡率下降对经济增长的影响。控制变量Z包括人均实际GDP的自然对数lny、投资率inv、人力资本水平h、对外开放水平open。投资率inv用一个国家和地区固定资本形成总额占GDP的百分比来衡量；人力资本水平用Barro and Lee（2013）计算的15岁以及以上人口平均受教育水平来衡量；开放水平用一个国家和地区进出口总额占GDP的比重来表示。以上所有变量都用每个时期的期初值来表示，初始人均实际GDP的系数刻画了增长收敛性，其他变量的初始值刻画了每个时期初始禀赋对经济增长的影响。同时，为了刻画经济增长收敛可能与人力资本有关，控制变量还加入了人力资本水平初始水平与初始人均初始GDP的交叉项$h \cdot lny$，以控制人力资本水平对经济增长收敛的作用。这些变量都用每个时间段期初的水平来表示。为了控制国家和地区的异质性以及共同冲击的影响，模型中加入了个体虚拟变量和时间虚拟变量。上述数据除人均受教育水平来自于PWT8.0外，都来自于世界发展指数（WDI）。我们删掉平均人口不足100万的国家和地区，样本一共包括134个国家和地区，其中低收入国家26个，中低收入国家32个，中高收入国家36个，高收入OECD国家29个，高收入非OECD国家和地区11个。具体国家和地区名单见附表1。

  表2是分别对低收入国家、中低收入国家、中高收入国家和高收入的OECD国家的回归结果。结果显示，除了中高收入国家，少儿抚养比与经济增长率具有显著的负相关关系。这意味着，无论在低收入国家还是高收入国家，生育率的下降都有利于经济增长率的提高，但是高收入国家生育率下降对经济增长的促进作用更低，这是因为生育率下降会导致高收入国家劳动力供给更低，会抵消生育率下降的正向作用。就老人抚养比与经济增长的关系，结果显示老人抚养比在中低收入国家与经济增长率具有显著的正向关系，而在高收入的OECD国家则具有显著的负相关关系，低收入国家和中高收入国家中老龄化与经济增长的关系分别为负和正，但都不是很显著。这意味着，老人抚养比升高对中低收入国家的经济增长是有利的，而对高收入国家的影响是不利的。这主要是因为中低收入阶段，由于老人抚养比程度本身就比较低，老人抚养比的升高会导致储蓄动机增加，对人力资本的投入增

加,从而促进未来经济增长。而在高收入国家,老年抚养比本身就比较高,老人抚养比升高意味着老龄化加重,从而导致储蓄和劳动供给更大幅度的下降,从而不利于经济增长。预期寿命与老人抚养比相似,在较低收入水平上对经济增长作用为正,在更高收入水平对经济增长为负。

表2 模型(1)的回归结果:控制变量是少儿抚养比

变量	(1) 低收入国家	(2) 中低收入国家	(3) 中高收入国家	(4) 高收入OECD国家
lny	5.1983* (3.0296)	4.5249** (2.0341)	4.7779** (2.0856)	-0.0962 (2.0927)
inv	0.0408 (0.0507)	0.0197 (0.0258)	0.0679 (0.0604)	-0.0520 (0.0422)
h	36.4423*** (11.2581)	43.2876*** (7.6577)	33.0459*** (10.4491)	26.1495*** (6.7589)
h×lny	-6.8891*** (1.6967)	-6.3618*** (1.0324)	-4.6357*** (1.2586)	-2.5914*** (0.6837)
ydep	-0.1678*** (0.0502)	-0.1653*** (0.0356)	0.0181 (0.0471)	-0.1039*** (0.0318)
odep	-0.1324 (0.4817)	1.6640*** (0.2442)	0.2877 (0.2383)	-0.2436*** (0.0657)
life	0.2504*** (0.0699)	0.0194 (0.0612)	-0.1076 (0.0914)	-0.0893 (0.1247)
时间固定效应	控制	控制	控制	控制
个体固定效应	控制	控制	控制	控制
Observations	127	209	209	219
Number of id	21	29	28	29
R-squared	0.604	0.542	0.291	0.566

Standard errors in parentheses, *** $p<0.01$, ** $p<0.05$, * $p<0.1$。

根据人口转变的一般趋势,由于少儿抚养比首先下降,人口转变开始有利于经济增长,随着老人抚养比的逐渐升高,人口转变对经济增长的作用越来越强。但是,在较高的收入阶段,由于少儿抚养比本身已经处于较低水平,下降空间不大,同时生育反而可能升高,而人口老龄化更加严。因此,人口转变不利于经济增长。即伴随着人口转变,经济增长会经历倒"U"型的趋势。

下面我们讨论人口转变对经济增长影响的机制。我们从劳动力供给、储蓄率、教育投入和健康投入四个角度进行讨论。

就劳动力供给而言，人口年龄结构的变化直接体现了劳动力供给的变化。人口转变的一般趋势是在低收入阶段，婴儿死亡率首先下降，进而导致预期寿命升高和少儿抚养比升高，这个时期劳动力人口比较年轻，劳动年龄人口比重比较低；在较低的收入阶段，由于婴儿死亡率较低，生育率开始下降，少儿抚养比下降，劳动年龄人口比重增加，劳动力供给充足；在较高的收入阶段，生育率和少儿抚养比都处于较低的水平，成年人死亡率大幅下降导致预期寿命升高，老人抚养比开始升高，这个时候劳动力数量仍然较大，但是年龄结构偏大；在高收入阶段，预期寿命的进一步升高使得人口老龄化加剧，劳动力绝对数量呈现下降趋势。

为了讨论人口转变对储蓄、教育投入和健康投入的影响，表3至表5分别为利用跨国面板对国民储蓄率、教育投入和健康投入的回归结果，这些回归都利用Pool-FGLS方法进行回归，并控制了时间虚拟变量以及地区虚拟变量。

表3显示了四类国家和地区人口变量对国民储蓄率的回归系数。结果表明，少儿抚养比的升高，除了低收入国家外，其他四类国家的国民储蓄率都会下降，这与生命周期理论的预测相一致，不过，收入越高的国家，国民储蓄率下降的幅度越小；老人抚养比越高，该国和地区储蓄率越低，其中中低收入国家老人抚养比升高1个百分点，国民储蓄率下降3.22个百分点，中高收入国家和高收入OECD国家国民储蓄率分别下降个0.9个和0.86个百分点，这也意味着收入水平越高的国家国民储蓄率下降的幅度越小。上述结论意味着，在人口转变过程中，随着少儿抚养比的下降和老人抚养比的升高，国民储蓄率的变化不是线性的，这取决于人口结构变化的强度大小。在收入较低的时候，首先是少儿抚养比大幅下降，老人抚养比上升幅度很小，因而储蓄率会增加；但是，随着人口转变的发展，少儿抚养比下降到较低水平，变化比较小，而老人抚养比开始大幅升高，国民储蓄率开始下降。因而，人口转变过程中，储蓄率会经历一个先升高后下降的过程。预期寿命增加对于低收入和高收入国家来说都会提高储蓄率，但是对于在中高收入国家来说会降低储蓄率。

表3　　　　　　　　　　人口与国民储蓄率之间的关系

变量	（1） 低收入国家	（2） 中低收入国家	（3） 中高收入国家	（4） 高收入OECD国家
odep	-0.6587 (0.6501)	-3.2201*** (0.5870)	-0.9027*** (0.2888)	-0.8605*** (0.1057)
ydep	0.0585 (0.0739)	-0.3453*** (0.1098)	-0.3047*** (0.0812)	-0.2407*** (0.0631)

续表

变量	(1) 低收入国家	(2) 中低收入国家	(3) 中高收入国家	(4) 高收入 OECD 国家
life	0.6005 *** (0.1190)	0.0949 (0.2092)	-0.6029 *** (0.1748)	0.7729 *** (0.1522)
时间虚拟变量	控制	控制	控制	控制
地区虚拟变量	控制	控制	控制	控制
Observations	228	266	279	253
Number of id	26	32	35	29

Standard errors in parentheses, *** $p<0.01$, ** $p<0.05$, * $p<0.1$。

表 4 显示了人口结构对教育投入的影响。结果显示，只有在中低收入阶段，少儿抚养比的下降才会提高教育投入，中国收入和高收入阶段，少儿抚养比升高才会提高教育投入，这是因为家庭较高的收入更有能力对子女提供更多的教育。同样，只有在中低收入阶段，老人抚养比的升高会降低教育投入，而其他发展阶段则会提高教育支出。预期寿命升高对于低收入国家和高收入国家教育投入有正向作用，但对于中等收入国家是负向影响。在人口转变过程中，随着预期寿命的升高，少儿抚养比下降和老人抚养比升高，教育投入不断升高，人力资本积累也会越来越多。

表 4　　　　　　　　　人口与教育投入之间的关系

变量	(1) 低收入国家	(2) 中低收入国家	(3) 中高收入国家	(4) 高收入 OECD 国家
odep	0.0191 (0.0994)	-0.1687 ** (0.0719)	0.0658 ** (0.0315)	0.0732 *** (0.0280)
ydep	0.0165 (0.0111)	-0.0308 ** (0.0137)	0.0021 (0.0087)	0.0219 (0.0162)
life	0.0609 *** (0.0179)	-0.0423 * (0.0240)	-0.0038 (0.0176)	0.0534 (0.0402)
时间虚拟变量	控制	控制	控制	控制
地区虚拟变量	控制	控制	控制	控制
Observations	211	241	256	245
Number of id	26	32	34	29

Standard errors in parentheses, *** $p<0.01$, ** $p<0.05$, * $p<0.1$。

表 5 显示了人口结构对健康支出的影响。结果显示，少儿抚养比下降对于低收入国家、中低收入国家和中高收入国家而言都会提高健康支出，而对高收入国家而言则会降低健康支出；老人抚养比升高对于低收入国家会降低健康支出，但对相对较高收入国家会提高健康投入水平，尤其是对于高收入

国家而言更是如此。预期寿命升高对健康投入的影响也呈现了相似的特征。这些结果意味着，随着人口转变，由于预期寿命的升高、少儿抚养比的下降和老人抚养比的升高，健康投入会经历下降到逐渐升高的过程。与教育投入一样，这会导致人力资本积累随着人口转变而呈倒"U"型变化。

表5 人口与健康投入之间的关系

变量	（1）低收入国家	（2）中低收入国家	（3）中高收入国家	（4）高收入OECD国家
odep	−0.7788** (0.3382)	0.1064* (0.0590)	0.0759 (0.0473)	0.1296*** (0.0422)
ydep	−0.0293 (0.0317)	−0.0095 (0.0125)	−0.0439** (0.0173)	0.0838** (0.0357)
life	−0.2092*** (0.0512)	−0.0397 (0.0262)	−0.0025 (0.0390)	0.2827*** (0.0642)
时间虚拟变量	控制	控制	控制	控制
地区虚拟变量	控制	控制	控制	控制
Observations	102	128	143	116
Number of id	26	32	36	29

Standard errors in parentheses, *** $p<0.01$, ** $p<0.05$, * $p<0.1$。

从以上分析可以看出，在经济发展水平较低的阶段，随着人口转变，劳动力供给的增加是推动经济增长的主要动力；在中低收入阶段，随着少儿抚养比大幅下降，储蓄率增加，资本积累是推动经济增长的主要动力；在中高收入阶段，劳动力比重开始下降，资本积累的作用也不断减弱，老人抚养比的升高和少儿抚养比的下降导致教育投入和健康投入增加，进而导致人力资本积累增加，人力资本成为推动经济增长的主要动力；但是在高收入阶段，虽然教育投入继续增加，但是健康投入增加使得预期寿命进一步演出，更多资源用到了老年人和未成年群体，这反而会削弱经济增长的动力。

四、中国人口老龄化与经济增长的预测及相关政策建议

首先，本部分根据对模型（1）的回归结果预测中国人口老龄化对未来经济增长的影响。考虑到从2010年开始我国已经进入中高收入国家，但是面临着"未富先老"的问题，因此，从某种程度上我国人口老龄化对经济增长的影响接近于发达国家。另外，由于未来几十年内中国仍将保持较高速度的增加，这意味着我们假设中国在未来50年后可能达到OECD国家的收入水平。因此我们利用对OECD国家的回归结果预测我国人口老龄化会对未来40（2015~2050年）年经济增长的影响。

图 1 和图 2 分别显示了不同生育率下我国未来少儿抚养比和老人抚养比的变化趋势。从图 1 我们发现，即使在高生育率下，未来我国少儿抚养比也不会查过 35%，而在低生育率下，少儿抚养比在 2035 年前后就会下降到 15%。从图 2 来看，无论生育率什么情况，未来我国老龄化趋势不可避免，老人抚养比在未来 30 年内将会快速升高，到 2050 年左右都会达到 40% 以上。

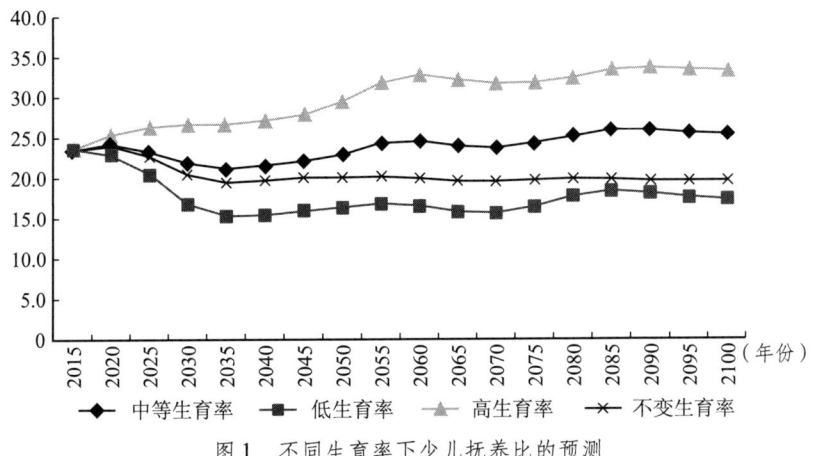

图 1　不同生育率下少儿抚养比的预测

资料来源：联合国人口展望 2015。

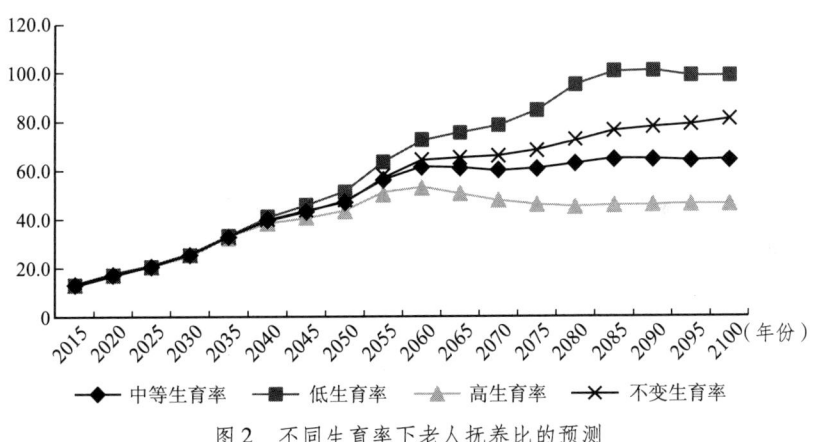

图 2　不同生育率下老人抚养比的预测

资料来源：联合国人口展望 2015。

根据上述对少儿抚养比和老人抚养比的预测，在不同生育率下对我国未来经济增长的预测结果如表 6 所示。从中我们看到，在不变生育率下，2025～2030 年之间，我国实际 GDP 增长率将会下降到 5.87%，2045～2050 年间，实际 GDP 增长率甚至达到负值，人均实际 GDP 增长率也只有 0.49%。在低生育率下，实际 GDP 增长率和人均实际 GDP 增长率更低。在中等生育率和高生育率下，虽然 2045～2050 年间 GDP 增长率和人均实际 GDP 增长率相比低生育率和不变生育率有所升高，但仍都低于 1%。

表 6　　　　　　　　　不同生育率下经济增长预测　　　　　　　单位：%

		2015～2020年	2020～2025年	2025～2030年	2030～2035年	2035～2040年	2040～2045年	2045～2050年
	人口增长率	0.35	0.11	-0.07	-0.18	-0.28	-0.42	-0.58
	少儿抚养比	23.93	22.67	20.51	19.44	19.71	20.08	20.08
	老人抚养比	17.08	20.38	25.26	32.75	39.92	43.62	47.80
不变生育率情形	人均实际GDP增长率	7.58	6.90	5.94	4.23	2.45	1.51	0.49
	实际GDP增长率	7.93	7.01	5.87	4.05	2.17	1.09	-0.09
中等生育率情形	人均实际GDP增长率	7.55	6.83	5.81	4.08	2.35	1.45	0.45
	实际GDP增长率	7.94	7.00	5.82	3.98	2.15	1.16	0.06
高生育率情形	人均实际GDP增长率	7.42	6.52	5.28	3.61	2.07	1.42	0.65
	实际GDP增长率	7.98	6.93	5.55	3.76	2.16	1.47	0.67
低生育率情形	人均实际GDP增长率	7.68	7.14	6.33	4.57	2.64	1.45	0.10
	实际GDP增长率	7.89	7.07	6.06	4.19	2.14	0.81	-0.69

应该指出的是，上述结果主要是在其他条件不变的情况下得出的。这意味着如果我们仍然按照目前高投入、高能耗、压低劳动成本的方式发展经济，人口老龄化将会使我国经济增长率大大下降。因此，要维持较高的经济增长率，改变经济增长方式势在必行。

从公共政策的角度来说，政府可以通过刺激劳动参与，推迟退休年龄，改革户籍、教育和社会保障制度，提供优质的公共产品和公平享有社会资源的机会，完善资本市场等政策来帮助实现第二人口红利对于经济增长的促进作用并尽可能延长人口红利期。

从人口转变的角度来说，老龄化势必降低人们的劳动参与率。但是较高的收入水平也使得人们的健康状况更好、人力资本积累水平更高，因而可以通过延迟退休等手段提供劳动参与率。对于中国来说，人口老龄化主要体现在城市，而农村有丰富的劳动力资源潜力有待挖掘，可以通过改革户籍制度，增强人口流动缓解城市人口老龄化对经济增长的负面作用。人口老龄化还意味着人们消费结构发生了较大的变化,例如对健康和文化娱乐产品的需求会升高、对良好环境的需求也有升高,政府应该抓住这个时机,发展健康、文化和环保等产业,为经济发展提供新的增长点。

参 考 文 献

[1] 安格斯·麦迪逊. 世界经济千年史 [M]. 吴晓鹰译, 北京: 北京大学出版社, 2003.

[2] 白重恩, 张琼. 中国的资本回报率及其影响因素分析. [J]. 世界经济, 2014 (10): 3 - 30.

[3] 蔡昉. 人口转变、人口红利与刘易斯转折点 [J]. 经济研究, 2010 (04): 4 - 13.

[4] 蔡昉. 中国的人口红利还能持续多久 [J]. 经济学动态, 2011 (06): 3 - 7.

[5] Acemoglu Daron Johnson Simon. Disease and Development: The effect of life expectancy on economic growth [J]. Journal of Political Economy, 2007, 115 (6): 9252 - 85.

[6] Allen Kelley. Population growth, the dependency rate, and the pace of economic development [J]. Population Studies, 1973, 27 (3): 405 - 414.

[7] AnChong - Bum Jeon Seung - Hoon. Demographic changes and economic growth in Korea [Z]. Paper to be presented at the APEA Conference 2006.

[8] Becker G. S. Murphy Kevien M., Tamura Rober. Human capital, fertility and economic growth [J]. Journal of Political Economy, 1990, 5 (2): S12 - 37.

[9] Blackburn K Cipriani G. P. Endogenous fertility, mortality and growth [J]. Journal of Population Economics, 1998, 11 (4): 517 - 534.

[10] Blackburn K. Issa Haitham. Endogenous life expectancy in a simple model of growth [Z]. Centre for Growth and Business Cycle Research, Working Paper, 2002.

[11] Blackburn Keith Ciprianni G. P. A model of longevity, fertility and growth [J]. Journal of Economic Dynamics and Control, 2002, 26 (2): 187 - 204.

[12] Bloom D. E. Williamson. Demographic transitions and economic miracles in emerging Asia [J]. The World Bank Economic Review, 1998, 12 (3): 419 - 455.

[13] Bloom David E. Canning David, Fink Gunther. Disease and development revisited: comments [J]. Journal of Political Economics, 2014, 122 (6): 1355 - 1366.

[14] Bloom David E. Canning David, Fink Gunther. Population aging and economic growth [Z]. PGDA working Paper No. 31, April, 2008.

[15] Bloom David E. Canning David, Finlay Jocelyn. Population aging and economic growth in Asia [J]. Asian Economic Policy Review, 2009, 4 (1): 45 - 64.

[16] Bloom David E. Canning David, Sevilla Jaypee. The demographic dividend [M]. Rand Program of Policy - Relevant Research Communication, Published by RAND, 2003.

[17] Bloom David E. Canning David. Global Demographic change: dimensions and economic significance [Z]. PGDA working Paper No. 1, April 2005.

[18] Boucekkine Raouf Croix David de la, Licandro Omar. Vintage human capital, demographic trends and endogenous growth [J]. Journal of Economic Theory, 2002, 104:

340 - 375.
[19] Caldwell T. John C. Toward a restatement of demographic transition theory [J]. Population and Development Review, 1976, 2 (3/4): 321 - 366.
[20] Chakraborty Shankha. Endogenous lifetime and economic growth [J]. Journal of Economic Theory, 2004, 116: 119 - 137.
[21] Croixde la Lindh Thomas, Malmberg B. O. Growth and longevity from the industrial revolution to the future of an aging society [Z]. Working Paper, Arbetsrapport/Institutet för Framtidsstudier; 2006: 9.
[22] Croixde laDavid. Adult Longevity and Economic Take-off from Malthus to Ben - Porath. Département des Sciences Économiques de l'Université catholique de Louvain, Discussion Paper 2008 - 31.
[23] David de la Croixa Omar Licandro. Life expectancy and endogenous growth [J]. Economics Letters, 1999, 65: 255 - 263.
[24] Ehrlich Isaac Lui Francis T. Intergenerational trade, longevity, and economic growth [J]. The Journal of Political Economy, 1991, 99 (5): 1029 - 1059.
[25] Ehrlich Isaac Lui Francis T. The problem of population and growth: areview of the literature from Malthus to contemporary models of endogenous population and endogenous growth [J]. Journal of Economic Dynamics and Control, 1997, 21 (1): 205 - 242.
[26] Finlay Jocelyn. Endogenous Longevity and Economic Growth [Z]. Program on the Global Demography of Aging Working Paper No. 7. 2006.
[27] Fougere Maxime, Merette, Marcel. Population ageing and economic growth in seven OECD countries [J]. Economic Modelling, 2007, 16: 411 - 427.
[28] Futagami Koichi Nakajima Tetsuya. Population aging and economic growth [J]. Journal of Macroeconomics, 2001, 23 (1): 31 - 44.
[29] Galor O. Weil D. N. From Malthusian stagnation to modern growth [J]. American Economic Review, 1999, 89: 150 - 154.
[30] Galor O. Weil D. N. Population, technology, and growth: from Malthusian stagnation to the demographic transition and beyond [J]. American Economic Review, 2000, 90 (4): 806 - 828.
[31] Irmen, Andreas. Population aging and the direction of technical change, Cesifo Working Paper No. 2888, Dec. , 2009.
[32] Jackson Andrew J R. Demographic transition [J]. School of Doctoral Studies (European Union) Journal, 2010: 148 - 163.
[33] Li Hongbin, Zhang Junsen. Do high birth rates hamper economic growth [J]. The Review of Economics and Statistics, 2007, 89 (1): 110 - 117.
[34] Li Hongbin, Zhang Jie, Zhang Junsen. Effects of longevity and dependency rates on saving and growth: evidence from a panel of cross countries [J]. Journal of Development Economics, 2007, 84: 138 - 154.
[35] Lindh Thomas Malmberg B. O. Age structure effects and growth in the OECD, 1950 - 1990 [J]. Journal of Population Economics, 1999, 12 (3): 431 - 449.
[36] Ludwig Alexander Schelkie Thomas, Vogel Edgar. Demographic change, human capital

and endogenous growth [Z]. SSRN Working Paper, No. 1006181, 2007.

[37] Malmber B. O. Sommestad Lena. Four phases in the demographic transition: implications for economic and social development in Sweden 1820 – 2000 [Z]. Paper presented at the SSHA meeting in Pittsburgh. October 2000.

[38] Mankiw N. G. Romer David, Weil David N. A. contribution to the empirics of economic growth [J]. The Quarterly Journal of Economics, 1992, 107 (2): 407 – 437.

[39] Prettner Klaus. Population ageing and endogenous economic growth [Z]. Vienna Institute of Demography, Working Papers, 2009.

[40] Rada, Codrina. Introducing demographic changes in a model of economic growth and income distribution [Z]. University of Utah, Departement of Economics Working Paper Series, Working Paper No. 2009 – 01. 2009.

[41] Raut Lankshmik, Srinivasant. N. Dynamics of endogenous Growth [J]. Economic Theory, 1994, 4 (5): 777 – 790.

[42] Rosenzweig, Mark R. Population growth and human capital investments: theory and evidence [J]. The Journal of Political Economy, Part 2: The Problem of Development: A Conference of the Institute for the Study of Free Enterprise Systems. 1990, 98 (5): S38 – S70.

[43] Zhang Jie, Zhang Junsen. Lee Ronald. Mortality decline and long-run economic growth [J]. Journal of Public Economics, 2001, 80: 485 – 507.

[44] Zhang Jie, Zhang Junsen. Lee Ronald. Rising longevity, education, savings, and growth [J]. Journal of Development Economics, 2003, 70: 83 – 101.

[45] Zhang Jie, Zhang Junsen. The effect of life expectancy on fertility, saving, schooling and economic growth: theory and evidence [J]. Scand. J. of Economics, 2005, 107 (1): 45 – 66.

Demographic Change, Factor Endowments and the Change of Economic Development Pattern

Zhao Wenzhe   Dong Lixia

Abstract: The paper discusses the impact of demographic change on the change of economic development using the across-country panel data. According to relative theory, the paper divides the demographic change into four phases, and every phase is related to economic development. In each phase, since the difference of factor endowments, the driven force of economy growth is also different. Based on WDI database, we also discuss the mechanism of effect of demographic change on economic development from the respective of labor supply, saving, educational and health input. At last, according to regression results and the trend of population of China, we pre predict the economic growth of China during the years from 2015 to 2100.

Keywords: demographic change, economic development pattern, factor endowments

附录

附表：

序号	低收入国家	中低收入国家	中高收入国家	OECD	高收入非OECD国家和地区
1	孟加拉国	亚美尼亚	阿尔巴尼亚	澳大利亚	克罗地亚
2	贝宁共和国	玻利维亚	安哥拉	奥地利	中国香港
3	布基纳法索	喀麦隆	阿根廷	比利时	科威特
4	布隆迪	刚果共和国	阿塞拜疆	加拿大	拉脱维亚
5	柬埔寨	科特迪瓦	白俄罗斯	智利	立陶宛
6	非洲共和国	埃及	波斯尼亚和黑塞哥维娜	捷克共和国	阿曼
7	乍得	萨尔瓦多	博茨瓦纳	丹麦	俄国
8	刚果民主共和国	格鲁吉亚	巴西	爱沙尼亚	沙特阿拉伯
9	埃塞俄比亚	加纳	保加利亚	芬兰	新加坡
10	几内亚	危地马拉	中国	法国	特立尼达和多巴哥
11	肯尼亚	洪都拉斯	哥伦比亚	德国	乌拉圭
12	吉尔吉斯斯坦	印度	哥斯达黎加	希腊	
13	利比里亚	印度尼西亚	多米尼加共和国	爱尔兰	
14	马达加斯加	老挝	厄瓜多尔	以色列	
15	马拉维	莱索托	匈牙利	意大利	
16	马里	毛里塔尼亚	伊朗	日本	
17	莫桑比克	摩尔多瓦	伊拉克	韩国	
18	尼泊尔	蒙古	牙买加	荷兰	
19	尼日尔	摩洛哥	约旦	新西兰	
20	卢旺达	尼日利亚	哈萨克斯坦	挪威	
21	塞拉利昂	巴基斯坦	黎巴嫩	波兰	
22	塔吉克斯坦	巴拉圭	马其顿	葡萄牙	
23	坦桑尼亚	菲律宾	马来西亚	斯洛伐克共和国	
24	多哥	塞内加尔	毛里求斯	斯洛文尼亚	
25	乌干达	斯里兰卡	墨西哥	西班牙	
26	津巴布韦	苏丹	纳米比亚	瑞典	
27		叙利亚	巴拿马	瑞士	
28		乌克兰	秘鲁	英国	
29		乌兹别克斯坦	罗马尼亚	美国	
30		越南	塞尔维亚		
31		也门	南非		

续表

序号	低收入国家	中低收入国家	中高收入国家	OECD	高收入非OECD国家
32		赞比亚	泰国		
33			突尼斯		
34			土耳其		
35			土库曼斯坦		
36			委内瑞拉		
合计	26	32	36	29	11

R&D 投资与知识生产

——基于省际数据的实证分析

高 伟 梁 桢*

摘 要：中国的 R&D 经费投资规模已位居世界第二，本文研究 R&D 投资及结构对知识产出的效应。本文使用省级面板数据，采用面板回归分析方法分析 R&D 投资及结构的知识生产效应，采用剩余法计算全要素生产率和各要素对于创新的贡献率，采用 C-D 生产函数估算资本的边际生产率，对于知识生产进行了全面分析。研究表明，基础研究，应用研究和试验发展科研投入对知识生产都有正向促进作用。其中应用研究和试验发展投资对知识生产的弹性更大。知识存量对知识生产的促进作用最大。从结构来看，基础研发 R&D 经费对知识生产增长促进作用的潜力更大；从地区分布来开，部分中西部省份及东部地区的江浙广东 R&D 经费投资回报率水平较高，应增加对这些省市区的 R&D 经费支出。

关键词：R&D 投资 基础研究 应用研究和试验发展 知识生产

一、引 言

基于 R&D 的内生增长的理论研究最早是由罗默（Romer）开展的，基于 R&D 的内生增长理论认为，企业通过对研发部门进行 R&D 经费投资，获得新技术并申请专利，然后将专利应用到产品生产中，或将专利出售，使得产品在种类或质量上取得进步，从而获得超额利润，因此 R&D 经费投资具有规模报酬递增的效应。研发部门和生产部门为了长期获得垄断利润，将会不断地进行技术创新，客观上实现并维持了经济的长期增长。

C. 赫尔普曼和埃尔赫南（Helpman and Elhanan）、W. 凯瑟琳（Katharine Wakelin）以及 G. 多米尼克（Dominique Guellec）等分析均显示，OECD 国家 R&D 投资的增加能够显著促进知识生产，从而推动经济集约化发展。我国的 R&D 经费投资规模不断扩大，投资总额已位居世界第二，那么 R&D 投资增加对创新知识产出是否有影响？基础研究与非基础研究 R&D 经费支

---

* 本文得到中央财经大学教育教学改革基金 2016 年度资助课题资助。
高伟（1979~ ），男，山东鱼台人，中央财经大学经济学院，经济学教授。研究领域：经济增长与发展经济学，联系方式：YF0201@126.com。
梁桢（1990~ ），女，河北邯郸人，德勤华永会计师事务所，审计师。研究领域：经济增长与发展经济学，联系方式：liangzhen_cufe@163.com。

出对知识生产的贡献度是否存在差异？不同地区的研发投资回报率的大小是多少？是否存在地区差别？研发回报率的地区差异随时间变化的趋势呈离散的还是收敛的？本文正是基于这样几个问题，将 R&D 经费细分为基础研究 R&D 经费与非基础研究（应用研究和试验发展）R&D 经费两种，构建知识生产函数，对以上问题进行实证分析，进而根据研究结果提出一些对策建议。

本文以罗默、琼斯和威廉姆斯的知识生产函数为基础进行扩展，设定了本文的知识生产函数模型，进而推导出回归方程，为全文的实证分析部分建立了基础。参考既有文献，将 R&D 分为基础研究和非基础研究（应用研究和试验发展），研究基础研究 R&D 经费和应用研究试验发展 R&D 经费投资对知识生产的影响，进而通过要素贡献度分析研究每种要素对知识生产的贡献度，最后通过估算 R&D 研发投资回报率分析我国 R&D 经费在各省份之间的分配差异，以及分配是否优化。

二、模型设定和数据描述

（一）模型设定

罗默和琼斯认为研发人员数量和知识存量是影响知识生产的两个重要因素，因此将知识生产函数设定为如下形式：

$$P = \delta L^\lambda A^\varphi \tag{1}$$

其中 P 表示新生产的知识，A 表示知识存量，L 表示 R&D 研发人员数量，δ 是其他影响知识生产各种因素的综合。

琼斯和威廉姆斯认为研发投入的度量指标是 R&D 经费投入，并给出了知识生产函数：

$$P = \delta R^k A^\varphi \tag{2}$$

其中，R 表示研发经费支出。

综上，将创新投入分为资本投入和人力投入，资本投入用 R&D 经费支出表示，人力投入用 R&D 研发人员数量表示。因此可以将生产函数扩展为：

$$P = \delta R^k L^\lambda A^\varphi \tag{3}$$

基于 R&D 的内生增长理论认为，由于外商直接投资或进出口，一国的知识生产会受到国外技术创新的影响。外商直接投资可以通过人力资本流动效应（Pack and Saggi）、联系效应（Wang and Blomstom）、示范效应（Kinoshita）、竞争效应（Kokko）等机制来带动本国的自主创新水平。张奎因和林平详细地阐述了外国资本对本国知识生产外溢的几种效应。除正向的"溢出效应"外，外商直接投资还可能会对本国创新活动产生"挤出效应"，即本国自主进行的知识生产被外资引进技术所替代，研发投资风险越高，"挤出效应"越显著。过多的依靠外资引进先进技术可能会导致国内丧失自主创新的动力，从而削弱了该国自主创新的能力。考虑到外商直接投资的溢出效应，我们将实际利用外商直接投资（FDI）加入控制变量，我们将知识生产函数拓展为：

$$P = \delta R^k L^\lambda A^\varphi FDI^\gamma \tag{4}$$

黄萍（2013）将R&D经费投资分解为基础研究R&D经费和非基础研究（应用研究和试验发展）R&D经费。所以我们将R分为R_1和R_2，我们将知识生产函数拓展为：

$$P = \delta R_{1it}^{k_1} R_{2it}^{k_2} L_{it}^\lambda A_{it}^\varphi FDI_{it}^\gamma \tag{5}$$

其中，R_1表示R&D基础研究经费投入，R_2表示R&D应用研究试验发展研究经费投入，i表示第i个省份，t表示第t年。将上式两端取自然对数，得到如下方程式：

$$\ln P = a + k_1 \ln R_{1it} + k_2 \ln R_{2it} + \lambda \ln L_{it} + \varphi \ln A_{it} + \gamma \ln FDI_{it} \tag{6}$$

（二）数据描述

本文所使用的数据：专利数、R&D经费内部支出、R&D研究人员全时当量，均来源于国家统计局与科技部共同编辑的《中国科技统计年鉴》；实际利用外商直接投资来源于《中国贸易对外统计年鉴》。因此本文数据主要使用的是30个省、市、自治区从1998年到2013年的多项经济指标（西藏自治区由于数据不全，因此在分析中将其略去）。为消除价格变动的影响，本文中所有数据（专利数，R&D研究人员数除外）都需要进行价格调整，具体方法如下：

$$\varepsilon = \frac{e}{PI} \tag{7}$$

其中，e代表名义价格统计量，ε代表剔除价格变动后的实际价格量，PI为对应的价格指数。所有价格数量都以1998年为基期（$PI_{1998}=1$），对名义价格统计量进行平减。

1. 新增知识产量

在大量基于R&D的内生增长理论文献中，大多数经济学家的研究认为专利在很大程度上反映技术创新的成果，研发经费投入越多，专利价值越大，因此选用专利数量来衡量知识生产。也一部分学者认为研发活动成果并不是完全以专利形式呈现的，研发成果的经济价值也不能由专利数量来反映。例如琼斯（1995）研究发现：首先，许多R&D创新活动不符合官方定义的统计标准，其成果也没有申请成为专利；其次，创新成果的经济价值不能由不同时间点专利数量的简单加总来说明；最后，还有一些专利来源于日常细节问题的处理，不能称之为R&D活动的成果。

因此，一些学者提出了其他衡量知识生产的指标，如新产品销售收入

(朱有为和徐康宁)、新产品开发项目数(冯根福,刘军虎,徐志霖;吴延兵)等。但这些代理变量也并不完美,如新产品开发项目数不能完全体现创新成果经济价值;新产品销售收入虽然能很好地度量创新的经济成果,但目前我国统计年鉴并没有分省份的这一指标。

综上所述,尽管专利数量这一指标有诸多缺陷,但是专利是衡量R&D创新活动潜在价值的一个重要指标,并且其统计数据比较容易得到,目前还没有比专利数量更好的指标来反映研发活动成果的。

专利数量包括专利申请量和专利授权量。格里利谢斯(Griliches)、格劳斯贝(Groshby)认为专利授权过程会受到各国专利政策、政府专利机关工作人员、R&D统计活动等人为因素的影响较大,使数据容易因外部影响出现不确定性变动,所以专利申请量更能反映知识生产的真实水平。所以本文采用专利申请量来衡量创新。

图1描述了1999年和2013年各省新增知识量。

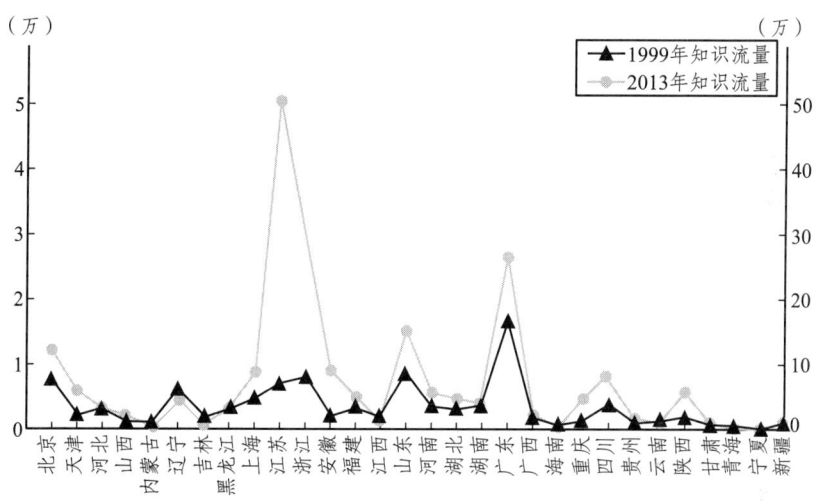

图1 1999年和2013年各省市区新增知识流量

由图1可以得到以下信息:

第一,各省新增知识量差异很大。在1999年,广东、浙江、山东、北京、江苏、辽宁、上海,这几个省的新增知识较大,占到全国新增知识量的58.89%,而到2012年,浙江、安徽、广西、天津、江苏、北京、河南这几个省新增知识量最多,比重达到70.47%。

而西藏、青海、宁夏、甘肃、贵州、海南、陕西、重庆这几个省新增知识量最少,1998年这些省份新增知识量比重为4.08%,这些省份新增知识量比重在2012年进一步减少到1.77%。

第二,每个省份的新增知识量从1999年到2013年间都实现了极大的增长。其中,江苏省2013年新增知识量较1999年新增知识量增长了将近70倍,增速最慢的吉林省2013年新增知识量也比1999年增长了4.1倍;东部地区新增知识量增长率高于中西部地区增长率。

2. 知识存量

由于我国R&D活动相关的统计数据不全面,统计年鉴中缺少知识存量这一指标。根据波特和斯特恩（Porter and Stern）,我们可以通过永续盘存法来测算出知识存量。

根据以上文献中关于永续盘存法测量存量的方法,本文将知识生产存量的测算公式表示为：

$$A_{it+1} = (1-d)A_{it} + \sum_{i=1}^{n} \mu_i P_{it} \tag{8}$$

在上式中,A_{it}为第t年的知识存量,P_{it}为第t年的知识流量;d为知识生产的折旧率,折旧率d一般取5%、10%、15%,在本文中选择取d=10%,n为知识生产的最大滞后年数。在实际中,由于对知识生产的滞后结构缺乏足够了解,常设定为平均滞后期θ,即当i=θ时,$u_\theta=1$;当i≠θ时,$u_\theta=0$。因此,公式可化简为：

$$A_{it+1} = (1-d)A_{it} + P_{it-\theta} \tag{9}$$

若假定平均滞后期限θ=1,则公式经过化简,最终可写成：

$$A_{it+1} = (1-d)A_{it} + P_{it} \tag{10}$$

假定知识生产流量的平均增长率等于知识存量增长率,将平均增长率记为g_i,则期初知识存量的公式为：

$$A_{i0} = \frac{P_{i0}}{(g_i + d)} \tag{11}$$

P_{i0}为各省份期初的知识生产流量,这一数据可以从统计数据中得到。

根据永续盘存法,我们对各省市区的知识存量核算过程如下：

首先,从《中国科技统计年鉴》中得到1998~2013年间,全国30个省份（西藏除外）每年新增知识流量;

其次,根据新增知识生产的流量数据得到1998~2013年各省的年平均增长率g_i;折旧率d取常数10%;由此根据公式（11）得到各省市区1998年的初始知识存量;

最后,根据公式（10）得到各省市区的1999~2013年间的知识存量。根据上述公式可以测算出我国各省市区的知识存量。图2可以看出,海南、贵州、云南、甘肃、青海、宁夏、新疆等西部地区知识存量几乎没有较大增长。这些省份的知识存量水平较低,1999年这些省份知识存量所占比重为2.2%,到2012年这一比重下降至1.53%。

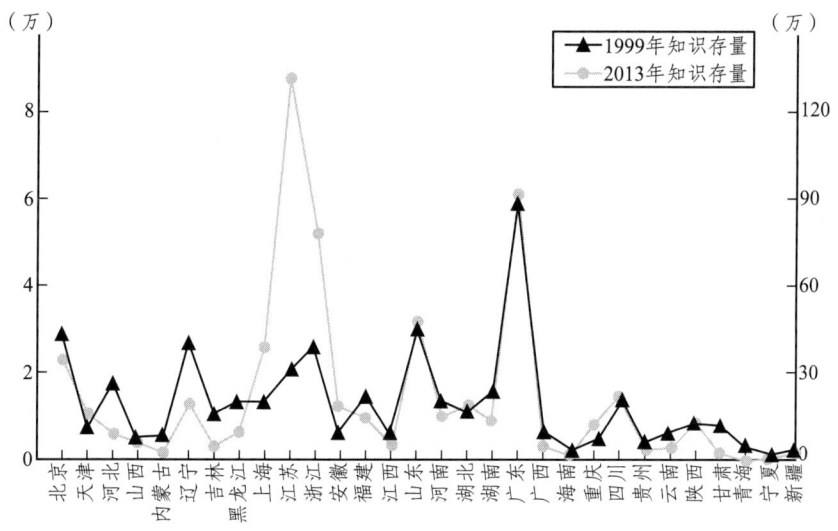

图 2　1999 年和 2013 年各省市区知识存量

东部沿海地区的珠三角、长三角以及环渤海地区几个省市的知识存量最多且增幅很大，中部地区如湖北、四川等地也都有较大增长。1999 年这些省份知识存量占全国知识存量的比重为 66.97%，到 2013 年增长到 71.43%。

3. R&D 经费支出

本文参考黄苹（2013）将 R&D 经费分为基础研究研发经费与非基础研发（应用研究和试验发展）经费两种。在本文的数据来源《中国科技统计年鉴》中，2009~2013 年间有基础研究、应用研发和试验发展经费支出的分类数据，而 1998~2008 年的数据是企业、高校和科研机构三类 R&D 活动主体分别的三类经费支出数据，将三个主体的三种 R&D 经费支出分别相加，可以大致得到 1998~2008 年间的三类 R&D 经费支出的数据。

考虑到基础研发的经费支出对知识生产的影响有滞后效应，即基础研发的成果并不像应用研究和试验发展的成果一样，能够立即投入生产使用，而是通常会经过一段时间后才能投入到生产应用，对经济增长、新知识生产产生影响。所以我们将基础研发的经费滞后一年。因此我们最终以 1999~2013 年之间的统计数据为样本进行实证研究。

R&D 经费支出的数据需要根据公式（7）进行价格调整，消除价格变动的影响。我国统计年鉴中没有 R&D 价格指数这一指标，国外学者关于 R&D 价格指数的构造，在我国也缺乏相应的数据，因此不具有参考价值。国内学者对 R&D 价格指数构造方法有很多，如李习保（2007）认为 R&D 经费支出可以直接用消费者价格指数进行平减；而岳书敬（2008）认为 R&D 价格指数可以用固定资产投资价格指数来代替。按照《中国科技统计年鉴》中对 R&D 经费支出的指标解释，R&D 经费支出主要用于支付 R&D 研究人员的劳务费用和固定资产投资。因此，部分学者提出 R&D 价格指数应该由消费价格指数和固定资产价格指数加权平均计算出。朱平芳和徐伟民（2003）、吴延兵（2008）的研究中设定的 R&D 价格指数为大多数文献所采用，公式如下：

$$PI_{R\&D} = 0.55 \times CPI + 0.45 \times PI_{fixasset} \qquad (12)$$

其中，CPI 表示消费者价格指数，$PI_{fixasset}$ 表示固定资产价格指数，部分年份缺少的分省固定资产价格指数由全国的固定资产价格指数来替代。

图 3 是 1998~2013 年全国各省份平均基础研究，应用研究和试验发展 R&D 经费投资的平均金额。从图中可以清楚地看到，东部、中部和西部各省份的 R&D 经费投资金额呈阶梯状递减，东部地区 R&D 投资金额普遍高于中西部地区，其中东部地区仅北京、江苏、广东、山东、上海 5 个省份 R&D 经费之和就要高于中西部地区 20 个省份 R&D 经费投资的总和，这 5 个省份的基础研究平均投资金额占全国平均投资金额的 56.24%，应用研究和试验发展平均投资金额占全国的 47.42%。

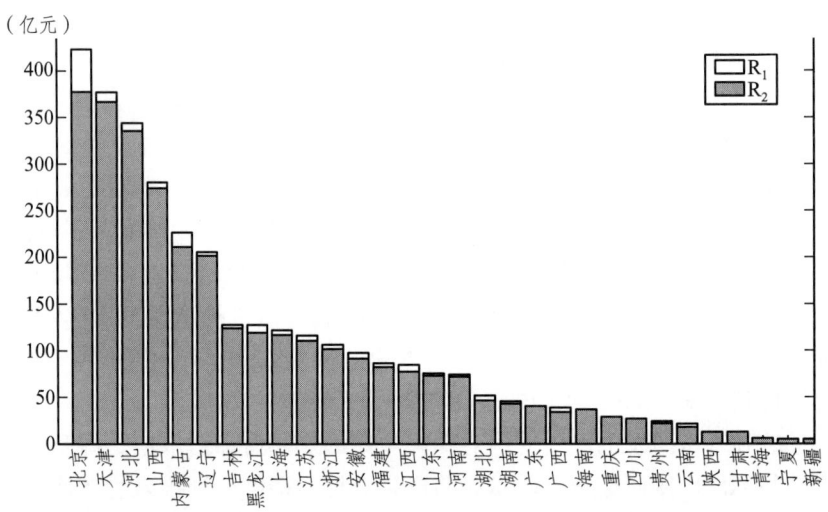

图 3　1998~2013 年各省份基础研究、应用研究和试验发展平均 R&D 经费支出

其次，从图 3 可以看出，我国各个省份的基础研究 R&D 经费投资在全部 R&D 经费中所占比重远远小于应用研究和试验发展 R&D 经费投资比重。

如表 1 所示，就全国而言，2013 年我国基础研究 R&D 经费投资占全部 R&D 经费投资的比重为 4.7%，而同期美国基础研究 R&D 经费投资比重为 16.5%，日本、韩国早在 2011 年基础研究 R&D 经费投资比重就已经超过 10%。2013 年我国基础研究 R&D 经费投资比重超过 10% 的仅有 10 个省份。

表1　　　　基础研究、应用研究和试验发展R&D经费支出的国际对比　　　　单位：%

	中国	日本	韩国	英国	美国	俄罗斯
基础研究	4.7	12.9	18.1	14.9	16.5	16.5
应用研究	10.7	22	20.3	48.2	19.2	19.7
试验发展	84.6	65.1	61.7	37	64.3	63.7

资料来源：《中国科技统计年鉴》。

因此，我国R&D经费投资虽然在总量上已经处于较高水平，但是投资结构十分不合理。从地区分配上来讲，R&D投资经费在地区之间不均衡，西部地区R&D经费投资过低，不利于创新在全国实现均衡发展；从R&D经费投资结构来看，与国际上创新水平较高的国家相比，我国基础研究经费投资比重过低，试验发展经费投资比重过高，不利于创新的长远发展。

4. FDI

本文采用实际利用外商直接投资来度量FDI指标。根据中国统计局的《中国贸易对外统计年鉴》汇总出1998~2013年我国30个省份实际利用外商直接投资的数据。

首先，需要用当年人民币兑美元的平均汇率，将实际利用外商直接投资的数据单位由"万美元"转化为"万元"。

然后，根据公式（7）需要对实际利用外商直接投资的数据进行价格调整。根据《中国贸易对外统计年鉴》对FDI指标的明细可知，外商直接投资主要用于进行固定资产投资，因此，可以直接应用固定资产价格指数（以1998年为基期，1998年固定资产价格指数=1）进行平减。

5. 各主要变量的简单统计与描述

表2是变量名的名称和英文符号的对照，并给出了文中所用变量的统计描述。我们的数据结构是一个面板数据，这里的样本数是以"省—年份"为单位计算的。

表2　　　　　　　　　　变量说明与数据统计

变量名称	变量记号	单位	均值	标准差	最小值	最大值
新增知识量	P_{it}	件	22316	50168	124	504500
基础研发经费支出	R_{1it}	万元	61197	132053	60.64	1371152
应用研究和试验发展经费支出	R_{2it}	万元	954003	2080310	469	1400007
知识存量	A_{it}	件	64358	130212	454	1319682
实际利用外商直接投资	FDI_{it}	万元	2733275	3736898	4423	22527434
R&D研究人员全时当量	L_{it}	人	57544	70617	848	501718

三、实证分析

首先我们对知识生产函数进行面板回归,测算要素对知识生产的弹性系数。由于采用面板数据进行回归分析,因此要选择使用固定效应模型还是随机效用模型进行估计,即判断模型中表征个体效应的变量是否与随机项不相关。这一基本问题通常采用豪斯曼(Hausman)检验来判断。表3估算结果显示,豪斯曼(Hausman)检验显示 p 值等于 0.5763 大于显著性水平 0.05,因此接受原假设 "$H_0 = \varepsilon_i$ 与 x_{it} 不相关",即 R&D 投资回归模型应设定为随机效应模型。

表3　　　　　　　　　　Hausman 检验结果

面板数据的 Hausman 检验			
Test Summary	Chi – Sq. Statistic	Chi – Sq. d. f	Prob
Cross-section random	4.75	29	0.58

表4为回归结果。

表4　　　　　　中国省际数据知识生产函数面板回归结果

控制变量	模型2:固定效应 OLS 估计	模型3:随机效应 GLS 估计
基础研究经费支出 R_1	0.689 *** (2.84)	0.0517 ** (2.32)
应用研究试验发展经费支出 R_2	0.0700 *** (4.16)	0.0615 *** (3.97)
知识存量 A	0.849 *** (23.5)	0.856 *** (24.57)
外商直接投资 FDI	0.0610 *** (2.73)	0.0649 *** (3.23)
R&D 研发人员 L	0.0174 (0.3)	0.067 (1.46)

注:模型中 ***、**、* 分别代表在1%、5%、10%的统计水平上显著,圆括号中数据为稳健 t 值。

根据回归结果,我们有如下结论:

(1)从显著性水平上来看,基础研究 R&D 经费支出 R_1、应用研究和试验发展 R&D 经费支出 R_2,知识存量 A 和直接利用外商投资金额 FDI 这四个控制变量系数为正值,且都通过了显著性检验,都非常显著的影响知识生产。R&D 研发人员 L 对应的系数为正,但不显著。说明并不一定是 R&D 研发人员越多,能生产出越多的知识。说明我国的创新研发不一定是劳动密集型的,在实际知识生产过程中,我国的 R&D 研发人员可能存在分工不明确、人员冗杂,使用率低的状况。

(2) 随机效应 GLS 模型显示,衡量基础研究经费支出的变量 R_1 的参数为 0.0517,表明基础研究经费支出每增加 1 个百分点,知识生产新增 5.17 个百分点;应用研究和试验发展经费支出 R_2 对知识生产的弹性值为 0.0615,表明应用研究和试验发展经费支出每增加 1 个百分点,知识生产新增 6.15%。两者对比可知,应用研究和试验发展经费支出对知识生产影响较大。

基础研究的理论性突破往往意味着重大技术创新突破,其创新成果往往是一些能够影响技术进步的关键性、核心技术,从而能够影响一国经济持续发展。但是,一方面,基础研究的研发周期长、其研发成果的应用对知识生产存在一定的时滞性;另一方面,一项基础研究的投资成本大、研发成果具有公共物品属性的特点,导致基础研究投资的成本—收益比不高。

应用研究和试验发展是将基础研究的成果应用于某个具体的目的或达到特定的目标,从而开创了技术发展的新机遇。其区别于基础研究的明显性质就是:目的性和应用性。相比较而言,应用研究和试验发展的研究成果对知识生产的影响时效性更强,成本相对较低,其研究成果申请成为专利后具有程度的垄断性。综上所述,应用研究和试验发展对知识生产的正向促进作用更强。

(3) 影响我国知识生产主要的因素是知识存量,其弹性值达到 0.856。并且 φ 严格小于 1,拒绝了"$\varphi=1$"的原假设,说明我国知识生产中不存在规模效应,因此 Jones (1995) 类型的知识生产函数更符合我国现实经济。

(4) 外商直接投资对知识生产的弹性系数为正,直接利用外商直接投资每增长 1%,知识生产增长 6.49%。这表明外商直接投资对我国知识生产具有一定的正向技术"溢出效应"更大。说明外商直接投资能够有效地提高我国自主创新的能力。

四、知识生产贡献度分析

面板回归结果 φ 严格小于 1,证明我国知识生产函数更符合 Jones 类型,不存在规模效应。在第一节通过面板回归我们大致了解了基础研究、应用研究和试验发展 R&D 经费支出对知识生产的弹性,下面我们将对本文设定的知识生产增长核算,具体分析 R&D 经费对知识生产的贡献度的大小。

本文设定知识生产函数为:$P = \delta R_{1it}^{k_1} R_{2it}^{k_2} L_{it}^{\lambda} A_{it}^{\varphi} FDI^{\gamma}$,将知识生产函数的等号两边取自然对数可得回归方程:$\ln P = a + k_1 \ln R_{1it} + k_2 \ln R_{2it} + \lambda \ln L_{it} + \varphi \ln A_{it} + \gamma \ln FDI_{it} + \varepsilon_{it}$,再对自然对数回归方程求全微分可得:

$$\frac{\dot{P}}{P} = k_1 \frac{\dot{R_1}}{R_1} + k_2 \frac{\dot{R_2}}{R_2} + \gamma \frac{\dot{FDI}}{FDI} + \varphi \frac{\dot{A}}{A} + \lambda \frac{\dot{L}}{L} \qquad (13)$$

这个式子的含义可表达为：知识增长 = 基础研发 R&D 经费支出的贡献 + 应用研究和试验发展 R&D 经费支出的贡献 + 实际利用外商直接投资的贡献 + 知识存量的贡献 + R&D 研发人员的贡献 + 其他要素贡献度。

因此我们可以将知识增长的源泉归因于基础研发 R&D 经费支出、应用研究和试验发展 R&D 经费支出、实际利用外商直接投资的、知识存量和 R&D 研发人员这五种因素。我们将以上五种要素对知识生产的贡献率分别定义为：

$$E_1 = k_1 \frac{\dot{R_1}}{R_1} \bigg/ \frac{\dot{P}}{P}, \quad E_2 = k_2 \frac{\dot{R_2}}{R_2} \bigg/ \frac{\dot{P}}{P}, \quad E_{FDI} = \gamma \frac{\dot{FDI}}{FDI} \bigg/ \frac{\dot{P}}{P}, \quad E_A = \varphi \frac{\dot{A}}{A} \bigg/ \frac{\dot{P}}{P}, \quad E_L = \lambda \frac{\dot{L}}{L} \bigg/ \frac{\dot{P}}{P}$$

(14)

我们定义基础研发 R&D 经费支出、应用研究和试验发展 R&D 经费支出贡献度之和为 R&D 经费贡献度，$E_R = E_1 + E_2$。

利用 1998～2013 年各省份这些变量的数据，将第一部分省际面板数据 GLS 回归结果的系数带入，通过计算可得出全要素增长核算结果，将知识增长的源泉拆分为如上五种因素的贡献，并重点分析基础研发 R&D 经费支出的贡献度 E_1、应用研究和试验发展 R&D 经费支出贡献度 E_2，详细结果如表 5 和图 4 所示。

表 5　　　　　　　　　知识生产要素贡献度分析

省份	要素对创新知识生产的贡献率						
	E_1	E_2	E_A	E_{FDI}	E_L	E_R	$E_{R\&D}$
北京	0.0484	0.0510	0.7685	0.0231	0.0238	0.0994	0.1232
天津	0.0534	0.0732	0.8048	0.0285	0.0305	0.1267	0.1571
河北	0.0930	0.1205	0.6562	0.0357	0.0465	0.2134	0.2600
山西	0.0702	0.0996	0.7274	0.0371	0.0277	0.1698	0.1975
内蒙古	0.1124	0.1870	0.6401	0.1333	0.0574	0.2994	0.3568
辽宁	0.0671	0.1116	0.8242	0.0763	0.0248	0.1787	0.2035
吉林	0.0969	0.1324	0.8321	0.0469	0.0340	0.2293	0.2633
黑龙江	0.0697	0.0854	0.7191	0.0294	0.0287	0.1551	0.1838
上海	0.0475	0.0751	1.0086	0.0292	0.0310	0.1226	0.1536
江苏	0.0366	0.0626	0.8328	0.0182	0.0309	0.0992	0.1301
浙江	0.0498	0.0883	0.8045	0.0326	0.0557	0.1381	0.1938
安徽	0.0458	0.0712	0.7555	0.0485	0.0299	0.1170	0.1468
福建	0.0525	0.1270	0.7037	0.0043	0.0538	0.1795	0.2332

续表

省份	要素对创新知识生产的贡献率						
	E_1	E_2	E_A	E_{FDI}	E_L	E_R	$E_{R\&D}$
江西	0.0712	0.1037	0.6512	0.0749	0.0291	0.1749	0.2039
山东	0.0655	0.1256	0.8165	0.0306	0.0403	0.1912	0.2314
河南	0.0566	0.0881	0.7348	0.0703	0.0399	0.1447	0.1846
湖北	0.0488	0.0673	0.8666	0.0377	0.0312	0.1161	0.1474
湖南	0.0717	0.1008	0.7392	0.0591	0.0434	0.1726	0.2160
广东	0.0635	0.1194	0.8548	0.0088	0.0584	0.1829	0.2413
广西	0.0917	0.1199	0.5902	0.0052	0.0412	0.2116	0.2529
海南	0.1196	0.1273	0.5879	0.0352	0.0716	0.2469	0.3185
重庆	0.0561	0.0727	0.7847	0.0438	0.0243	0.1288	0.1531
四川	0.0492	0.0545	0.7688	0.0585	0.0156	0.1038	0.1194
贵州	0.0564	0.0970	0.6206	0.0356	0.0293	0.1534	0.1826
云南	0.0774	0.0880	0.7102	0.0737	0.0326	0.1654	0.1981
陕西	0.0383	0.0464	0.6705	0.0428	0.0107	0.0847	0.0954
甘肃	0.0355	0.0636	0.3376	0.0054	0.0108	0.0992	0.1100
青海	0.0883	0.1578	0.1768	0.0913	0.0402	0.2460	0.2862
宁夏	0.0923	0.1393	0.8557	0.0247	0.0447	0.2316	0.2763
新疆	0.0783	0.1112	1.1110	0.0791	0.0224	0.1895	0.2120

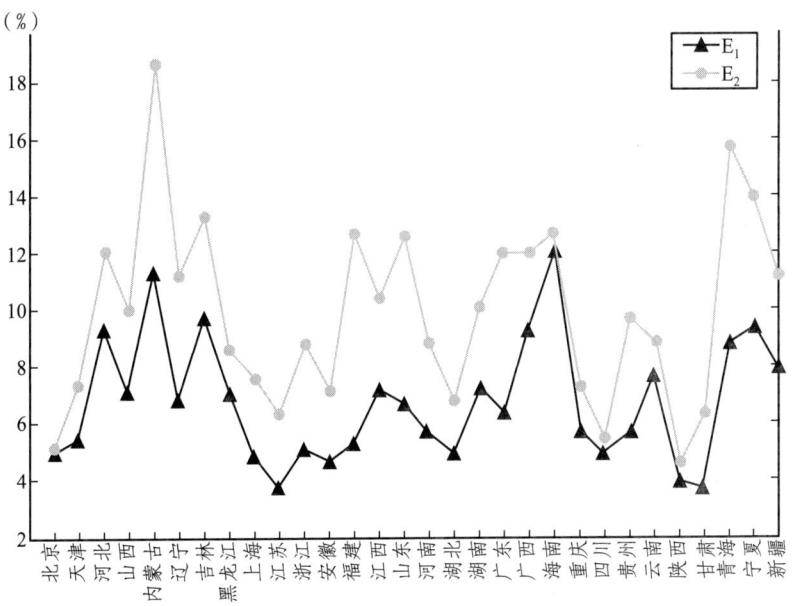

图 4 基础研究和非基础研究 R&D 经费支出的要素贡献度

由表 5 和图 4 可以看出,影响知识生产的各要素贡献度的大小顺序与第一部分面板回归所得各变量对知识生产的弹性大小结论基本一致。

首先,各省份 R_2 的要素贡献度 E_2 都高于 R_1 的要素贡献度 E_1,说明应用研究和试验发展 R&D 经费支出对知识生产的贡献度更高。一方面是因为 R_2 对知识产品 P 的弹性较大,每增加 1% 的应用研究试验发展 R&D 经费所生产出的知识产量更多,因此应用研发试验发展 R&D 经费对知识生产的贡献度也较高;另一方面是因为应用研究试验发展 R&D 经费在数量上远大于基础研发 R&D 经费,部分省份如河北、山东、广东、河南、福建、江苏,这几个省 R_2 的金额是 R_1 的 40 多倍,相差最小的省份 R_2 的金额是 R_1 的 7 倍,并且 R_2 的增长速度也高于 R_1,因而大规模的 R&D 经费支出对知识生产的贡献度水平也较高。

其次,R&D 研究人员对知识生产的要素贡献度较低,从数量上看小于 R&D 经费对知识生产的贡献度,说明我国的知识生产的创新活动不是劳动密集型的,而是资本密集型的。

再次,创新积累对知识生产的贡献率最高,而外商直接投资的贡献率相对较低,二者分别反映了本地区知识存量的跨期溢出效应和外资技术空间溢出效应,这两种溢出对知识生产的贡献度之和高达 65%~90%,实际上我国在知识生产的过程中也主要依靠模仿和引进外来技术。

最后,全国各省份的 R&D 经费贡献度 $E_{R\&D}$ 普遍较低,各省份 R&D 经费对知识生产的平均贡献度仅为 16.57%,最大数值也不超过 30%。由于将 R&D 投入贡献度定义为 R&D 经费贡献度与 R&D 研发人员贡献度之和,即 $E_{R\&D} = E_R + E_L$。从表 7 可以明显看出,R&D 投入对知识生产的贡献度远远小于知识存量和外商直接投资对知识生产的贡献度 E_A 和 E_{FDI} 之和。说明当前推动我国知识生产增长的主要动力不是 R&D 投资,我国 R&D 研发投资效率不高,对技术引进依赖的程度仍然较高,加之我国近几年以模仿为主要特征的"山寨技术"逐渐成为我国创新技术进步的主要模式,自主创新和自主研发的能力仍然较低,研究发展和创新尚未成为驱动我国知识生产和经济增长的主要动力。

我国 R&D 经费投资逐年增加,且 R&D 经费投资总量已经赶超外商直接投资的规模,这一状况与 R&D 经费对知识生产贡献度较小的结论相矛盾。造成这一矛盾的主要原因是我国 R&D 经费利用率低,技术水平和科研能力较低。R&D 经费逐年增加,但是并没有有效的促进技术进步,进而提高创新质量,实现知识生产增长。我国知识生产增长仍然在很大程度上依赖于模仿和引进外来技术。形成了"高投资,低回报"的增长路径,这与创新发达国家的知识生产增长路径存在显著的差异,是一种不可持续的增长途径。

五、研发投入回报率估算

通过以上分析,我们已经知道了 R&D 经费支出对知识生产的贡献度是多少,那么 R&D 经费投资生产出创新成果的回报率是多少呢?

我们给出柯布—道格拉斯形式的知识生产函数为 $P = \delta R_{1it}^{k_1} R_{2it}^{k_2} L_{it}^{\lambda} A_{it}^{\varphi} FDI_{it}^{\gamma}$,对 C-D 形式的知识生产函数分别对 R_1 和 R_2 求导,可分别求出基础研究 R&D 投入与应用研究和试验发展 R&D 经费投入的边际生产率,即研发投入的回报率。公式如下:

$$\text{MPR}_1 \cdot r_1 = k_1 \frac{P}{R_1} \qquad \text{MPR}_2 \cdot r_2 = k_2 \frac{P}{R_2} \qquad (15)$$

r_1 和 r_2 分别表示:基础研究 R&D 经费支出和应用研究试验发展 R&D 经费支出每多增加一单位,新生产的知识增加的量。R&D 经费边际生产率越低,表明这一要素的投资回报率越低,对这一要素的投资规模已经接近饱和,应转向对边际生产率更高的要素的投资。我们将各个省的新增知识、基础投资、研发投资的数据取平均然后带入公式,可以估算出各省份的边际要素生产率 r_1 和 r_2,如表 6 和图 5 所示。

表 6　　各省市区基础研究与非基础研究经费的投资回报率

地区	r_1	r_2	地区	r_1	r_2
北京	0.428811	0.071782	河南	6.200212	0.296127
天津	2.721267	0.279572	湖北	1.829547	0.180762
河北	3.176355	0.258436	湖南	2.546337	0.318444
山西	2.581138	0.220881	广东	8.165715	1.713659
内蒙古	3.376912	0.412332	广西	3.253726	0.536448
辽宁	3.041386	0.2588	海南	1.712072	0.51804
吉林	1.054775	0.207223	重庆	3.684001	0.443843
黑龙江	1.860767	0.26891	四川	1.391599	0.131993
上海	1.561636	0.237976	贵州	2.096457	0.740785
江苏	5.325276	0.392928	云南	1.267589	0.195729
浙江	10.19808	0.977779	陕西	1.226933	0.0652
安徽	1.156542	0.196695	甘肃	0.364223	0.141231
福建	4.662457	1.106392	青海	0.978261	0.275753
江西	5.269543	0.283882	宁夏	4.337919	0.905859
山东	5.527481	1.130152	新疆	2.693207	0.458329

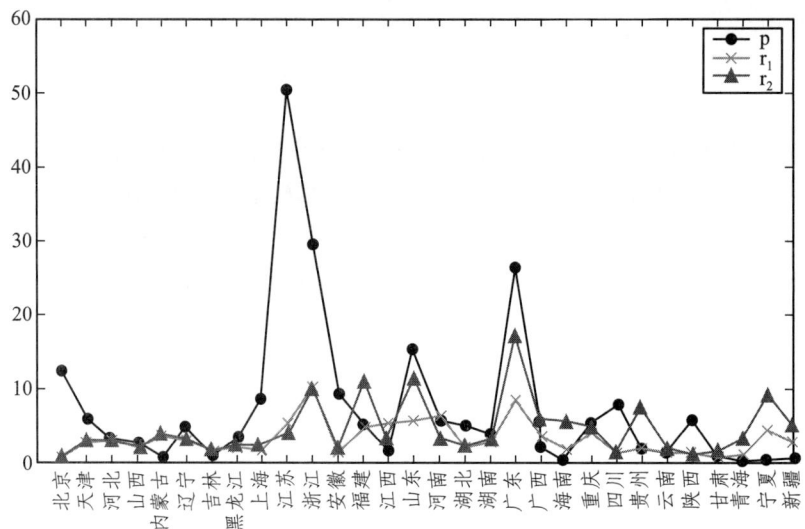

图 5 各省份知识流量与基础研发、非基础研发经费投资回报率的大小趋势

由上述测算结果我们可以得出以下结论:

第一,从研发投入回报率总体估算结果来看。从图 5 可以看出,研发投入回报率 r_1 和 r_2 各省份之间的高低趋势与知识生产量几乎一致。而现实中,知识产量与资本边际生产率是相互促进的。一个地区边际生产率越高,说明其创新能力越强,按照效用最大化原则,R&D 经费倾向于从研发投入回报率较低的地区流向研发投入回报率高的地区,较高的 R&D 经费促进了该地区创新水平和知识产量的提高;知识产量提高从而知识存量增加,进一步提高了创新生产能力,从而提升该地区的研发投入回报率。

第二,从 R&D 经费投资结构来看。从表 6 可以看出,全国各省份的基础研究 R&D 经费投资的回报率 r_1 明显大于应用研究试验发展 R&D 经费投资的回报率 r_2,因为应用研究试验发展 R&D 经费投资规模远大于基础研究 R&D 经费投资规模。各省份应用研究试验发展 R&D 经费投资的回报率 r_2 水平较低,大多数省份的 r_2 接近于 0,说明应用研究试验发展 R&D 经费投资规模已经达到饱和程度。基础研究 R&D 经费投资的回报率 r_1 较高,说明增加基础研究 R&D 经费投资对知识生产增长的提升潜力更大。两种研发投资回报率的差异说明我国 R&D 经费投资结构还有待进一步优化,在继续增加 R&D 经费总体规模的同时,应适当增加基础研究 R&D 经费的比重。

第三,从 R&D 经费投入回报率地区差异来看。我国各省份之间研发投入边际生产率的差异较大。

首先,东部地区浙江、广东两省尽管 R&D 经费投资规模已经很大,他们的 R&D 经费投资回报率水平最高,说明浙江和广东的 R&D 经费投资尚未达到饱和状态,要继续增加对这两个省份的基础研究研发经费、应用研究试验发展研发经费。可能的原因是，当前浙江和广东的高水平创新型企业数量多、发展快、竞争活力较强，高素质创新型人才在地区总人口中的密度高，地区内整体创新氛围浓厚，市场竞争环境开放而有序，在全国范围内该地区的科研创新能力也是处于领军地位的。

其次，许多中西部省份如河南、江西、湖南、宁夏、新疆、重庆等地的R&D经费投资回报率处于较高的水平。随着西部大开发及经济结构转型，中西部地区抓住机遇，创新研发活动也呈现出跨越式发展，并且有巨大的发展潜力，增加对这些省份的R&D经费投资，不仅有利于促进我国创新发展，而且有利于进一步推动我国调整地区经济结构、提升整体产业结构。

最后，值得注意的是北京和上海两地R&D经费投资强度一直很大，拥有全国最顶尖的高等院校和科研机构，科研实力较强，但以上估算结果显示北京、上海的R&D经费投资回报率水平很低，说明较强的R&D经费投入并没有产生较大的创新能力。造成这种现象的原因有以下几种可能。

（1）北京和上海的基础研发R&D经费支出远高于其他省份，本文以专利申请量来衡量知识生产和创新水平，而基础研发的科研成果往往是以学术论文和国家科研课题报告等形式呈现出来的，大多数基础研发的成果并没有申请专利。

（2）北京和上海两地相比其他省份，在科研成果转化为实际生产力的过程中存在问题。如上所述，北京上海的R&D活动大多由高等院校和研究机构承担，科研成果在高校与企业对接过程中如出现成果转化不通畅的问题，就会使其创新成果不高，从而导致估算出的研发投入回报率水平较低。而其他省份的R&D活动大多由企业主导，研发成果能快速地实现从专利申请到应用生产，从而研发投入回报率是水平相对较高。

（3）可能是因为北京和上海的创新基数较高、R&D投资已经达到饱和程度，不需要更多的R&D经费投资了。随着经济转型、地区结构调整，以及近几年以京津冀、长三角等地区性经济产业圈的发展，其发展成果辐射范围越来越广，尤其是2015年开始实施的"一带一路"政策，加速了创新发展中心向江浙、广东和广大中西部地区的转移。

六、结论及政策建议

（一）基本结论

首先，由省级面板数据回归分析可知：基础研究R&D经费投资，应用研究和试验发展R&D经费投资，知识存量，外商直接投资额对知识生产的影响都通过了显著性检验，从系数的正负性来看，这些因素都对知识生产有正向影响。而R&D研究人员对知识生产的影响不显著，说明并不是人越多知识生产水平越高。

基础研究R&D经费投资，应用研究和试验发展R&D经费投资对知识生产都有正向促进作用。其中应用研究和试验发展R&D经费投资对知识生产的弹性更大。知识存量对知识生产的系数弹性最大，我国知识生产过程存在明显的溢出效应。

其次，由知识生产要素贡献度的分析可知：基础研究R&D经费对知识生产的贡献率低于应用研究和试验发展R&D经费对知识生产的贡献率；知识存量对知识生产的要素贡献率最高；这一结论与以上省际面板回归的结论一致。将R&D投入对知识生产贡献度定义为研发经费贡献度与研发人员贡献度之和，将溢出效应对知识生产贡献度定义为知识存量贡献度与外商直接投资贡献度之和，R&D投入的贡献度远远低于溢出效应的贡献度，说明我国研发投资效率和创新能力较低。

最后，R&D经费投资回报率估算结果显示：从结构来看，基础研究R&D经费对知识生产增长促进作用的潜力更大；从地区分布来开，部分中西部省份及东部地区的江浙广东R&D经费投资回报率水平较高，应增加对这些省市区的R&D经费支出。浙江和广东两省R&D经费投资回报率水平最高，说明这两个地区在知识生产、创新发展方面仍有较大的发展空间，应继续增加对这两个省份的R&D经费投资。北京和上海的R&D经费投资回报率水平非常低，说明这两个地方或是衡量创新程度的指标不能完全反映创新成果，或是北京上海的R&D经费投入相对于创新活动已经达到饱和状态。

（二）政策建议

我国非常重视创新和知识生产，近几年来不断增加对R&D活动的经费投资，我国已经在许多领域获得重大突破，实现了跨越式发展，但总体上来讲我国创新能力与发达国家相比仍然存在较大的差距，自主创新水平不高仍然是不争的事实。根据以上结论并结合我国创新活动现状，从以下几个方面提出提高我国知识生产和创新能力的相关建议。

1. R&D经费方面

（1）继续增加R&D经费的总体投入。相比创新发达国家R&D经费投资总量，我国R&D经费支出水平不高。从经费支出主体来看，在我国政府对R&D的投资占主导地位，企业对外来技术的依赖仍然存在，自主投资R&D活动的动力不足。目前的创新型国家如美国、德国、日本等，政府对R&D经费的投资曾长期占绝大多数比重，即便是企业的经济实力和创新实力都大幅度提高后，政府和企业双向投资的局面也持续了较长时间。要想顺利度过产业结构升级、经济发展方式转轨的关键阶段，政府依然要担负起大部分R&D经费支出的重担。尤其是基础研究领域存在成本高、周期长、容易被"搭便车"的状况，因而大多数企业并不重视对基础研究的R&D经费投资，存在市场失灵的情况。一方面能够改变我国 R&D 经费长期在低水平徘徊的局面，另一方面能够降低企业投资原始创新的风险。

（2）重视应用研究和试验发展 R&D 经费支出。一方面政府要大力加强对高新技术企业研发机构的 R&D 经费的投入；另一方面应当适当增加企业对 R&D 研发经费的支出比重，使企业逐渐成为应用研究和试验发展 R&D 活动的重要主体，根据市场需求并结合自身发展的阶段性需求，灵活自主的安排资金流向，对亟须的突破性技术开展研发活动。

（3）适当提高对基础研究 R&D 经费的比重。目前国际上创新型国家的基础研究 R&D 经费的比重大约在 15%～20%，而我国统计数据显示，自 1991 年以来基础研究 R&D 经费支出的比重始终低于 5%。特别是近几年我国科技发展虽然取得重大成绩，但是原始创新能力不强，对具有开创性的理论前沿研究不足，具有世界水平的顶尖人才不多，具有开拓性和国际影响力的重大原始创新成果较少。因此，政府应充分发挥主导作用，增加对高校和研究机构的 R&D 经费支出，加强人才培养和 R&D 基础设施建设。引导和号召企业与高等院校和研究机构展开合作，重视和发展"产—学—研"协同创新，从而平衡投资主体之间和两大 R&D 经费之间的协调关系，促进基础研究蓬勃发展。

2. 提高 R&D 经费的利用效率

我国 R&D 经费投入规模逐年增加，但要素贡献度的分析结论表明，我国 R&D 经费投资回报率水平较低，R&D 资金利用效率不高，创新知识生产实质性进步不大。

要提高 R&D 经费的使用效率我们可以从以下几个方面入手。第一，要加强对高水平研发人才的培养，提高对优秀科研团队和青年拔尖人才的待遇，继续贯彻人才引进战略的实施，充分调动研发工作人员的科研积极性；第二，重视研发创新活动的基础设施建设，注重先进技术设备的引进和更新；第三，加强对 R&D 经费的预算监管，规范 R&D 经费的投资机制，转变当前 R&D 经费投资"高投资，低回报"的模式。从根本上提高科技质量，使我国的知识生产创新活动由要素驱动转变为内生驱动，实现创新的可持续发展。

（1）提高 R&D 研发人员的数量和质量。R&D 研发人员作为 R&D 创新活动的人力资本投入，其数量和质量的高低都决定了知识创新水平的高低。针对我国 R&D 人力资本投入的现状，提出以下几点建议：

第一，提高 R&D 研发人员的使用效率。我国 R&D 研发人员的数量不断增加，且增长呈现增速的趋势，但是存在研发人员专业化程度不够高且冗余人员较多的状况。因此要加强对 R&D 人力资本的管理，促使研发人员和研发活动专业化，研发人员之间的分工不断细化，提高研发人员的工作效率和研发技术水平的提高。

第二，重视培养创新型人才，除了要增加 R&D 活动的人口密度，还要提高 R&D 研发人员的素质。一方面，国家应当关注基础教育，提高国民整体素质，使创新研发后继有人；另一方面，要特别重视高等教育，高等教育为 R&D 研发活动直接提供人才，要想建立创新型国家，必须注重培养高素质的创新型人才，同时落实人才引进战略，做好人才储备工作。

（2）注重引进外来技术，提升自主创新能力。改革开放以来，我国吸引大量外商直接投资，坚持引进国外先进技术的战略，在一段时期内实现了科学技术的跨越式发展，带动国内知识生产的增长。但上述实证分析中可以看出，我国内部的知识存量对知识生产的影响更大，因此在通过外资引进先进技术的同时，应当更加注重提升我国的自主创新、原始创新的能力。目前我国技术引进外资已经达到空前的水平，自主研发能力不足，针对这一状况可以从以下几个方面提高知识生产能力：

一是要继续贯彻落实引进外来先进技术的战略，特别是要学习和引进国外的核心技术。

二是加强消化吸收再创新，提高我国自主创新水平。技术引进的关键是要提高"引进—吸收—消化—再创新"的能力，加强自身 R&D 创新投入，提高自主创新的能力，避免陷入技术水平停滞的困局。

三是要注重 R&D 创新的持续性和连贯性。要着重解决好 R&D 研发活动和技术创新的跃迁性问题，实现 R&D 创新可持续和连续性发展。

（3）R&D 经费的地区合理布局。我国要合理分配 R&D 经费，在总体布局上要考虑到各省份之间的合理分配问题，优化 R&D 经费投资的区域结构，在兼顾效率的前提下，尽可能避免过分集中，实现全国范围内的最佳配置。

首先，我国经济发达的东部地区 R&D 创新活动较为活跃，特别是浙江和广东正在逐步形成创新型经济产业聚集区。国家要积极引导科技经济集聚区对国家科技发展做出更大贡献。如通过政府对企业，特别是大企业 R&D 活动的支持，引导企业在技术开发的基础上，逐步增强战略高技术、应用基础研究能力的培养，不仅增强企业自身创新能力，而且为国家提供创新源，实现国家目标和产业目标的互动发展。

其次，部分中西部省份近几年 R&D 发展迅速，随着"一带一路"和经济转型政策的实施，中西部省份逐渐形成了具有地方特色的高新技术产业，如新材料、新能源、航空航天和军工业等，具有较强的发展潜力。因此，一些 R&D 投资项目在大致相同的条件下，优先考虑在有资源条件的中西部优先布点，进一步加大"西部大开发科技行动计划"，重点支持中西部地区的科研基础设施建设和人才引进。

（4）创造有利于创新的文化环境。全社会的文化创新氛围很大程度上会影响到我国知识生产水平和创新水平的提高。首先，必须要完善知识产权的相关法律，加大对创新成果的保护力度。使创新活动得到必要的物质和精神回报。其次,为创新提供便利的社会服务,如专利申请绿色通道、企业研发经费贷款绿色通道,给予创新企业和研发机构税收优惠政策。

参 考 文 献

[1] 冯根福,刘军虎,徐志霖. 中国工业部门研发效率及其影响因素实证分析 [J]. 中国工业经济, 2006, (11).

[2] 黄苹. R&D 投资结构增长效应及最优基础研究强度 [J]. 科研管理, 2013 (08).

[3] 李习保. 中国区域创新能力变迁的实证分析:基于创新系统的观点 [J]. 管理世界, 2007 (12).

[4] 吴延兵. 中国工业 R&D 产出弹性测算 (1993~2002) [J]. 经济学 (季刊), 2008 (03).

[5] 岳书敬. 中国区域研发效率差异及其影响因素——基于省级区域面板数据的经验研究 [J]. 科研管理, 2008 (09).

[6] 朱平芳,徐伟民. 政府的科技激励政策对大中型工业企业 R&D 投入及其专利产出的影响——上海市的实证研究 [J]. 经济研究, 2003 (06).

[7] 朱有为,徐康宁. 中国高技术产业的投入产出效率分析 [J]. 中国工业经济, 2006 (11).

[8] A. Kokko. Technology, Market Characteristics, and Spillovers [J]. Journal of Development Economics, 1994, 43: 279 – 293.

[9] C. Jones. R&D – based Models of Economic Growth [J]. Journal of Political Economy, 1995, 103: 759 – 784.

[10] D. Coe, E. Helpman. International R&D Spillovers [J]. European Economic Review, 1995, 39 (5), 859 – 887.

[11] Dominique Guellec. From R&D to Productivity Growth: Do the Institutional Settings and the Source of Funds of R&D Matter? [J]. Oxford Bulletin of Economics and Statistics, Vol. 66, No. 3, pp. 353 – 378, 2004.

[12] H. Pack, K. Saggi. Inflows of Foreign Technology and Indigenous Technological Development [J]. Review of Development Economics, 1997, 1 (1): 81 – 98.

[13] Jian – Ye Wang, Magus Blomstrom. Foreign Investment and Technology Transfer: A Simple Model [J]. European Economic Review, 1992, (36): 137 – 155.

[14] Katharine Wakelin. Productivity Growth and R&D Expenditure in UK Manufacturing Firms [J]. Research Policy, 2001, 30 (7): 1079 – 1090.

[15] K. Cheung, P. Lin. Spillover Effects of FDI on Innovation in China: Evidence from the Provincial Data [J]. China Economic Review, 2004, 15 (1), 25 – 44.

[16] Mark Groshby. Patents, Innovation and Growth [J]. Economic Record, 2000, 76 (234): 255 – 262.

[17] M. Poter, S. Stern. Measuring the Ideas Product ion Function: Evidence from International Patent Output [J], NBER Working Paper No. 7891, 2000.

[18] P. Romer. Endogenous Technological Change [J]. Journal of Political Economy, 1990,

98: 71 - 102.

[19] Yuko Kinoshita. R&D and Technology Spillovers via FDI: Innovation and Absorptive Capacity [M]. William Davidson Institute, University of Michigan Business School. 2000.

[20] Zvi Griliches. Patent Statistics as Economic Indicators: A Survey [J]. Journal of Economic Literature, Vol. 28, No. 4 (Dec., 1990), pp. 1661 - 1707.

The Study of the Relationship between R&D Investment and Knowledge Production: Based on Provincial Data of China

Gao Wei   Liang Zhen

Abstract: China's R&D funding has been ranked second in the world, and this paper studies the effect of R&D investment and structure on the innovation of knowledge output. Generally, the scale and input intensity of R&D reflects the strength of technological and core competitiveness in a country. This paper adopts empirical study through provincial data of China. We found that fundamental research R&D investment, applied research and experimental development R&D investment both have positive effect to knowledge production. And applied research and experimental development R&D investment have greater coefficient than fundamental research R&D investment. Knowledge production accumulation has the biggest coefficient. The marginal factor productivity in the mid-western region is higher than that in the eastern region, so we should increase the R&D investment in mid-western region.

Keywords: R&D investment, fundamental research, applied research and experimental development, knowledge production

服务业发展、城乡收入差距与居民消费需求

——基于面板门限模型的实证研究

李 程*

摘 要：基于城乡收入差距的内生性，本文创新性地将收入差距、服务业发展和消费统一到一个二元结构条件下的消费需求函数中，研究服务业发展对城乡收入差距和居民消费率的影响，并用面板门限模型进行了计量检验，发现了三者之间的非线性关系。结论表明：收入差距较小时，服务业占比增加会提高消费需求；收入差距较大时，服务业发展反而会降低消费需求。因此，政策上应该优化城乡产业结构，促进服务业在农村的发展，针对各区域的收入状况促进消费者需求。

关键词：城乡收入差距 消费需求 面板门限模型

一、问题的提出

近年来，城乡收入差距的扩大已经成为人们关注的焦点问题，与此同时，消费需求不足也是目前制约我国经济进一步增长的瓶颈。由此可见，两者之间可能存在着密切联系。

消费增加的前提是收入的增加，但收入和消费的关系不能仅从总量角度进行分析，还要考虑结构因素。中国作为发展中国家具有经济的二元结构的显著特征，这在消费方面表现为消费函数的二元性。二元结构有着丰富的内涵，城乡的差异是其中一个重要组成部分，在消费函数中表现为城乡消费影响因素的不同。城乡消费者的行为有诸多不同，但收入还是最主要的决定因素。城乡收入差距是反映二元结构的主要指标，从很多方面影响消费需求。

近年来，多数研究认为，收入差距扩大会抑制消费需求的提高，但二者关系也可能随时空发生转变。易行健等（2012）认为，城市对农村总消费的示范效应相当显著，但城乡收入差距对这种示范效应总体上起反向作用（除了食品和交通通讯支出外）。陈斌开（2012）基于生命周期理论研究表明，收入水平越高，居民平均和边际消费倾向越低，因此收入差距扩大会降低居

---

* 本文受到天津哲社项目"后加工贸易时期对我国就业结构的影响研究"（TJYY13-018）资助。
李程（1981~ ），男，天津人，对外经济贸易大学博士后流动站、天津工业大学经济学院副教授。研究方向：宏观金融，联系方式：licheng81121@163.com。

民消费需求。刘东皇和沈坤荣（2012）建立了要素分配－收入差距－消费增长之间的关系，认为提升居民消费能力对扩大消费需求很重要。储德银等（2013）发现，我国城乡居民收入差距对居民消费需求的影响在东中西地区存在显著的差异。王宋涛（2014）通过构建宏观消费函数，实证表明，居民消费率下降主要是由于居民收入比重下降，但城乡收入扩大却促进了消费率。李广泳和张世晴（2015）研究表明，城乡收入差距和消费的关系随着时间和空间发生变化。

从已有的研究成果看，尽管存在质疑，主流的观点仍然是缩小收入差距有助于提高消费需求，那么，收入差距与消费需求究竟是什么关系，是简单的线性关系吗？收入差距作用于消费需求的机制是什么？

研究收入和消费的关系可以分为三种理论：根据边际消费倾向递减规律，绝对收入理论认为缩小收入差距能够促进消费；根据消费的示范效应，相对收入理论认为扩大收入差距能够促进消费；而持久收入假说则认为消费与收入差距无关。三种理论各有道理，也都有缺陷，但基本上都将收入视为外生变量。消费的前提是生产和供给，没有相应的商品，即使有了收入，也无法消费。收入是消费的来源，同时也是储蓄的来源，而储蓄决定了投资和供给，供给又影响收入，收入又决定需求，因此，收入处于需求与供给的中间。生产能力和消费能力形成消费品供给与需求，二者共同决定了均衡消费，所以，消费和收入是经济系统中的两个内生变量。

本文将消费和收入视为内生变量，纳入服务业发展因素后，对消费需求决定问题进行深入剖析，创新之处在于：将收入差距、服务业发展和消费统一到一个函数里，构建消费需求模型，研究三者的关系并通过实证检验，探讨服务业发展和消费需求之间的非线性关系，深化了对产业结构与收入差距和消费需求相互作用的认识，为制定相关的产业政策和消费政策提供政策参考。

二、服务业发展与收入差距和消费需求的形成

（一）收入差距内生性与消费函数的建立

城乡收入差距与消费的关系，应该放到生产、交换、分配和消费的再生产环节中来综合考察。再生产过程是一个连续的价值循环运动，在这个连续系统内的某个环节对收入差距与消费进行研究，只能反映出收入差距与消费之间的局部静态特征，而无法从经济系统运行的角度全面衡量两者的关系。因此，如何将收入差距与消费之间的这种局部静态联系放到再生产的运动过程中，研究两者的动态关联机制是本文要解决的问题。这里必须考虑收入变量内生性，对收入差距做内生化处理。

Robinson（1976）认为，如果两个经济部门之间存在收入差距，劳动力在部门之间的流动会导致收入差距的变化。所以，按照 Robinson 的分析，发展中国家具有二元经济结构，在结构转化的初期，一定会出现收入差距的扩大，随着人口逐渐向生产率较高的现代部门流动，传统产业的生产率不断提高，收入差距才会逐渐缩小。就我国而言，农村和城市的差别主要在于城市和农村产业结构的不同。产业结构的差别是形成收入差别的主要因素，不同产业的生产率和利润率有所不同，使得该行业的要素收入有所区别。产业报酬形成了城乡的收入差距，也促使要素在城乡之间流动，这会加剧城乡发展的不平衡，形成产业结构与收入差距之间的正反馈机制。因此，收入差距是内生于产业结构和要素流动的变化之中，产业结构和要素流动对收入差距的形成和变迁有很大影响。

根据对收入差距和消费需求关系的分析，可以建立相应的消费函数。黄挺卫（2011）建立了消费函数的一般形式：C = f(Y，X)，C 表示消费，Y 表示收入，X 表示影响消费的其他因素，方程 f 的设定表示不同消费函数之间的差异性，并且认为，构建我国的消费函数主要应该在函数形式 f 和非收入因素 X 上进行研究。考虑城乡收入差距后，社会总消费函数的形式会发生变化。因为消费本身是收入的函数，但在二元结构条件下，消费函数应该分为城市和农村两种形式，即 $C_r = f(Y_r, X_r)$ 和 $C_u = f(Y_u, X_u)$，r 表示农村，u 表示城市，影响二者消费的因素有所不同。本文尝试把两个消费函数用一个统一的形式来表达。

如前所述，收入差距已经内生化了，二元经济结构决定了收入差距，收入差距是二元结构的反映。因此，可以将收入差距写成反映二元结构的变量的函数。而总消费又和二元结构密切相关，结构性因素决定了总消费水平，可以把消费函数写成收入差距和反映二元结构的变量的复合函数。建立二元结构条件下的消费函数：

$$C = C(I_{gap}(X_I)) \tag{1}$$

其中，C 表示人均消费，X_I 表示产业结构、要素流动等影响城乡二元结构的因素，I_{gap} 为城乡收入差距。

（二）服务业发展与收入差距和消费需求的关系

在收入和消费的形成过程中，产业结构起了重要的作用。产业结构既能形成收入分配结构，同时也能形成消费和储蓄的结构。我国一直以发展服务业作为结构转型的重点，那么，服务业的发展有利于收入分配改善和消费需求提高吗？冯素杰（2008）研究了产业结构和收入分配的互动，认为农业和建筑业等传统部门的发展将会缩小收入分配差距，而高档消费品部门、现代服务业部门的发展则将拉大居民间收入差距；白重恩和钱震杰（2009）的研究认为发展第三产业有利于提高劳动报酬，扩大消费；毛中根和洪涛

(2012)的研究表明,服务业通过提高收入和改善分配两个路径来促进消费,实证检验也证实了这一点;沈鸿和张捷(2014)认为服务业比重上升能够提高消费率,但这种促进作用没有被充分发挥;周立群和王向(2014)运用新兴古典经济学的理论研究表明服务业增长有利于城乡收入差距的缩小;马小强(2015)认为,如果忽视了人力资本的比较优势,片面发展服务业可能会导致收入差距扩大,不利于工资增长。

对于服务业与收入差距、消费的研究,总体上认为服务业发展对消费有正向影响,但对收入差距的影响则有不同观点。服务业发展必然对收入分配产生影响,收入分配又影响消费,可见三者之间的关系的复杂性。

在探讨服务业对消费影响时,很少有学者基于城乡二元结构进行深入的研究,如前所述,城乡收入差距具有内生性,收入差距和消费率会同时被服务业的发展所决定。这种情况下,城乡收入差距对消费的影响可以通过服务业对消费的影响表现出来,下面用一个简单的模型来表示。

借鉴吴忠群和王虎峰(2013)的研究,消费率可以用如下公式表达:

$$r_c = C/GDP \tag{2}$$

其中,r_c 是居民消费率,等于总消费量除以 GDP。

对其进行公式变换,得到:

$$r_c = \frac{C}{Y}\frac{Y}{GDP} \tag{3}$$

其中,Y 是居民可支配收入,C/Y 是平均消费倾向,Y/GDP 是收入占 GDP 的比重,收入差距主要影响的是平均消费倾向。

为了衡量城乡收入差距对平均消费倾向的影响,设城市居民收入为 Y_u,消费为 C_u,平均消费倾向为 APC_u;农村居民收入为 Y_r,消费为 C_r,平均消费倾向为 APC_r,则平均消费倾向 APC 可以写成:

$$\begin{aligned} APC &= \frac{C}{Y} = \frac{C_r + C_u}{Y} = \frac{APC_r \times Y_r + APC_u \times Y_u}{Y} \\ &= APC_r \frac{Y_r}{Y} + APC_u \frac{Y_u}{Y} = APC_r \frac{Y - Y_u}{Y} + APC_u \frac{Y_u}{Y} \\ &= (APC_u - APC_r)\frac{Y_u}{Y} + APC_r \end{aligned} \tag{4}$$

由式(4)可见,当城乡收入差距扩大时,$\frac{Y_u}{Y}$ 会变大,此时,平均消费倾向是否提高取决于城市居民和农村居民平均消费倾向的比较,一般认为,城市居民收入高,平均消费倾向应该低于农村居民,所以,($APC_u - APC_r$) < 0,城乡收入差距扩大就会降低平均消费倾向。

为了衡量服务业对消费率的影响,将式(3)写成:

$$r_c(X_1) = \frac{C}{Y}(X_1)\frac{Y}{GDP}(X_1) \tag{5}$$

X_I 表示服务业的发展水平，对 X_I 求导数，得到：

$$\frac{dr_c(X_I)}{dX_I} = \frac{d\frac{C}{Y}(X_I)}{dX_I}\frac{Y}{GDP} + \frac{C}{Y}\frac{d\frac{Y}{GDP}(X_I)}{dX_I} \quad (6)$$

根据前面构建的消费函数（式（1）），服务业发展对平均消费倾向的影响可以表示为：

$$\frac{d\frac{C}{Y}(X_I)}{dX_I} = \frac{d\frac{C}{Y}}{dI_{gap}}\frac{dI_{gap}}{dX_I} \quad (7)$$

式（7）中，根据式（4）的分析，$\frac{d\frac{C}{Y}}{dI_{gap}} < 0$ 表明服务业发展如果使得城乡收入差距扩大，会降低平均消费倾向，但服务业对城乡收入差距的影响具有不确定性，使得 $\frac{dI_{gap}}{dX_I}$ 的符号不确定，原因在于：一方面，服务业发展对于城市和农村的惠及程度有所不同，农村一般只有少量的服务型产业，形式比较单一，内容比较传统，而现代服务业则主要集中在城市。由于服务业中劳动密集型产业比较多，所以随着服务业的发展，劳动收入在 GDP 中占比应该趋于上升，但由于城乡的服务业发展并不平衡，服务业偏向城市的特征使得服务业发展成为城乡收入差距形成的一个原因，尤其是在现代服务业比较发达的地区，现代服务业一般都是高薪行业，容易形成与农业收入更大的差距。但另一方面，服务业又会向农村辐射，和农业有关的生产性服务业能促进农业经济的进步，使得农业收入增加，这又有利于城乡收入差距的缩小。根据中国当前的实际情况，本研究假定，服务业目前对城乡差距扩大会形成促进作用，即 $\frac{dI_{gap}}{dX_I} > 0$。

将式（7）代入式（6）：

$$\frac{dr_c(X_I)}{dX_I} = \frac{d\frac{C}{Y}}{dI_{gap}}\frac{dI_{gap}}{dX_I}\frac{Y}{GDP} + \frac{C}{Y}\frac{d\frac{Y}{GDP}(X_I)}{dX_I} \quad (8)$$

由式（8），根据已有的研究，服务业以劳动密集型和人力资本密集型产业为主，服务业发展会促进劳动收入占比的上升，即 $\frac{d\frac{Y}{GDP}(X_I)}{dX_I} > 0$，根据前面假定，$\frac{dI_{gap}}{dX_I} > 0$，同时由于 $\frac{d\frac{C}{Y}}{dI_{gap}} < 0$，使得 $\frac{dr_c(X_I)}{dX_I}$ 分解后的前一项符号为负，服务业对消费的影响可以用图1来表示：

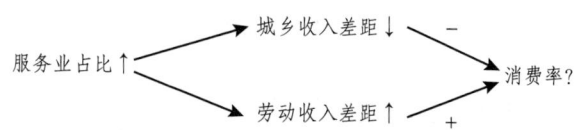

图1 服务业对消费率影响的逻辑图

注:"?"表示不确定,-表示负向影响,+表示正向影响。

服务业使得劳动收入占比上升,提高消费率,但使得收入差距扩大,不利于消费率提高。综合起来的效果取决于两种力量的比较,结果难以确定,下面从统计学角度尝试判断三者关系。

(三)服务业发展、城乡收入差距和消费需求的统计分析

1. 指标选择

前面的分析主要涉及居民消费需求、服务业占比、城乡收入差距和人均收入等变量。对于居民消费需求,用我国各省市的居民消费量除以该地区GDP得到居民消费率表示;对于服务业占比,用各省市第三产业产值占该地区GDP比重表示;对于人均收入,用各省市城乡人口为权重,计算城镇居民家庭人均可支配收入和农村居民家庭人均纯收入的加权平均数得到;对于城乡收入差距,借鉴王少平和欧阳志刚(2007)的方法,用泰尔指数来表示,计算公式为:

$$tl_{i,t} = \sum_{j=1}^{2} \left(\frac{p_{ij,t}}{p_{i,t}}\right) \ln\left(\frac{p_{ij,t}}{p_{i,t}} \bigg/ \frac{z_{ij,t}}{z_{i,t}}\right) \tag{9}$$

其中,j=1表示城市,j=2表示农村,Z_{ij}表示i省份城市或农村人口数量,Z_i表示i省份的总人口,P_{ij}表示i省份城市居民或农村居民的总收入,P_i表示i省份的总收入。

2. 数据来源

本文的数据来源于《新中国60年统计资料汇编》、历年《中国统计年鉴》,鉴于数据的可得性和城市经济改革始于1984年,样本期间为1984~2012年,样本区间为我国29个省市。鉴于数据可得性,剔除了西藏和海南,将四川和重庆的数据做合并处理。居民消费率、泰尔指数和服务业占比都不用考虑价格因素,人均收入用价格指数做了平减,价格指数为以1978年为基期的CPI。

3. 统计结果及分析

为了考察从1984年到2012年泰尔指数、居民消费率和服务业占比的变化趋势,对每年的各省市相关数据取了平均数,如图2所示。

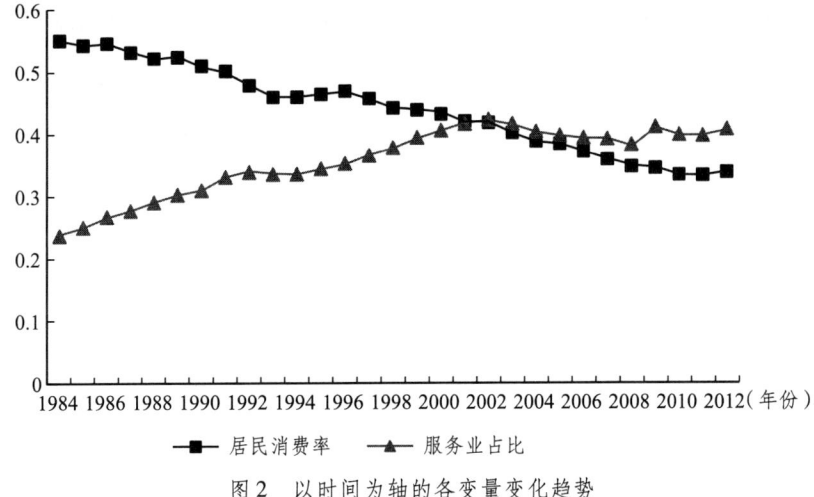

图2 以时间为轴的各变量变化趋势

图2中,描述性统计说明居民消费率基本呈下降的趋势,和服务业占比的变化趋势相反。本文又计算了各个区域变量的平均数,按照实际收入从小到大的排序,图3描绘了各个变量以区域为维度的变化趋势。

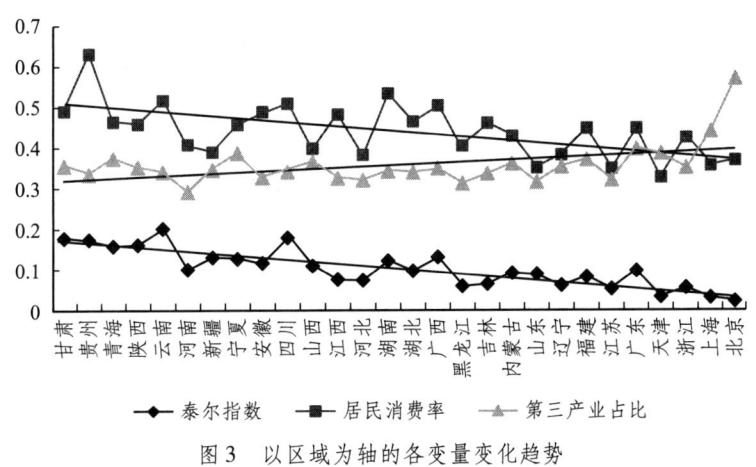

图3 以区域为轴的各变量变化趋势

图3中,各个变量处于波动之中,随着区域人均收入的增加,添加了趋势线后显示:泰尔指数呈现比较明显的下降趋势,说明人均收入较高的区域,城乡收入差距会缩小;居民消费率呈现微弱的下降趋势,而第三产业则呈现不明显的上升趋势;泰尔指数和第三产业的变化趋势相反,说明城乡收入差距越小的区域,第三产业占比越高,反映出服务业的发展可能有助于缩小城乡收入差距。图2和图3中,服务业和消费率的变化趋势是类似的,从变化趋势上判断:服务业占比和城乡收入差距具有不明显的负向关系,服务业占比和消费率总体上具有负向的关系,但这应该不是简单

的线性关系，可能存在着门槛效应。下面采用计量经济学的方法来做进一步分析。

三、基于面板门限模型的实证研究

（一）模型设定

1. 计量模型选择

前面分析了服务业比重变化、城乡收入差距和消费率的关系，可以判断，服务业占比和消费之间并不是简单的线性关系，而是存在非线性的转换。为了捕捉这种非线性行为，可以引用计量经济学中的门限回归模型（threshold regression model）来进行研究。门限回归的重点是找到突变点，也就是所谓的门槛值，将其作为门限变量，并以其为界将其他样本值进行归类，回归后比较回归系数的不同。大多数情况下，门限值是未知的，对此，将该门限变量从小到大排序，如果依次作为门限值的回归模型总残差平方和最小，则可以确定相应的门限值（Enders，2004）。Hansen（1999）提出了面板门限回归模型，并对门限效应的假设检验进行了详细论证。

服务业的发展可能对收入差距和消费需求同时产生影响，因此，城乡收入差距的形成具有内生性，本文根据 Hansen 提供的方法，以城乡收入差距作为门限变量，建立起服务业发展对消费需求作用机制的非线性模型。

2. 单门限模型的设定与检验

门限模型有单门限模型和多门限模型。从单门限模型来看，形式设定为：

$$C_{it} = a_0 + \alpha_1 \text{tertiary}_{it} I(tl_{it} \leq \tau) + \alpha_2 \text{tertiary}_{it} I(tl_{it} > \tau) + a_3 y + \varepsilon_{it} \quad (10)$$

其中，i 代表省份，t 代表时间，C 表示人均消费，tl 表示收入差距，I(·)代表指示性函数，tertiary 表示服务业占比，y 表示实际人均收入，τ 是门限值。各个变量的数据和前面统计数据是完全一致的。模型含义为城乡收入差距与消费需求之间存在"服务业发展水平"的门限效应，即当 S 超过某一临界值 τ 时，代表服务业发展效应大小的可能发生突变，以此来揭示服务业发展对消费影响的差异。

Chan（1993）和 Hansen（1999）提出采取消除个体效应后最小二乘方法来估计上述模型。根据 $\hat{\tau} = \text{argmin} S_1(\tau)$ 来估计 τ 值，其中，$S_1(\tau)$ 为回归模型的残差平方和，这可以使 τ 值接近真实的门限水平。从两个方面来检验上述模型：一是是否存在门限效应；二是得到的门限估计值与真实值是否一样。对于第一个检验，Hansen（1999）利用自举法（bootstrap）得到了似然比统计量 F_1 和大样本的渐进 P 值，其中，$F_1 = (S_0 - S_1(\hat{\tau}))/\hat{\sigma}^2$，当 P

值足够小时，则证明模型至少存在一个门限效应；对于第二个检验，为了检验原假设 $H_0: \tau = \hat{\tau}$，相应的似然比统计量为 $LR(\tau) = (S_0 - S_1(\hat{\tau}))/\hat{\sigma}^2$，用以找到 τ 的置信区间，即在显著水平 α 下，当 $LR_1(\tau) \leq c(\alpha)(c(\alpha) = -2\log(1-\sqrt{1-\alpha})$ 时，不能拒绝原假设。

3. 多门限模型的设定与检验

如果在单门限模型认定存在至少一个门限，由于在实际中可能出现多个门限，可以将式（5）扩展为双门限的模型，设定形式如下：

$$C_{it} = a_0 + \alpha_1 \text{tertiary}_{it} I(tl_{it} \leq \tau_2) + \alpha_2 \text{tertiary}_{it} I(\tau_2 < tl_{it} \leq \tau_1) + \alpha_3 \text{tertiary}_{it} I(tl_{it} > \tau_1) + a_3 y + \varepsilon_{it} \quad (11)$$

对双门限模型，原假设 H_0：只有一个门限值；备择假设 H_1：有两个以上门限值。可以在得到第一个门限值 $\hat{\tau}_1$ 的基础上，找到第二个门限值 $\hat{\tau}_2^r$，最小残差平方和为 $S_2^r(\tau_2)$，并得出类似的 F_2 统计量和 P 值，如果 F_2 足够大可以拒绝原假设，确定存在两个门限。然后再修正第一步得到的门限值，得到第一个门限值 $\hat{\tau}_1^r$，使残差平方和 $S_1^r(\tau_1)$ 最小。

（二）实证检验结果

为了确定城乡收入差距对消费需求的关系是否存在非线性转换，分别考虑了单个门限、双门限以及三门限三种情况的实证检验。表 1 中可以看出，三种情况都在 10% 的水平下显著。因此可以认为城乡收入差距和消费需求之间确实存在非线性关系。根据经济学理论和现实情况，可以基于双门限模型进行分析。

表 1　　　　　　　　　　　门限效应检验

模型	F 值	P 值	BS 次数	1% 临界值	5% 临界值	10% 临界值
单一门槛	268.355***	0.000	500	212.411	172.667	152.186
双重门槛	88.441***	0.000	500	16.146	-14.267	-31.158
三重门槛	0.000*	0.057	300	0.000	0.000	0.000

注：***、**和*分别表示在 1%、5% 和 10% 水平下显著，下同。

图 4 和图 5 给出了以人均收入为门限变量的双门限模型中置信区间图，LR 似然比统计量超出 95% 临界值线，说明门限存在的真实性，图中可见，两个图的 LR 统计量都在虚线以下，当 LR 等于 0 时，门限变量人均收入的对数值即是门限值。

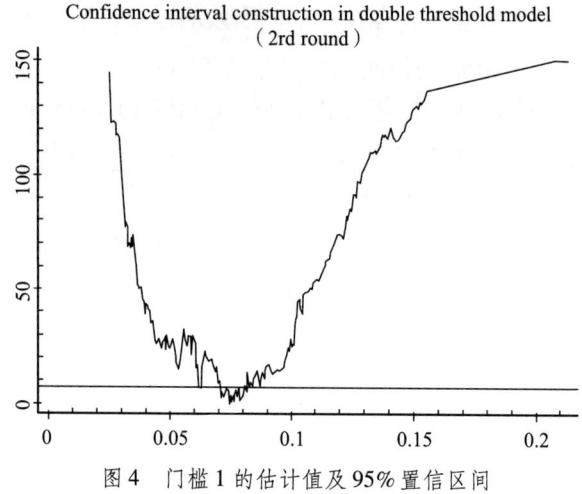

图 4 门槛 1 的估计值及 95% 置信区间

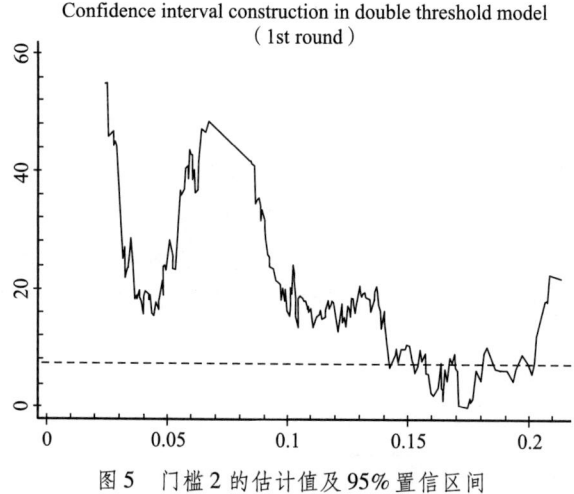

图 5 门槛 2 的估计值及 95% 置信区间

表 2 给出了在双门限模型中估计的门限值,两个门限值都落在了其相应的 95% 水平的置信区间内。基于以上门槛显著性与真实性检验结果,两个门槛值是真实且显著的。

表 2 门限估计值

门限	门槛估计值	95%置信区间
τ_1	0.123	[0.104, 0.132]
τ_2	0.063	[0.061, 0.063]

门限效应通过检验,而且门槛 τ_1 和门槛 τ_2 确定后,便可根据门槛模型进行回归分析,其参数估计结果见表 3。

表3　门槛模型参数估计结果

变量	系数估计值	标准差	T 值	P 值	显著性
y	−0.0000519	3.26e−06	−15.93	0.000	***
tertiary（tl<0.063）	0.1576783	0.0442459	3.56	0.000	***
tertiary（0.063<tl<0.123）	−0.0443479	0.0415652	−1.07	0.286	
tertiary（tl>0.123）	−0.213098	0.0399354	−5.34	0.000	***
常数项	0.511924	0.0127222	40.24	0.000	***

根据门限回归模型的结果，可以将我国的各个区域的收入差距状况大概做如下分类（见表4）。

表4　城乡收入差距的区域分布

收入差距低的区域 （tl<0.063）	收入差距中等的区域 （0.063<tl<0.123）	收入差距高的区域 （tl>0.123）
北京、天津、辽宁、吉林、黑龙江、上海、江苏、浙江	河北、福建、江西、河南、广东、山东、内蒙古、湖北、湖南	山西、安徽、广西、贵州、云南、陕西、四川和重庆、甘肃、宁夏、青海、新疆

从表4中可见，城乡收入差距的高中低分类和区域上的东中西部有雷同之处，收入相对高的区域收入差距相对也小。

（三）实证结果分析

从实证结果可以看出，服务业占比上升对消费率是非线性的影响。在城乡收入差距比较小的时候，服务业占比上升会促进消费率的增加，而当城乡收入差距扩大后，这种影响会由正变负，而且随着收入差距的扩大，这种负向的冲击在不断变大，原因在于服务业发展导致图1显示的对消费率正负两种力量对比的变化，由于服务业发展导致城乡收入扩大，对消费率是负向影响，这种影响会变大以至于超过劳动收入占比的正面影响，因此，才会出现前面的非线性结果。其中的关键因素是内生的城乡收入差距对消费率的负向影响大小。根据实证结果，结合前面的公式（7），如果 $\frac{dr_c(X_I)}{dX_I}<0$，由于 $\frac{d\frac{Y}{GDP}(X_I)}{dX_I}>0$，且 $\frac{d\frac{C}{Y}}{dI_{gap}}<0$，只有当 $\frac{dI_{gap}}{dX_I}>0$ 时，才成立，说明服务业占比增加对城乡收入差距是有一定的扩大作用的，而且这种程度会随着收入差距扩大而变大，前面的假定是可以成立的。这个观点和已有的一些研究不同，这可能是由于本文考虑了收入差距内生问题的结果。收入差距反映了城乡二元结构的特征，在不同的收入差距区间二元结构有不同的表现，收入差距的形成原因也有所不同。因此，服务业变化对消费需求的影响也因收入差距区间而变。

另外，实际收入对消费率的影响为负，这好像和现实不符，可能的原因是，实际收入是绝对量，而消费率是相对量，实际收入上升会增加消费量，但由于劳动收入占比目前仍处于递减阶段，使得实际收入上升同时消费率在降低，因此计量检验产生负向作用。

在服务业对消费影响的过程中，有两个因素对城乡收入差距和劳动收入占比的形成起了重要作用，一是人口流动，一般来说，人口向服务业较发达地区流动，会促进当地消费；二是现代服务业的占比，比如金融和房地产业越发达，劳动收入较高，消费水平也越高。关于人口流动对消费的影响，借鉴张辽（2013）的研究，在每个地区人口总变动减去相对应的自然增长因素，从而计算出人口净变动。图6计算了2002~2011年我国各省市的平均人口净变动率，图7计算了2000~2011年各省市的金融和房地产业产值占第三产业比重的平均值。其中，各省市的排序根据人均收入从低到高进行。

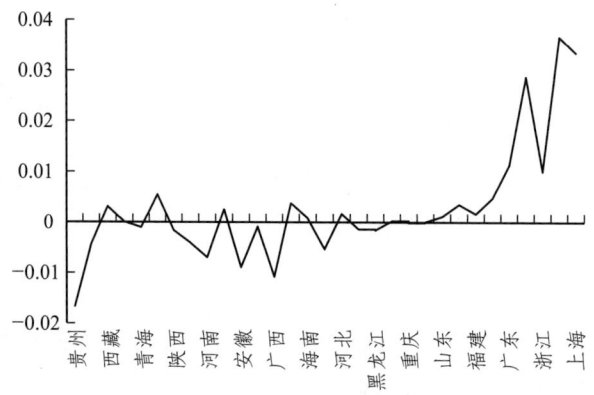

图6　人口净变动率

资料来源：历年《中国统计年鉴》，图7同。

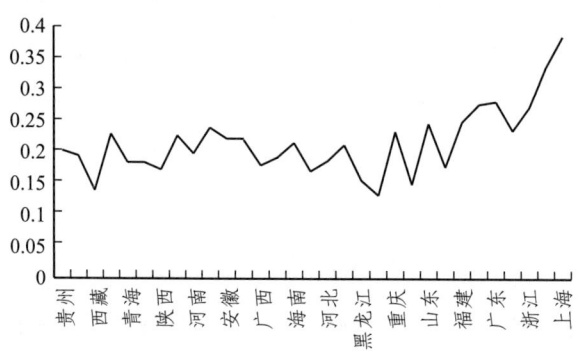

图7　金融和房地产占服务业的比重

从图6中可以看出，人均收入较低省市的人口基本呈现净流出，收入较高省市基本是净流入，但在中间区域有波动。图7中金融、房地产业比重在中低收入省市总体上处于波动之中，在较高收入省市呈现快速上升的趋势。而大量人口流入并且金融房地产业发达的区域，都是人均收入较高的区域，根据前面的统计分析，也是城乡收入差距较小的区域，这也进一步验证了收入差距的内生性。

结合人口流动和现代服务业发展，可以对前面的实证检验结果给出理论上的解释，具体来说：

在收入差距比较小的区域，人均收入较高，服务业比较发达，要素流入较多，服务业对农村的辐射性比较强，有利于农村经济发展和农民增收；随着服务业的增长，服务业发展使得居民收入占比增加，收入占比增加带来的对消费的正面效应大于收入差距带来的负面效应，消费率就会上升。

在收入差距比较大的区域，服务业的发展能够吸纳就业，同时服务价格在不断上升，服务业劳动力报酬也相应提高，服务业发展虽然会使居民收入占比增加，但此时，收入差距扩大对消费的负面效应大于服务业发展的正面效应，服务业发展对消费的影响就是负向的，尽管根据实证结果，这种负面影响并不显著。

在收入差距更高的区域，服务业发展不能促进此区域的消费需求，原因在于：一方面，虽然服务业发展能够形成要素聚集效应，吸引要素流入，增加该区域的消费，但由于经济总体比较落后，人力资本外流会比较多，现代服务业进入门槛较高，人力资本的积累暂时难以形成向此行业的自由流动，对消费的促进作用有限，或者说小于消费的溢出；另一方面，该地区服务业总体并不发达，现代服务业对农村居民的惠及效应有限，农村居民的消费很难得到大幅度提升。此时，服务业反而会更大程度地降低居民消费需求。

总的来看，随着城乡收入差距的提高，服务业对消费需求的影响由促进变为阻碍，得到这个结论和本文的理论研究方法是密切相关的。西方主流经济学对消费的研究基本上把消费需求和经济结构看作外生变量，在既定的经济结构下讨论消费的决定因素及其变动原因，本文研究则相反，是充分考虑了地区经济结构的差别后，将收入和消费都作为内生变量，探讨消费需求如何被决定，改变了主流经济学研究消费函数的消费收入二分法。根据中国产业结构的实际情况，将城乡收入差距做了内生化处理，以收入差距为门槛，建立了产业结构变动与消费需求之间的关系，并研究产业结构变动的关键因素——服务业发展对消费需求的影响，通过实证检验得出，产业结构、收入和消费需求不再是简单的线性关系，而是具有地域差别、收入区间差别、城乡差别的非线性关系。丰富了已有的消费理论研究，弥补了主流消费理论对我国消费实际情况研究的不足。

四、结论和政策建议

城乡收入差距目前是影响我国居民消费的一个重要因素，本文基于收入差距内生性的相关理论，从产业结构角度对收入差距和消费的关系进行了重新审视，建立了相应的消费函数，并用面板门限模型考察了服务业发展和消费率的非线性关系，由理论和实证分析，可以得出三个结论：

第一，城乡收入差距内生于二元结构的变化中，使得城乡收入差距和居民消费率同时和第三产业的发展相关；第二，服务业发展对消费的影响通过收入差距和劳动收入占比两个渠道表现出来，两个渠道的作用方向相反，使得服务业对消费率的影响具有不确定性；第三，以城乡收入差距为门槛，服务业发展和居民消费率具有非线性的关系，收入差距较低时，服务业发展会提高消费需求；而在收入差距较高的时间和区域，服务业发展反而降低消费需求。

这些结论使得我们对服务业、收入差距和消费的关系有新的评价。对于城乡收入差距扩大问题，基本一致的观点是当前收入分配恶化，应该发展服务业，缩小城乡收入差距，促进消费需求，但是，服务业与消费之间具有非线性的联系，收入差距和消费是内生于二元经济结构之中的，研究消费问题必须放到城乡经济大的经济循环中进行考查，而且应该充分考虑经济结构差异条件下的时空特征。

结论显示了随着城乡收入差距的扩大，服务业发展对消费需求的提升作用在下降，这使得我们重新思考促进消费需求的产业结构政策。政策层面上，对于消费率的提高，从长期来看，发展服务业是必然的趋势，也是缩小城乡收入的必然选择，这一点毫无疑问。但在一定的区间内，在一定时期，发展服务业不一定会促进消费需求。促进消费的政策不能只局限于消费本身，而要结合不同地区的收入特点，有的放矢地采取相应的分配政策和产业政策：

第一，完善城乡产业结构。城乡产业结构的特征是，城市以工业和服务业为主，农村以农业为主，这种产业结构会加剧二元经济结构。应该调整农业结构，加快农村工业和服务业的发展，增加农民的收入和消费渠道，同时，也要优化城市的产业结构，发展增加普通人收入的实体经济，避免经济的过度虚拟化和产业空洞化；

第二，促进要素流动。要素流动是实现其优化配置及自身效益最大化的必要条件，推进城乡要素平等参与交换，使城乡居民的要素价值得以充分实现，增加收入，增强消费能力；

第三，针对收入差距不同的地区和阶段，采取不同的消费政策。在收入差距较低的地区，应该进一步促进服务业发展，使服务业高端化、现代化；

对于收入差距中等地区,应该增强服务业对农村地区的辐射能力,促进农村地区产业升级,拓展居民致富途径;在收入差距较高地区,应该促进服务业在农村的成长,拓宽农村居民服务消费渠道,增加服务性消费品有效供给,同时在城市提升服务质量,增加对流入劳动力的人力资本培训,增加服务业就业渠道。

总的来看,对于服务业发展、城乡收入差距和消费,政策方面不能"一刀切",而是针对不同的区域和阶段有的放矢地完善产业政策和收入分配政策,从长远出发,加快城市化进程,加大城镇化建设,使城乡的消费异质性逐渐缩小,最终提升全社会的消费需求。

参 考 文 献

[1] 陈斌开. 收入分配与中国居民消费——理论和基于中国的实证研究 [J]. 南开经济研究, 2012 (01): 33-49.

[2] 储德银, 黄文正, 赵飞. 地区差异、收入不平等与城乡居民消费 [J]. 经济学动态, 2013 (01): 46-52.

[3] 白重恩, 钱震杰. 国民收入的要素分配: 统计数据背后的故事 [J]. 经济研究, 2009 (03): 27-41.

[4] 冯素杰. 论产业结构变动与收入分配状况的关系 [J]. 中央财经大学学报, 2008 (08): 50-56.

[5] 黄卫挺. 中国消费函数的研究方法探讨 [J]. 经济学动态, 2011 (11): 80-84.

[6] 李广泳, 张世晴. 人均收入差距对居民消费率的影响研究——基于我国省际动态面板数据和EG两步法的实证分析 [J]. 上海经济研究, 2015 (02): 57-67.

[7] 刘东皇, 沈坤荣. 要素分配、居民收入差距与消费增长 [J]. 经济学动态, 2012 (10): 47-52.

[8] 毛中根, 洪涛. 中国服务业发展与城镇居民消费关系的实证分析 [J]. 财贸经济, 2012 (12): 125-133.

[9] 马小强. 制造业向服务业转变对收入分配的影响研究——基于人力资本比较优势下的产业选择视角 [J]. 南方经济, 2015 (07): 15-28.

[10] 沈鸿, 张捷. 发展服务业能提高国内消费率吗?——基于我国省际动态面板模型的检验 [J]. 经济体制改革, 2014 (04): 24-28.

[11] 王少平, 欧阳志刚. 我国城乡收入差距的度量及其对经济增长的效应 [J]. 经济研究, 2007 (10): 44-55.

[12] 王宋涛. 中国居民消费率缘何下降?——基于宏观消费函数的多因素分解 [J]. 财经研究, 2014 (06): 132-144.

[13] 吴忠群, 王虎峰. 单纯调整收入差距能提高消费率吗——基于因果检验的分析 [J]. 经济理论与经济管理, 2013 (01): 10-19.

[14] 易行健, 吴庆源, 杨碧云. 收入差距与消费行为的城乡示范效应——基于我国省际面板数据的实证研究 [J]. 上海财经大学学报, 2012, (10): 53-59.

[15] 张辽. 要素流动、产业转移与经济增长——基于省区面板数据的实证研究 [J]. 当代经济科学, 2013 (09): 96-105.

[16] 周立群、王向. 城乡融合、服务业增长与城乡居民收入差距——基于新兴古典经济学的经验研究 [J]. 财经研究, 2013 (10): 119-132.

[17] Chan, K. S. ConsistencyandLimiting Distribution of the Least Squares Estimatorof a Threshold Autoregressive Model [J]. The Annals of Statistics, 1993, 21 (1): 520-533.

[18] Enders, W. Applied Econometric Time Series, 2nd edition. New York: John Wiley&Sons, 2004.

[19] Hansen, B. E.. Threshold Effects in Non-dynamic Panels: Estimation, Testing, and Inference [J]. Journal of Econometrics, 1999, 93 (2): 345-368.

[20] Robinson, S., 1976, A Note on the U Hypothesis Relating Income Inequality and Economic Development [J]. American Economic Review, Vol. 166, 437-4401.

Service Industry Development, Income Gap between Urban and Rural and Consumption Demand

——The empirical research based on the panel threshold model

Li Cheng

Abstract: Based on the income gap endogeneity, this paper establishes the consumption demand function under the conditionsof a dual structure, and do research about the influence of service industry development to income gap and consumption demand, which is tested by the panel threshold model. We find the non-linear relationship of these three variables and draw conclusions: Based on the dual-structure of urban and rural income gap, service industry development takes impact on the residents' consumption rate and the income gap simultaneously. The impact of the development of the service industry on consumption works through two channels of the income gap and labor income proportion. As the income gap is the threshold, when the income gap is relatively small, the service industry accounts for the increase in consumer demand; but while the income gap is relatively large, service industry development will reduce consumer demand. Policy should optimize the structure of urban and rural industries, and promote the development of service in rural areas in order to promote consumer demand according to the income of the region.

Keywords: income gap between urban and rural, consumption demand, panel threshold

中国经济增长与发展：现状、原因与对策

丁守海　杨璐嘉[*]

摘　要：2016年中国经济增速继续下滑，并于第四季度实现企稳。在这一背景下，中国宏观经济的增长动力源和发展新方向成为热点问题。本文试图从经济下滑原因探析、供给侧改革与增长动能转换、基于五大理念的新发展模式等三方面论述中国经济增长新逻辑，结合目前国内外形势得出结论：虽然宏观经济已经步入"L"形走势底部，但仍存在下行压力。

关键词：经济增长动能转化　供给侧改革

一、中国经济增速持续下滑原因探析

2016年，中国经济延续下滑态势，全年GDP增速为6.7%，比2015年低0.2%。严峻的态势下，有人甚至怀疑中国经济是不是处于"L"形探底过程中一竖的位置。只有找到经济下滑的原因，才能制定相应的政策，保证未来经济的稳定发展。为此，本部分从供给冲击源、"老龄化"问题、全要素生产率、民间投资等维度进行了剖析。

（一）供给冲击源

诸多研究表明，供给冲击是导致2012年以来中国经济增速放缓的决定性因素。郑挺国等（2016）基于DSGE模型的分析框架，利用反事实方法比较分析了1992~2015年中国3次经济下行区间冲击来源的异同。结果显示，前两轮经济下行区间的主要冲击来源为负向偏好冲击，而自2011年第二季度开始的经济下行区间的主要冲击为负向全要素生产率冲击，其主要源于"人口红利"渐逝、人力资本增速趋缓以及投资结构失衡等因素。类似的，林建浩等（2016）研究发现，新常态下的增速换挡是潜在增长率下降和外部负向需求冲击长期化的叠加。一方面，与制度、技术和结构等因素紧密相关的供给冲击所主导的经济潜在增长率进入下行通道；另一方面，需求冲击主导的经济增长周期持续为负，表明负向需求冲击是新常态下增速换挡的助推

---

[*] 丁守海（1972~　），男，安徽滁州人，中国人民大学经济学院教授、博士生导师。研究方向：国民经济学，联系方式：dingshouhai@163.com。
杨璐嘉（1993~　），男，吉林长春人，中国人民大学经济学院研究生。研究方向：国民经济学。

因素。总体来说，2012年以来的中国经济增速下滑以供给面因素的影响为主。

(二)"老龄化"抑制经济增长

从供给角度看，根据新古典经济增长模型，经济增长的动力主要来自于资本和劳动等要素投入以及技术进步或全要素生产率的提高。在过去几年，我国人口出生率明显下降，老龄化问题严重，人口红利逐渐消失。

事实上，人口老龄化在当今中国已经对经济增长产生了负面影响。首先，老龄化会导致成年子女向老年父母的代际转移比例提高，这会使整个社会的家庭储蓄率和教育投资率降低。目前，针对这一问题，我国已经开始实行"全面二孩"政策，但该政策如果对人口数量增长水平贡献有限，将很难改变我国老龄化以及劳动力供给下降的现实，进而无法扭转老龄化对经济增长的负面效应。其次，如果将人口迁移因素纳入分析范畴，我们可以发现，人口老龄化在影响经济增速的同时，很可能导致房价下跌和"逆城镇化"现象。最后，目前以生育率下降为特征的中国人口转变不利于形成创新和创业的企业家精神，这会进一步扩大企业家和工人间的收入差距，而过大的收入差距同样会对经济增长产生抑制作用。

十八届三中全会以来，党中央决定开始研究制定渐进式延迟退休政策，以应对人口老龄化问题。延迟退休政策一旦开始实施，将会从两个途径影响人口出生率。一方面，延迟退休使得老年时期收入增加，进而减少年轻时的储蓄，年轻时就可以投入更多的时间抚育子女，使得出生率上升；另一方面，延迟退休使得资本存量减少，为实现年轻时期的消费，个体必须提供更多的劳动，使得人口出生率下降。严成樑(2016)研究发现，延迟退休对人口出生率的正向影响大于负向影响，而其进一步对经济增长的影响依赖于经济增长模式。在新古典经济增长模式下，延迟退休通过提高人口出生率使得经济增长率上升；而在内生经济增长模式下，延迟退休通过人口出生率渠道对经济增长的正向影响不足以弥补其通过资本积累渠道对经济增长的负向影响。

(三)全要素生产率持续下降

增加劳动参与率和全要素生产率都能提高中国的潜在增长率。不过，提高劳动参与率只能获得短期的增长效应，在长期将出现边际递减；而提高全要素生产率产生的增长效应则会在长期持续递增。因此，未来中国的经济要维持持续稳定的增长，越来越依赖全要素生产率的提高，而不是传统的要素投入。然而，近年来中国全要素生产率增速却不断下滑。有学者测算发现，2008年以来，我国技术引进速度和自主创新速度开始在波动中双双下降，且自主创新增长速度不足以填补技术引进速度的降低，进而导致我国技术进步速度放缓，TPF 增长率由 2007 年的 11.67% 大幅下降到 2009 年的 6.06% 和 2011 年的 3.84%。具体来看，一方面，过去几年间国有企业改革、引进民营资本等市场化改革进展过慢，以及政府主导的大规模投资造成过剩产能不断扩大是导致全要素生产率增速加速下滑的重要因素；另一方面，金融市场出现资源配置扭曲现象，例如国有企业信贷软约束与中小民营企业融资难现象并存，使得资源并未流向生产效率最高的部门，这也是造成全要素生产率减损的重要原因。

（四）民间投资大幅下滑

目前，投资依然是保证中国经济稳定增长的最有效手段。2016 年，中国全年全社会固定资产投资 606466 亿元，占 GDP 总量的 81.5%。① 不过，民间投资增幅严重下滑问题愈发严重。2016 年，中国全年民间固定资产投资额为 365219 亿元，增速仅为 3.2%，出现了断崖式下降（见图 1）。究其源头，首先，盈利预期是影响民间投资的重要因素。过去一年市场上弥漫着悲观的盈利预期，此时民营企业既没有投资意愿，也没有好的投资项目，直接导致民间投资萎靡不振；其次，近些年来非金融企业通过金融渠道获利占比日益上升，这种经济金融化行为显著影响了企业的决策，进而导致企业的实体投资率降低。

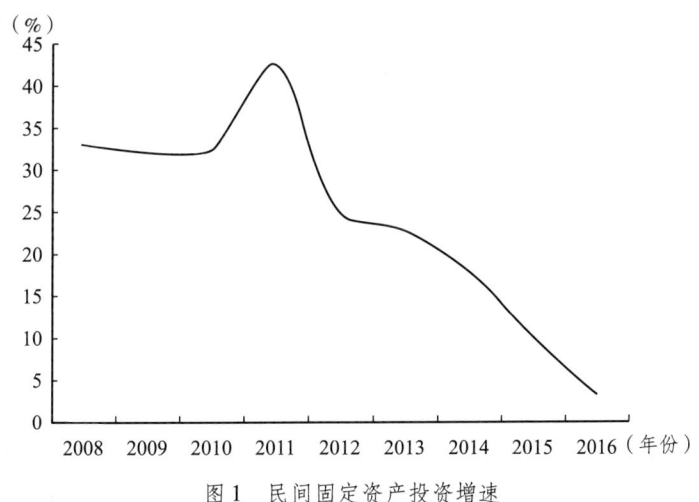

图 1　民间固定资产投资增速

资料来源：国家统计局网站。

在民间投资增速下滑的同时，为了完成保增长的任务，政府和国有企业投资一直保持在高位。例如，2016 年全社会基础设施投资总额 118878 亿元，

---

① 数据来源：《中华人民共和国 2016 年国民经济和社会发展统计公报》，下同。

增速高达17.4%。但值得注意的是，增加政府和国有企业投资的同时也挤出了效率相对更高的民间投资，这会降低全社会的生产效率；其次，国有企业投资的资金来源主要依赖银行借款和发行债券，这导致国有企业杠杆率过高，产生了极大债务风险。因此，想办法提高民间投资水平，才是保证经济持续增长的关键。

二、供给侧改革与增长动能转换

（一）从需求管理转向需求侧与供给侧双向管理

改革一直是过去三十多年我国经济高速发展的重要动力来源。一般来说，改革通过增加要素投入和提升全要素生产率两种渠道促进经济增长。一方面，市场化改革有助于破除体制机制障碍，使我国劳动力、资本等要素投入大幅增加；另一方面，经济改革推动技术进步和效率提升，带动全要素生产率的显著增长。通过观察目前各省份的经济发展水平，我们也可以发现，市场化改革更充分的东部沿海地区相比而言拥有更高的市场活跃度和经济发展水平。

然而，随着时间的推移，原有改革政策带来的红利正在逐步弱化，一些新的问题也开始显现。一方面，我国的消费服务等下游行业基本实现了市场化改革，民营企业可以自由进出，市场在资源配置中的作用越来越大。但在煤炭、钢铁等中上游行业，国有企业垄断现象依然非常明显。在一定程度上，某些行业的国有企业垄断使资源流入低效率部门，并挤出了高效率的非国有企业，进一步又阻碍了技术创新，抑制了经济的发展。另一方面，在经济新常态的背景下，近几年经济增长速度的回落是由许多结构性原因造成的，此时需求管理政策短期内虽然可能会起到较好的刺激作用，但仍然无法挽救经济的下行趋势，甚至可能由于刺激政策使结构性问题暂时掩盖，导致未来爆发更严重的经济危机。综合以上两点可以看出，加深供给端的改革力度势在必行。

为了解决上述问题，在2015年11月的中央财经领导小组第十二次会议上，习近平提出：在适度扩大总需求的同时，着力加强供给侧结构性改革，着力提高供给体系质量和效率，增强经济持续增长动力，推动我国社会生产力水平实现整体跃升。"供给侧改革"的概念正式提出。洪银兴（2016）对供给侧改革的目标进行了详细的阐述。首先，要寻求供给侧的经济发展动力，这既包括物质资源和低成本劳动力的供给能力，也涵盖了创新驱动、结构调整等方面；其次，要建立有效供给的长效机制，有效供给不足实际上是结构性短缺，现有供给在质量和数量上都不能满足消费者的需求。与此同时，低端和无效产能又占用资源，造成库存和积压，这就要求通过供给侧改革推动产业优化升级、提高产品的技术档次；最后，要注意充分释放企业活力，包括减轻企业负担，减少对企业的行政干预，建立激励性体制，克服影响供给质量和效率的道德风险之类的机会主义行为。

（二）供给侧改革是注入经济增长新动能的关键

提高全要素生产率是供给侧改革的核心。正如前文所述，近些年来我国全要素生产率增速逐年下滑，是导致经济增速放缓的重要原因之一。一般来说，可以从技术进步、效率提升和产业升级等三方面着手提高全要素生产率。因此，政府在制定供给侧改革具体政策时，也要以激励企业研发创新、促进生产效率提升、引导产业升级为出发点。

具体来看，国家制定了"互联网＋"等战略。"互联网＋"作为信息时代的新兴发展方式，通过与各传统行业相融合，会对全社会技术进步具有显著促进作用，其衍生出的人工智能，很可能使劳动生产率实现质的提升。供给侧改革过程中支持互联网、人工智能的应用和普及，激励企业研发创新，会对中国全要素生产率产生显著的促进作用。

提升全要素生产率的另一种有效措施是增加人力资本投资。人力资本积累通过带动生产效率的提升，在我国过去经济持续稳定增长过程中发挥了关键作用。有学者测算了2000～2012年间中国四大区域供给侧要素投入的阻尼效应及其变化趋势，结果显示，劳均人力资本对中国四大区域供给侧要素投入的"增长红利"起着决定性作用，并且已经出现了增速放缓的趋势。这说明，在本次供给侧改革过程中，要重点关注劳均人力资本的积累速度，避免出现人力资本投资增速下滑而抑制生产率提升的现象发生。

供给侧改革另一重要方针是减轻企业税负，而增值税改革正是财政减税的重要手段之一。自1994年分税制改革引入增值税以来，为了实现减税的目的，中国的增值税改革先后经历了两个阶段：首先，在2004年，中国开始从生产型增值税逐步转向消费型增值税，并于2009年1月1日将消费型增值税改革范围推广至全国；其次，2012年开始，在上海地区针对部分行业进行营业税改征增值税改革试点，并进一步在2016年5月1日起在全国范围内全面推开"营改增"。减免增值税有助于企业增加固定资产投资，不仅可以在短期内增加总需求，还能够在长期改善生产效率。不过，针对2016年开始的全面推行"营改增"最终如何影响企业的生产经营和宏观经济运行，仍需要进一步的讨论。

推进供给侧改革，还要通过提升制度质量来释放市场活力。一国短期经济增长的动力主要来自于要素的重新配置，而长期经济增长一大动力来源便是制度质量。在制度质量没有显著提高的经济体中，要素在不同效率部门之间的转移完成的时候就是经济出现新常态的时候。在目前的中国，制度质量对经济增长的作用在不断地加强，是中国跨越"中等收入陷阱"

的关键因素。

最后，从2016年中国经济实际运行情况来看，供给侧结构性改革依然存在着很多问题。例如，2016年大宗商品价格持续上涨，给过剩行业去产能带来了极大阻碍；房地产市场的火爆让部分生产效率低下的国有企业重新实现盈利，未能完成有效的国企重组；各部门债务率继续攀升，潜在的债务危机仍有爆发风险；企业高税负现象并未因供给侧改革发生实质性改变。这些现象都说明了在2017年继续深化供给侧改革的必要性。

三、基于五大理念的新发展模式

在2015年10月的十八届五中全会上，党中央提出了"创新、协调、绿色、开放、共享"的五大发展理念，为未来经济发展提供了基本方向。五大发展理念集发展方向、发展方式、发展条件、发展维度、发展路径、发展目标为一体，高度概括和综合了社会主义基本经济规律多维度加深扩展的内涵，丰富了马克思主义的科学发展观，将对我国经济的持续健康发展起到重大指导作用。

（一）通过创新发展，重振经济增长的潜力和质量

近年来，在人口红利逐渐消失、资本边际报酬开始下降的同时，我国以技术引进为核心的经济赶超模式动力不足，成为导致我国经济增速持续下滑的重要原因。这说明，在新的经济形势下，我国要开始转变经济发展方式，从传统技术模仿模式转变为新型自主创新模式。

无形资产作为决定创新的关键因素，直接影响着中国经济增长、结构转型升级和全球价值链攀升。而无形资产投资额也被视为衡量一国自主创新水平的重要指标。有研究显示，我国无形资产对经济增长贡献率约为30%。从数量来看，2012年中国无形资产投资规模已达46600亿元，2001~2012年年均现价和不变价增长率分别为25.28%和21.81%，快于全社会固定资产投资增速，但投入强度仍低于世界发达国家水平；从结构上看，我国无形资产投资结构呈现出高计算机化信息资产和创新资产比重、低经济竞争力资产比重的"两高一低"特点，反映出了我国对经济竞争力无形资产的支持政策不足。

为了提升无形资产投资的水平，政府通常会制定配套政策，以激发社会创新潜能。具体来看，管理部门通常会在宏观层面制定高新技术产业扶持政策，增加高新技术产业投资规模；微观层面完善专利保护法律制度，有效保护产权。但从中国现实情况来看，考虑到当前存在的制度不完善和监管机制缺位，产业扶持政策导致了部分行业产能过剩，造成资源无谓损耗；而创新激励政策造成了大量低质量专利产品过剩，"创新泡沫"问题严重，在一定

程度上弱化甚至抑制了创新发展水平。为此，在让市场决定资源配置的同时，政府还要加强监督，维护创新市场稳定，避免产能过剩和"创新泡沫"现象的发生。

（二）坚持协调发展，解决经济运行中的结构性矛盾

首先，农村劳动力向城镇流动一直是中国经济增长的动力之一。过去30年来大量农村劳动人口涌向城市，为城市发展提供了充足的劳动力。然而，由于城乡二元户籍制度等因素对人口流动造成严重阻碍，农村劳动力流动的经济增长动力作用越来越小。伍山林（2016）研究发现，农业劳动力流动对中国1985~2011年经济增长的贡献具有递减趋势，与经济增长具有相似波动特征，其关键原因是非农劳动部门的制度异质性被固化和农村劳动力教育增速放缓。因此，为了保持农业劳动力流动对经济增长的促进作用，应该深化城乡一体化改革，建立统一的劳动力市场。

其次，工农业发展关系的协调对现阶段中国经济转型升级也尤为重要。一方面，工业部门不仅对农业增长具有乘数效应，还会因其生产率优势和溢出效应具有明显的资源配置优势，从经济发展过程来看，资源配置工业化有助于提高全社会边际投入产出；而另一方面，农业发展的滞后会对工业资源配置产生限制。因此，工农业之间的协调发展，是实现全社会经济可持续增长的必要条件。

最后，值得注意的是，随着服务业的比重逐步上升，其必然取代工业成为未来国民经济的支柱。在这一转型进程中，一定要注重服务业与工业的协调推进，工业比重的减少应该以工业生产率的提高为前提，同时服务业份额的增加同样不能抑制全社会生产率的提升。从拉美国家长期经济停滞的教训中我们可以发现，对于目前处于工业化时期的中国，在产业转型升级过程中，绝不能一味地强调扩大服务业规模，而不对工业和服务业资源配置方式做任何调整。

（三）走绿色发展道路，提高环境的承载力

中国在保持30余年经济高速增长的同时，环境污染问题也愈发严重。为了实现绿色发展，中国的环境治理政策力度不断加强。例如，在目前的地方官员考核体系中，环境质量所占据的比重越来越大。环境治理强度的不断加大会在短期内对经济增长产生负向冲击，使得传统的粗放型经济增长模式受到严峻挑战。不过，长期来看，环保政策的落实会在逐步淘汰落后的污染型产业的同时发展新兴环境友好型产业，有助于整体经济质量的提升。实际上，环境治理政策对经济质量的促进作用已经在东部地区开始显现。黄清煌等（2016）利用2001~2013年中国30个省的面板数据，运用联立方程组模型进行实证研究证明，环境规制会影响不同地区的经济增长数量和质量。具

体来说,环境规制会抑制各地区经济增长数量,但其对经济质量的影响存在地区性差异,东部地区环境规制倒逼经济增长质量提升,而中西部环境规制却导致经济增长质量下滑。

另外,政府还试图通过制定市场化政策使污染成本内部化,促使企业自发进行环保治理,例如,征收环保税、建立碳排放交易机制等。有针对性的环保税不仅能够降低污染水平,还可以对经济增长起到积极促进作用,实现社会福利最大化。这是因为在不征收环保税时,污染具有外部性,能源过度消耗与污染物的过度排放不能得到有效抑制,环境污染会产生较高的生产效率损失与社会福利损失;而如果征收环保税时采用"一刀切"式的征收办法,则有可能抑制投资,进而影响产出增长水平。

(四)新常态下,开放发展的新内涵与新要求

过去30多年,我国坚持对外开放基本国策,实施"引进来、走出去"战略,在经济全球化的进程中受益较多。不过,中国目前在全球经济分工体系中处于中低端,缺乏核心技术,在我国以土地和廉价劳动力为基础的比较优势正逐步消失的情况下,目前的传统开放模式正面临巨大挑战。而从目前全球经济背景看,中国对外开放面临"三期叠加",即金融危机后世界经济的深度调整修复期、全球经济治理变革与新一轮经贸规则构建期、中国对外经济关系特别是比较优势的转换期。为此,新时期中国对外开放战略需要做出重大调整,要从以往以"出口创汇"为核心目标,调整为"新兴大国的竞争力升级战略",以加速推进国际竞争力升级、积极参与全球经济治理等为重点,以提升我国在全球价值链中的地位。

(五)通过共享发展,缩小收入差距

我国在经历了大规模脱贫和财富总量迅猛增长两个阶段后,现已进入既要提升生产总值和人均收入,又要缩小贫富差距的共享发展阶段。发展中国特色共享经济,关键在于把握好社会主义市场经济所蕴含的公平分配的内在逻辑,完善和落实公平分配的体制和机制。实现共享发展,一定要建成合理的收入分配格局,因为这不仅关系到社会公平,还会影响经济的发展。由于低收入者边际消费倾向更高,收入差距的缩小会提升社会总消费需求,进而为我国的经济转型和现代服务业发展提供有效的需求支撑。因此,对于正处于工业化后期的中国来说,缩小收入差距、扩大中等收入群体、实现共享发展,是未来稳定经济增长的必然选择。

四、经济企稳基本实现,但下行压力依然存在

自2016年四季度开始,中国各项宏观经济指标出现好转。2017年一季

度,中国 GDP 增速为 6.9%,全国固定资产投资 93777 亿元,同比增长 9.2%,经济企稳基本得到确认。在基建、房地产等固定资产投资的带动下,宏观经济步入"L"形走势底部。不过,从大宗商品价格走势、债务问题和宏观政策等角度看,经济下行压力依然存在。

(一) 大宗商品价格现下跌趋势

作为中上游原材料,大宗商品价格是宏观经济走势的重要先导指标,煤炭、铝等价格的增长很可能意味着经济上行周期的开始。2016 年上半年以来,石油、煤炭、工业金属等大宗商品价格都出现显著增长,带动中上游行业企业利润提升,2017 年前两个月,中国规模以上工业企业利润总额同比增长 31.5%,增速为 2011 年 4 月份以来的新高。① 可以看出,上轮大宗商品价格的上涨,对经济企稳起到了关键作用(见图 2、图 3)。

图 2 中国煤炭价格指数:全国综合

资料来源:中国煤炭工业协会网站。

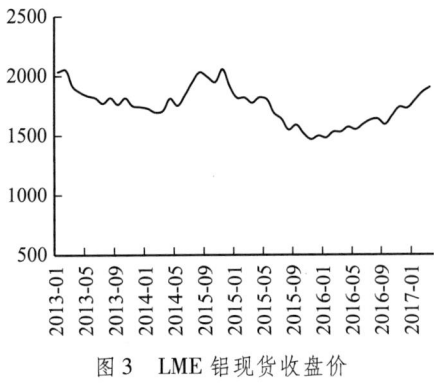

图 3 LME 铝现货收盘价

资料来源:LME 网站。

---

① 数据来源:国家统计局网站。

不过，在大宗商品价格上涨带动经济企稳的同时，有两个问题值得关注。首先，自2016年底开始，PPI与CPI出现剪刀差现象。2016年11月，工业生产者出厂价格指数（PPI）同比上涨3.3%，而全国居民消费价格指数（CPI）同比上涨2.3%，剪刀差在近几年来首次出现，且这一差额在随后几个月继续扩大（见图4）。CPI与PPI间剪刀差的存在，说明目前中上游原材料价格上涨向下游传导的机制并不顺畅，在上游工业企业利润大涨的同时，下游企业利润改善幅度有限。这种情况下，企业效益很难保持长期持续的改善，大宗商品价格维持高位的确定性也值得怀疑。其次，房地产作为大宗商品的重要下游需求方，对其价格有明显支撑作用。然而，伴随着一、二线城市房价的过快增长，中央经济工作会议上提出"房子是用来住的，不是用来炒的"观点，随即各大城市出台了一系列调控政策。以北京为例，2017年3月17日，北京推出"317新政"，明确提出要提高二手房首付比例，其中，普通自住房首付比例提高至60%，非普通自住房提高至80%，并将按揭贷款年限从30年缩短至25年，不仅需要非京籍消费者提供连续60个月的缴税证明，还特别补充了对房贷申请人离婚的年限要求。2017年，通过房地产调控政策抑制房价过快增长成为不可避免的趋势，这必然会影响房地产投资额，最终可能对总需求和大宗商品价格产生负面冲击。

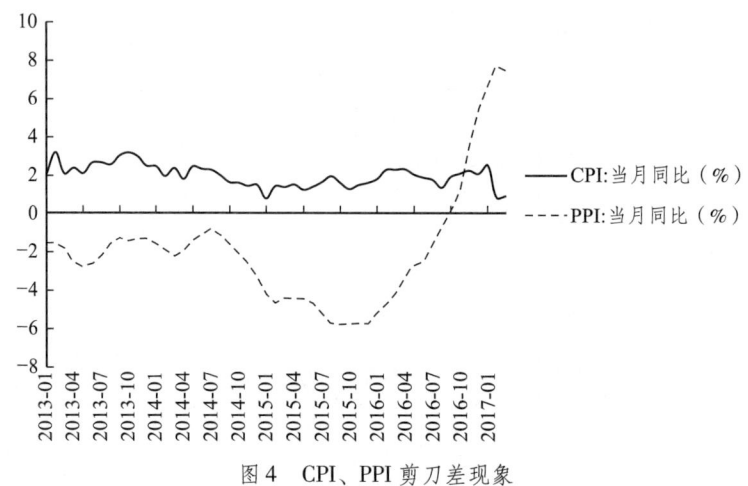

图4 CPI、PPI剪刀差现象

资料来源：国家统计局网站。

总之，2016年由于供给侧去产能和需求侧房地产、基建投资大幅增加共同导致的大宗商品价格上涨趋势已经基本结束。从2017年大宗商品价格走势上我们也可以看出，一些商品已经呈现出了下行态势。这在一定程度上意味着虽然经济暂时实现企稳回升，但依然面临着严峻的下行风险。

（二）债务问题依然严峻

根据国际清算银行的数据，截至 2015 年底，中国总体债务率为 255%，同期美国总债务率为 250%、英国为 265%、加拿大为 287%、日本为 388%。① 总体来看，中国目前的总体债务率并不算很高。然而，从债务结构来看，我国非金融企业部门和居民部门的债务率攀升速度令人担忧。

2015 年中国政府部门负债率约为 57%，这包括了中央政府和地方政府债务（见图 5）。2008 年之后，由于地方融资平台大规模兴起，潜在的地方债务危机爆发风险极大。为此，中国在 2014 年通过了预算修正案，宣布允许省级地方政府举债融资；中央还对截至 2014 年底的地方政府存量债务进行甄别，对于地方政府负有偿还责任的地方债务，明确纳入地方政府预算，并通过逐渐置换为更长期限和更低利率的省级地方政府债务而降低偿债负担。因此，随着一系列改革方案的推行，政府负债规模目前保持在可控水平。

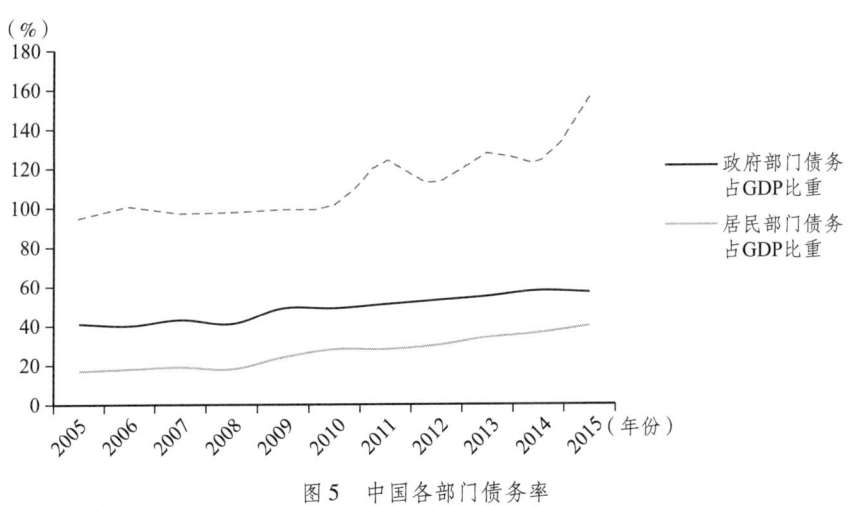

图 5　中国各部门债务率

资料来源：中国社会科学院网站。

非金融企业部门是中国目前债务率最高的部门。2015 年，非金融企业部门杠杆率高达 156%。而在非金融企业内部，国有企业负债占比高达 70%。一方面，国有企业过高的负债率会给自身带来极大的财务负担，不利于自身生产经营效率的提高；另一方面，国有企业借款可能挤出生产效率更高、盈利能力更强的非国有企业，进而降低社会总产出。更为严重的是，一旦大量国有企业出现违约事件，很可能爆发系统性金融风险。

---

① 数据来源：国际清算银行（BIS）。

最后，在居民部门方面，近几年我国居民部门杠杆率出现了明显增长，并在2015年达到40%。实际上，这是因为中国目前出现了债务转移现象。随着房价的不断攀升，居民购房时借贷比例越来越高，这带动了整体债务向居民部门转移，2016年12月我国个人住房贷款余额同比增长38.10%，为历年来最高值。虽然居民杠杆率提升能够缓解政府和国有企业的债务压力，且居民负债还具有违约率低的特点，但过高的居民部门负债率也会给经济带来很多负面效应，这不仅会影响居民部门的消费，更可能抑制全社会的创新动力，不利于经济的长期增长。

因此，非金融企业部门和居民部门的杠杆率过高问题对目前中国宏观经济有着极大的负面影响。为解决这一问题，一方面在本轮国企改革中，应通过实质性债转股、加大股权融资力度等方式解决国企负债率过高的问题；另一方面，政府部门应进一步制定和强化相关政策抑制居民部门杠杆率的过快增长，例如，各地方政府正在推行的购房限贷政策。

（三）宏观经济政策面临挑战

过去10年间，面对经济下行的压力，中国宏观经济政策在不断地调整与应对，既包括2008年"四万亿"计划的强刺激政策，也有近年来推出的注重结构性调整的微刺激政策。但一方面强刺激政策带来了严重的后遗症，例如政府债务风险的扩张；另一方面近几年微刺激政策效果不断减弱。在新的经济形势下，为了维持经济增长和社会秩序的稳定，我国在货币政策、财政政策和就业政策等方面也都面临着新的任务和挑战。

货币政策方面，过去几年间，为了应对经济增速下行的压力，中国一直在执行稳健偏宽松的货币政策，M2货币供应量从2013年初的99万亿元增加到2016年底的155万亿元，利率水平也维持在低位。但是，进入2017年后，在国内外经济形势的综合作用下，偏宽松的货币政策难以维持。一方面，偏宽松货币政策带动国内资产价格上涨，尤其是房价的持续暴涨与货币超发有直接的关系。为了防止资产价格过度膨胀最终导致泡沫破裂，在目前中国经济基本面向好的情况下，货币政策由偏宽松转向稳健成为一种必然选择。另一方面，中国目前的货币政策不具有完全独立性，会直接受到美联储货币政策的影响。2017年3月16日，美联储宣布加息25个基点，联邦基金利率从0.5%~0.75%上调至0.75%~1%。随后，中国人民银行通过上调逆回购利率和MLF中标利率来应对。考虑目前美国经济复苏势头强劲，各项宏观经济指标出众，其在2017年还有会加息2次或3次，且美联储已宣布会在2017年年底较少其资产负债表规模。因此，在美国货币政策收紧的同时，为了保证人民币汇率稳定，防止资本大幅流出，中国必然会选择稳健的货币政策加以应对。总之，在2017年中国央行很难通过宽松货币政策实现对宏观经济的刺激。

财政政策方面，2017年政府工作报告中提出财政政策要更加积极有效，赤字率维持在3%左右，与2016年持平。但从2015年开始，我国实际发生财政赤字就高于预算赤字，进而消耗财政结余资金约1.4万亿元，导致目前可供使用的财政结余资金有限。这说明积极的财政政策会受到财政收入和结余资金规模的限制，难以对基建投资等产生实质性的带动作用。为解决这一问题，财政部、发改委正在大力推广政府和社会资本合作（PPP）新模式。PPP模式不仅可以提高资金的使用效率，扩大有效供给，补好公共服务短板，有利于政府转变职能，减轻财政预算压力，还能拉动民间投资，利用私营部门提供更多的资金和技能，提高公共服务质量，为经济增长提供新动力。

就业政策方面，中国目前在钢铁、煤炭等行业面临严重的产能过剩问题，去产能成为了供给侧结构性改革的核心内容。李克强总理在2017年政府工作报告中指出，2017年要再压减钢铁产能5000万吨，退出煤炭产能1.5亿吨以上。如果去产能处理不当，可能会导致大量工人失业，对经济社会带来很大的负面冲击。例如，1984年撒切尔夫人在关闭数家煤矿时就引发了英国矿业工人大罢工，最后不得不出动皇家警察镇压。为了应对此次去产能可能带来的"失业潮"，政府要采取更加积极、主动的失业控制政策。首先，通过调整经济结构，增加第三产业比重，充分发挥现代服务业对劳动力的吸纳作用；其次，鼓励创业创新，激发社会投资活力，拓展新的就业渠道；最后，完善社会保障体系，构筑社会安全网，防止零就业、零收入家庭的出现。

五、结论性评语

2016年，中国经济延续下滑态势，全年GDP增速为6.7%。在经济新常态的背景下，对于我国经济目前存在的问题、发展方向以及未来走势成为大家关心的热点。为此，本文深入分析了中国经济增速下滑原因，并从增长动能转换与供给侧改革、五大发展理念、未来经济走势等角度出发，为中国经济发展建言献策。

供给冲击是导致2012年以来中国经济增速放缓的决定性因素。一方面，人口生育率下降、愈发严重的老龄化问题降低了劳动参与率，已经开始对中国宏观经济增长产生负面影响；另一方面，全要素生产率增速不断下滑，自主创新能力有待提高。除此之外，从需求端来看，民间投资出现断崖式下降，生产效率相对较低的国有企业投资比例过大，并导致了债务风险的出现。

为了发掘经济增长新动力，习近平主席在2015年11月提出"供给侧改革"这一概念。实际上，改革一直是中国经济高速发展的重要动力来源。在原有改革红利逐步弱化的情况下，供给侧改革通过提升供给能力、建立有效供给长效机制、释放企业活力等方面释放增长潜力。首先，供给侧改革的核心是提高全要素生产率，实施"互联网+"战略、增加人力资本投资都是提升全要素生产率的重要手段；其次，国家试图通过增值税改革降低企业税负，但2016年开始的全面推行"营改增"政策的经济效应仍需进一步探讨；另外，提升制度质量也会为供给侧改革和经济增长提供有力支撑；最后，从2016年中国经济实际运行情况看，供给侧结构性改革的着力点还没有完全找到，出现了一些扭曲现象。

2015年10月，党中央提出"创新、协调、绿色、开放、共享"五大发展理念，为供给侧改革提供了理论基础。具体来看，要坚持创新发展，从无形资产投资水平看，我国目前对技术创新的政策支持仍需调整；坚持协调发展，包括城乡协调、工农协调以及工业和服务业协调发展；坚持绿色发展，碳排放交易市场的建立，环保税的征收，都有助于促进经济增长和降低污染水平；坚持开放发展，我国目前对外开放面临"三期叠加"，对外开放战略需要做出重大调整，要加速推进国际竞争力升级，提升我国在全球价值链中的地位；坚持共享发展，建成合理的收入分配格局，为经济提供稳定的需求支撑。

自2016年四季度开始，我国各项宏观经济指标开始好转，经济企稳基本实现，但下行压力依然存在。首先，由于CPI、PPI剪刀差持续的存在以及房地产调控政策，大宗商品价格出现下跌趋势；其次，非金融企业部门和居民部门负债率增长过快，潜在的债务风险也会影响经济的稳定发展；最后，在国内外经济形势的综合作用下，2017年我国在货币政策、财政政策和就业政策方面都面临严峻的挑战。

参 考 文 献

[1] 曹翔，傅京燕. 供给侧要素投入的"增长红利"与"增长尾效"研究 [J]. 经济学家, 2016 (09): 25-31.

[2] 方福前，马学俊. 中国经济减速的原因与出路 [J]. 中国人民大学学报, 2016, 30 (06): 64-75.

[3] 韩其恒，李俊青，刘鹏飞. 要素重新配置型的中国经济增长 [J]. 管理世界, 2016 (01): 10-28, 187.

[4] 洪银兴. 准确认识供给侧结构性改革的目标和任务 [J]. 中国工业经济, 2016 (06): 14-21.

[5] 黄清煌，高明. 环境规制对经济增长的数量和质量效应——基于联立方程的检验 [J]. 经济学家, 2016 (04): 53-62.

[6] 林建浩，王美今. 新常态下经济波动的强度与驱动因素识别研究 [J]. 经济研究, 2016, 51 (05): 27-40.

[7] 刘志国,李丹. 供给侧改革与我国经济的有效增长策略 [J]. 马克思主义研究, 2016 (03): 73 - 82.
[8] 隆国强. 新兴大国的竞争力升级战略 [J]. 管理世界, 2016 (01): 2 - 9.
[9] 田侃,倪红福,李罗伟. 中国无形资产测算及其作用分析 [J]. 中国工业经济, 2016 (03): 5 - 19.
[10] 伍山林. 农业劳动力流动对中国经济增长的贡献 [J]. 经济研究, 2016 (02): 97 - 110.
[11] 吴宣恭. 五大发展理念是社会主义基本经济规律内涵的深化拓宽和高度概括 [J]. 马克思主义研究, 2016 (08): 63 - 71, 160.
[12] 徐飞,李强谊. 后金融危机时期我国工农业乘数效应研究 [J]. 经济理论与经济管理, 2016 (10): 99 - 112.
[13] 严成樑. 延迟退休、内生出生率与经济增长 [J]. 经济研究, 2016, 51 (11): 28 - 43.
[14] 张成思,张步昙. 中国实业投资率下降之谜:经济金融化视角 [J]. 经济研究, 2016 (12): 32 - 46.
[15] 郑挺国,黄佳祥. 中国宏观经济下行区间的冲击来源及其差异性分析 [J]. 世界经济, 2016 (09): 28 - 52.

China's Economic Growth and Development: Status quo, Reason and Countermeasure

Ding Shouhai   Yang Lujia

Abstract: China's economic growth continued to decline in 2016 and stabilized in the fourth quarter. Under this condition, the motive force and the new direction of China's macroeconomic growth have become hot issues. This paper attempts to discuss the new logic of China's economic growth from three aspects: the reason of economic downturn, supply-side reform, and the new development mode of five development concepts. And combined with the current situation at home and abroad, we concluded that although China's economy has entered the bottom of the "L" Type trend, there are still downward pressure.

Keywords: economic growth, transform of growth impetus, supply-side reform

价格非对称传导下的农产品产业链利益不均等分配

龙少波　梁　俊[*]

摘　要： 本文研究农产品生产价格对农产品批发价格的传导作用。研究发现，农产品生产价格的变动会带来农产品批发价格更大幅度的变动。拥有市场力量的农产批发商可以非对称地改变批发价格的变动幅度与速度，以获得更大的利润。当农产品生产价格上升时，农产品批发商将较快地、更大幅度地提升农产品的批发价格；当农产品价格下跌时，农产品批发商却较小地降低农产品批发价格。自 2011 年以来，农产品批发商集中度的提升使得我国农产品生产价格向农产品批发价格平均传导强度增强和非对称传导程度扩大。因此，需要提高农业生产者的集中度与议价能力以保证农民的基本利益。

关键词： 农产品价格　价格传导非对称

一、引　言

农产品价格上下游间的垂直传导连接农产品生产、流通与消费价值链，而农产品市场结构对上下游价格的传导有重要的影响（Byeong-il Ahn and Hyunok Lee, 2015）。农产品批发商在农产品流通环节中扮演着重要的角色，集聚效应在一定条件下促进了以批发市场为分界点的农产品流通体系的前端（产批）和后端（批零）的合理耦合，进而促进了农产品的供需耦合（陈建青、任国良，2012）。但是，农产品中间商可能具有一定的市场寡占力量（Weldegebriel, 2004），从而影响到农产品价格在上下游间的传导幅度和速度。大量研究表明，农产品供应链的价格传导是非对称的，农产品生产价格的上涨会立刻传导至下游的批发价格，而农产品生产价格的下跌却要花更多的时间传递至下游（Gervais, 2011）。农产品经销商在资本、信息方面的优势，使得他们无论相对于农产品生产者（农民）还是农产品的消费者均处于

---

[*] 本文受到国家社科基金（16CJL007）资助。
龙少波（1984～　），男，湖南邵阳人，重庆大学公共管理学院公共经济系讲师，重庆大学公共经济与公共政策研究中心研究员，重庆大学中国公共服务评测与研究中心研究员，中国人民大学经济学博士。研究方向：宏观经济分析，宏观价格调控，联系方式：Longs@126.com。
梁俊（1984～　），男，湖南邵阳人，中国人民大学经济学院博士生。研究方向：宏观经济分析，产业结构与经济增长。

强势地位。加之，农产品批发市场明显的地域区域市场界限特征，使得农产品批发市场以及农产品批发商具有一定的市场力量。

中国的农产品市场的价格传导存在着一种比较明显的现象：当受到外在供给冲击而使得上游的农产品生产价格出现价格小幅上涨时，下游的农产品批发价格与零售价格会出现较大幅度的迅速上涨；而当上游农产品生产价格出现下跌时，下游的农产品批发与零售价格的下降幅度似乎并不明显。例如，2011 年中国农产品的地头价格出现一定程度的上涨，但下游的农产品批发与零售价格的上涨幅度很大；而 2014 年以来，我国的农产品生产价格比较低迷，但下游的农产品价格下降幅度有限，甚至仍处于温和上涨的态势。20 世纪 90 年代初，我国农产品产业化开始兴起，目前全国有 70% 以上的农产品商品经由农产品批发市场参与流通，而且我国农产品批发市场行业的市场集中度有上升趋势（洪岚、曹文昊，2015）。① 那么，农产品批发市场的集中度导致了我国的农产品价格上下游非对称传导吗？寻找农产品价格非对称传导的原因对于保证农民的收益和增加消费者的福利有重要的意义。一方面，如果上游农产品生产价格上涨带来下游批发价格更高的上涨，那么农产品批发商获得更高的成本加成和更多的利润；另一方面，如果上游农产品生产价格单位下跌带来下游农产品批发价格更大幅度的下跌，那么农产品批发商因为成本的下降而获得更高的利润。而这两种情况都使得农产品价值链上前端的生产者农民以及农产品价值链末端的消费者的利益受到损害。因此，有必要研究中国农产品价格上下游间是否存在的非对称传导机制，以便采取相应措施保证农民与消费者的利益。

二、文献综述

Peltzman（2000）研究了上百种产品的价格上下游传导情况，发现超过 2/3 的产品存在价格非对称传导机制。当产品投入价格的上涨与下跌同幅度变化时，产出价格上涨的速度要快于其下跌的速度，形成了所谓的"火箭与羽毛"（rockets and feathers）现象。Borenstein et al.（1997）认为，垄断环境中的零售价格下降粘性会导致正的非对称传递。② Frey and Manera（2007）认为，价格的非对称传导（asymmetric price transmission，APT）可以分为两大类：幅度（magnitude）的非对称传导与速度（speed）的非对称传导。价

---

① 近年来，我国一些一、二线城市考虑到城市建设和土地规划因素，开始着手对农产品批发市场行业准入治理，如江苏省南京市 2009 年颁布行政令，禁止新建市场；北京市四环以内不允许新建农产品批发市场。

② Peltzman（2000），Meyer and von Cramon–Taubadel（2004）将非对称价格传导分为正的非对称传导与负的非对称传导。当投入价格同幅度上涨与下跌时，如果产出价格上涨比下跌做出更加迅速和更大幅度地变动，则是正的非对称价格传导；反之则为负的非对称价格传导。

格幅度非对称性传导是指，单位幅度的上游投入价格的上涨与下跌带来了下游产出价格不同幅度的上涨与下跌。价格的速度非对称性传导是指，当上游投入价格上涨与下跌同时变化时，下游产出价格变动反应的步调快慢以及达到长期均衡的时间不一致。

农产品的垂直价值链的上下游价格间存在明显的非对称传导现象。Cramontaubadel（1998）对德国的农产品猪肉市场价格传导的研究发现，德国的猪肉生产与零售价格之间的传导是非对称的，当价格上涨使得批发商的利润相对于长期水平收到挤压时，其利润边际得到迅速调整。Goodwin and Holt（1999），Serra and Goodwin（2003）利用门限协整模型分别研究了美国的牛肉产业与西班牙牛奶产业的价格传导关系，发现各自的农产品生产价格与零售价格之间存在长期的协整关系，并且均衡调整路径是非对称的。Miller and Hayenga（2001）在研究猪肉产业的农场价格与零售价格时，利用主频率的方法将样本区分为高频率与低频率的区间，并发现在高频率的区间存在农场价格与零售价格的非线性的传导关系。Awudu Abdulai（2002）应用门限协整的方法研究瑞士的猪肉的生产与零售价格之间的传导，研究发现，相对于猪肉生产价格的下降对零售价格影响，生产价格的上升会导致零售价格更快上升。Bunte and Peerlings（2003）在考虑卖方与卖方垄断力量情况下对荷兰黄瓜产业链的价格传导进行研究，发现供给冲击与市场力量使得消费者价格变动要大于生产者价格的变动。Larry（2011）应用多阶段的模型框架研究食品业的价格传导，他的研究发现，市场力量存在于菲律宾的价格非对称的食品零售加工行业。Weldesenbet（2013）对斯洛伐克的液态牛奶业的生产价格、批发价格与销售价格间的传导机制进行研究，结果发现无论是在长期还是在短期，液态牛奶价格传导都是非对称的。

大量研究表明，农产品市场垂直价格链的非对称价格传导主要是非竞争性的市场结构（non-competitive market structures）所导致的。拥有市场力量的农产品交易的参与方能够影响价格形成从而获得更高利润（McCorriston et al.，1998；Azzam and Schroeter，1995；Chen and Lent，1992；Bunte and Peerlings，2003；Carman and Sexton，2005）。农产品市场的一个重要特征是分布着大量分散的农户，农民是价格接受者。由于初级农产品具有体积较大、质量笨重以及易腐性特征，很多时候需要在短期内出售给收购商或加工商，因此买方可能拥有更强的市场力量。这影响到农产品的市场结构，并形成所谓的"农产品收购商（或批发商）特殊的买方寡占市场力量"（Sexton，1990）。Murphy（2006）认为，大多数农户缺乏必要的储存与资金以使得自己将产品运输至较远的市场，而只有将农产品销售至当地的批发商。[①] Kinnucan and Forker（1987）以及Miller and Hayenga（2001）研究发现，在农产品生产交易链条

---

① 当然也有少部分的零售，但相对于卖给收购商的量，零售量很少。

中,链条开端的生产者与链条结束端的消费者是价格接受者,处于受到农产品收购商(批发商)与零售商的价格定价的制约,因为中间人(middle-men,包括批发商与零售商)拥有一定的市场力量。Azzam(1999),Meyer and von Cramon – Taubadel(2004)以及 Xia(2009)的研究发现,在存在市场力量的情况下会导致农产品价格在幅度与速度方面存在非对称价格传导(APT)的现象。钟真、孔祥智(2010)认为农产品中间商在具有买方垄断性质的农产品市场上,不仅改变了农产品供应链的收益分配格局,使农户处于较低的盈利水平和较高的被剥削状态。对于普通小农户而言,由于其自身实力弱小、信息不对称、交易费用高以及生产标准化程度低等原因,小农户有较大的市场准入障碍,在市场上缺乏足够的竞争力与谈判力,无法单独与市场(尤其是高附加值市场)实现高效对接,并获得合理的利润(李霖、郭红东,2014)。这也能从我国在农产品收购环节经常出现地里农产品卖不出去的现象得到印证。

在国内,也有文献就某类农产品价格的非对称传导进行研究。胡华平、李崇光(2010)分析了我国主要农产品垂直价格传递和纵向市场联结的关系。研究发现,纵向市场联结越松散,非对称垂直价格传递特征越微弱;纵向市场联结越紧密,非对称垂直价格传递特征越明显。朱信凯等(2011)认为,不同属性信息对农产品价格波动影响显著,呈明显的非对称性;负向信息对农产品价格波动的影响大于正向信息的影响;信息对不同竞争类型的农产品价格波动的影响存在显著差异。顾国达、方晨靓(2011)建立 VAR 模型对农产品产业链各环节间的价格传导过程模拟,结果表明农产品价格波动的上中游传导和中下游传导作用程度、时滞、方向均存在不对称。张晓敏,周应恒(2012)以四种易腐程度不同的产品为例,研究发现,越是易腐的农产品,其价格传递的非对称性越明显;越是耐储存的农产品,其价格传递的非对称性越微弱。董晓霞等(2014)基于 2001 年 1 月至 2013 年 12 月鸡蛋收购价格与零售价格的月度数据,研究发现,鸡蛋收购价格与零售价格之间存在长期均衡关系,且这种关系具有非对称性。潘方卉、李翠霞(2015)发现生猪产销价格传导幅度和恢复长期均衡关系的调整速度具有门限效应,猪肉批发商具备的市场势力是导致价格非对称传导的重要原因。董晓霞(2015)研究发现,中国生猪价格与猪肉价格之间的传导是非对称的,且这种非对称现象具有双向特征。

可见,现有文献主要从理论上分析了市场力量可能会使得农产品价格的传导具有非对称的特征,或者是从实证上证实了农产品市场上下游价格传导的非对称性。但是,还尚无文献从理论模型上推导市场力量对农产品价格非对称传导的影响,并同时以非对称的计量模型加以证实。而且,以往文献聚焦于某一种或者某几种农产品价格的非对称传导,而没有对总体农产品价格进行实证研究。因此,本研究的特点包括:第一,根据实际情况,利用数理模型推导农产品价格非对称传导的机制并推出两条假设,使得理论与模型较好地结合。第二,利用中国的农产品生产价格指数与农产品批发价格指数进行验证,得出中国农产品生产价格与批发价格之间的非对称传导关系。第三,利用非对称的自回归分布滞后模型(asymmetric - ARDL)同时得到农产品价格传导在幅度与时间上的非对称性。本文余下部分安排如下:第三部分为理论模型的构建;第四部分为计量方法与数据的说明;第五部分为实证结果的分析;第六部分为结论与建议。

三、理 论 模 型

在农产品产业链条中,上游的农产品生产者将农产品供应给农产品批发商(或收购商、食品加工商),而农产品批发商在农产品收购阶段,对上游的农产品生产者具有一定的买方寡占力量,而上游有众多的农产品生产者是价格接受者。农产品批发商(加工商)利用收购的农产品生产包装或生产可直接消费的农产品或食品,供应给下游的农产品零售企业。农产品批发商相对于下游的农产品零售商有一定的卖方寡占力量。而农产品零售企业在批发环节是价格的接受者,农产品在零售环节不存在市场垄断或寡占力量的行为。

假设消费者对农产品的反需求函数为:

$$P^r = D(Q^r \mid X) \tag{1}$$

其中,Q^r 为消费者对农产品的需求量;P^r 为农产品的零售价格;X 为影响农产品价格的其他变量。

假设农民在农产品生产环节是价格接受者,生产者的农产品反供给函数为:

$$P^f = S(Q^f \mid Y) \tag{2}$$

其中,Q^f 为农产品总供给量;P^f 为农产品生产价格;Y 为影响农产品供给价格的其他因素。

现在考虑从农产品生产价格向农产品批发价格的传导机制。按照 Schroeter and Azzam (1991), Sexon (1994) and Acharya (2011) 的方法,代表性的农产品批发商 i 的农产品投入与产出遵循固定的比例($q_i^w = \lambda q_i^f$)。一般假设 $\lambda = 1$,[①] 此时农产品加工后的批发量 q_i^w 与农产品投入量 q_i^f 相等,即 $q_i^f = q_i^w = q_i$。那么,代表性的农产批发商(或农产品加工企业)i 的利润函数可以表示为:

$$\pi_i^w = P^w(Q^w)q_i - P^f(Q^f)q_i - c_i^w q_i - g_i^w \tag{3}$$

其中,π_i^w 为代表性农产品批发商 i 的利润;P^w 为农产品批发价格;c_i^w

---

① 即假设农产品的损耗计入其他的成本中。

为农产品批发商 i 的单位农产品营销成本（包括运输、包装、加工、损耗等其他成本）；g_i^w 为农产品批发商 i 的固定成本。

对式（3）就 q_i 求导并令导数等于 0，获得代表性农产批发商 i 的利润最大化一阶条件（FOC），得到：

$$\frac{\partial \pi^w}{\partial q_i} = P^w + \frac{\partial P^f}{\partial Q^w}\frac{\partial Q^w}{\partial q_i}P^w - \frac{\partial P^f}{\partial Q^f}\frac{\partial Q^f}{\partial q_i}P^f - P^f - c_i^w = 0 \tag{4}$$

（4）式可以重新写成弹性的形式：

$$P^w\left(1 - \frac{\xi_i^w}{\eta^w}\right) = P^f\left(1 + \frac{\theta_i^f}{\varepsilon^f}\right) + c_i^w \tag{5}$$

其中，$\varepsilon^f = \frac{\partial Q^f}{\partial P^f}\frac{P^f}{Q^f}$ 为上游农民的农产品生产供给价格弹性，$\varepsilon^f > 0$；

$\eta^w = -\frac{\partial Q^w}{\partial P^w}\frac{P^w}{Q^w}$ 为农产品批发商所面临的零售商需求价格弹性的绝对值，

$\eta^w > 0$；$\theta_i^f = \frac{\partial Q^f}{\partial q_i}\frac{q_i}{Q^f}$ 为农产品批发商 i 的在买方市场力量参数，表示的是农产品批发商 i 在农产品收购环节的买方寡占力量；$\xi_i^w = \frac{\partial Q^w}{\partial q_i}\frac{q_i}{Q^w}$ 为农产品批发商 i 的在卖方市场力量参数，表示的是农产品批发商 i 在农产品批发环节的卖方寡占力量。其中，$\theta_i^f \in [0, 1]$，θ_i^f 取值越大，表示农产品批发商 i 的买方市场寡占力量（monopsony）越强，当 $\theta_i^f = 0$ 时表示无买方市场力量，当 $\theta_i^f = 1$ 表示批发商在买方市场上完全垄断。$\xi_i^w \in [0, 1]$，ξ_i^w 表示农产品批发商 i 在卖方市场寡占力量（oligopoly）越强。当 $\xi_i^w = 0$ 时表示批发商无卖方市场力量，当 $\xi_i^w = 1$ 时表示批发商在卖方市场上完全垄断。由于式（5）右边大于0，可知 $\frac{\xi_i^w}{\eta^w} \in [0, 1)$。

假设总共有 M 个同质的农产品批发商，则式（5）可以加总并可重新写成：

$$P^w = \frac{\left(1 + \frac{\theta^f}{\varepsilon^f}\right)}{\left(1 - \frac{\xi^w}{\eta^w}\right)}P^f + \frac{1}{\left(1 - \frac{\xi^w}{\eta^w}\right)}c^w \tag{6}$$

对上式关于 P^f 求导，并令导数值为 d^w，得到：

$$d^w = \frac{\partial P^w}{\partial P^f} = \frac{\left(1 + \frac{\theta^f}{\varepsilon^f}\right)}{\left(1 - \frac{\xi^w}{\eta^w}\right)} \tag{7}$$

由于 $\left(1 - \frac{\xi^w}{\eta^w}\right) \in (0, 1]$，而 $\left(1 + \frac{\theta^f}{\varepsilon^f}\right) \geq 1$，那么 $\frac{\partial P^w}{\partial P^f} = \frac{\left(1 + \frac{\theta^f}{\varepsilon^f}\right)}{\left(1 - \frac{\xi^w}{\eta^w}\right)} \geq 1$。因此，

只要 $\theta^f \neq 0$ 或者 $\xi^w \neq 0$ 时，农产品生产价格（收购价格）向农产品批发价格传导的系数大于 1。当且仅当 $\theta^f = \xi^w = 0$ 时，$\frac{\partial P^w}{\partial P^f} = 1$。也就是说，当农产品批发商同时不存在买方市场与卖方市场寡占力量时，农产品批发价格与农产品收购价格才会同幅度变动，否则农产品生产价格向农产品批发价格的平均传导系数要大于 1。由以上分析可知，当农产品批发商（加工企业）存在卖方或者卖方市场寡占力量时，单位农产品生产价格的变动会带来农产品批发价格更大幅度的变化。也就是说，农产品纵向关联市场结构的非竞争性会使得农产品价格从上游向下游的传递带来放大效应。由此，提出假说 1 如下。

假说 1：农产品批发商的市场力量会使得农产品生产价格向农产品批发价格的传导起到放大作用。

众多研究表明，在市场主体存在寡占力量时，农产品价格在上下游的纵向传导中具有显著的非对称性特征。当农产品上游价格上涨时，会带来下游价格相对更大幅度的上涨；而当农产品上游价格下降时，会带来下游价格较小幅度的下降，即存在所谓的"火箭与羽毛（rockets and feathers）"现象（Mariano Tappata，2006）。例如，当上游农民的农产品生产受到供给等外在因素冲击使得农产品生产价格上升时，下游农产品批发商会增加农产品批发价格以保持利润加成不减少。甚至利用其市场力量趁机更大幅度地增加农产品的批发价格：一方面，批发商利用其在批发市场上的卖方寡占力量增加其向下的批发价格成本加成（make up）；另一方面，批发商利用其在收购市场上的买方寡占力量降低农产品收购价（make down）。而当上游农产品价格生产价格下跌时，农产品批发商利用其寡占的市场力量较小幅度减少农产品的批发价格以获得更高的利润，从而使得农产品批发的下降幅度不及上涨时幅度大。也就是：

$$d^{w+} = \frac{\partial P^{w+}}{\partial P^{f+}} = \frac{\left(1 + \frac{\theta^{f+}}{\varepsilon^f}\right)}{\left(1 - \frac{\xi^{w+}}{\eta^w}\right)} > d^{w-} = \frac{\partial P^{w-}}{\partial P^{f-}} = \frac{\left(1 + \frac{\theta^{f-}}{\varepsilon^f}\right)}{\left(1 - \frac{\xi^{w-}}{\eta^w}\right)} \tag{8}$$

假说 2：由于农产品批发商市场力量的存在，农产品生产价格上涨时推升的批发价格上涨幅度，要大于农产品价格下跌时对农产品批发价格下跌的带动幅度。

四、计量模型与数据分析

（一）计量模型与方法

本文利用自回归滞后分布模型（autoregressive distributed lag，ARDL）模型与边限协整来检验农产生产价格对农产品批发价格的对称传导关系（Pesaran and Shin,1999；Pesaran et al.,2001）。ARDL 模型考虑了因变量与自变量的滞后期对因变量的影响,能够检验变量间的长期与短期关系。而且,ARDL 模型不要求所有变量满足同阶单整关系,只要服从 I(1) 或者 I(0),从而提高了检验和估计的准确性（Pesaran and Shin,1999）。而且,对于有限小样本的情况,ARDL 比其他的多元协整模型有更好的拟合性质。因此,建立关于农产品批发价格与生产价格的 ARDL 回归方程如式（9）所示：

$$\Delta \ln awp_t = \mu + \rho \ln awp_{t-1} + \theta \ln app_{t-1} + \sum_{i=1}^{m-1} \varphi_i \Delta \ln awp_{t-i} + \sum_{i=0}^{n-1} \tau_i \Delta \ln app_{t-i} + \varepsilon_t \quad (9)$$

其中,$\ln awp_t$ 代表农产品批发价格指数的对数值；$\ln app_t$ 代表农产品生产价格指数的对数值；Δ 表示一阶差分符号,m 和 n 是滞后阶数,ε_t 是残差项。Pesaran et al. （2001）利用修正的 F 统计量的联合检验 F_{PSS} 来检验（9）的长期协整性,原假设为 $H_0：\rho = \theta = 0$。根据 Pesaran et al. （2001）的边限检验表,当 F 值低于边限值时,无论是变量是 I(0) 还是 I(1) 的过程都说明变量间无长期关系；当 F 值大于上边界时,无论是 I(0) 还是 I(1) 的过程,都说明变量之间存在长期关系；而当 F 值处于上下边界两者之间时,需要根据变量的单整性加以判断。模型（9）的农产品生产价格对农产品批发价格的长期传导系数可以表示为 $L_{\ln app} = -\dfrac{\theta}{\rho}$。

上述的 ARDL 模型提供的是回归变量之间的线性组合关系,其假设为变量间的短期与长期协整关系是线性的。而 Von Cramon – Taubadel and Fahlbusch（1994）认为,区分正负误差纠正项的误差纠正模型（EMC）提供了检测价格垂直非对称传导的一种合适的形式。但是,非对称的 EMC 只能够研究非对称调整速度的快慢,而不能研究正的与负的变化导致的价格变化幅度差异。而根据 Shin et al. （2014）等人的理论文献,式（9）中有关变量的对称线性组合的先验性的限制过于严格。而且,根据前面的理论模型分析,农产品价格的上下游传导机制可能存在非对称的机制。因此,按照 Schorderet（2004）和 Shin et at. （2014）的方法,将农产品生产价格的变化分成上涨与下降的部分,也就是将序列 lnapp 分解成上涨（$\ln app_t^+$）和下降（$\ln app_t^-$）的部分和过程：①

$$\ln app_t^+ = \sum_{j=1}^{t} \Delta \ln app_j^+ = \sum_{j=1}^{t} \max(\Delta \ln app_j, 0)$$

$$\ln app_t^- = \sum_{j=1}^{t} \Delta \ln app_j^- = \sum_{j=1}^{t} \min(\Delta \ln app_j, 0)$$

由此,我们可以获得农产品生产价格与农产品批发价格间的长期非对称关系：

---

① 其中,上标"＋"和"－"分别代表农产品生产价格的上涨与下跌。

$$\text{lnawp}_t = L_{app^+} \text{lnapp}_t^+ + L_{app^-} \text{lnapp}_t^- + u_t \tag{10}$$

其中，L_{app^+}和L_{app^-}分别为农产品生产价格的上涨与下降变动对农产品批发价格影响的回归系数。

根据 Shin et al.（2014），为了分别得到农产品生产价格上涨与下跌对农产品批发价格的短期与长期动态影响，将式（10）与式（9）进行组合，得到：

$$\Delta \text{lnawp}_t = \mu + \rho \text{lnawp}_{t-1} + \theta^+ \text{lnapp}_{t-1}^+ + \theta^- \text{lnapp}_{t-1}^- + \sum_{i=1}^{m-1} \varphi_i \Delta \text{lnawp}_{t-i}$$
$$+ \sum_{i=0}^{n-1} (\tau_{t-1}^+ \Delta \text{lnapp}_{t-1}^+ + \tau_{t-1}^- \Delta \text{lnapp}_{t-1}^-) + \varepsilon_t \tag{11}$$

式（11）能够得出农产品生产价格上涨与下跌在短期与长期内对农产品批发价格的非对称影响。式（11）右边的第一行能够代表 lnawp、lnapp$^+$与 lnapp$^-$间的长期关系。根据 Shin et at.（2014），利用 Pesaran et al.（2001）修正的 F 联合统计量来检验长期关系的存在性，原假设为：$\rho = \theta^+ = \theta^-$。也可以使用 t_{BDM} 检验来进行检验（Banerjee et al.，1998），原假设为 $\rho = 0$。而右式第二部分（第二行）包含农产品生产价格与批发价格的差分项，表示农产品生产价格对农产品批发价格传导的短期非对称性。农产品生产价格上涨与下跌对农产品批发价格的长期影响系数可以分别表示为：$L_{\text{lnapp}^+} = -\dfrac{\theta^+}{\rho}$ 和 $L_{\text{lnapp}^-} = -\dfrac{\theta^-}{\rho}$。

为了检验农产品生产价格对农产皮批发价格的长期传导系数非对称性，可以进行如下的 Wald test 检验：

$$H_0: -\frac{\theta^+}{\rho} = -\frac{\theta^-}{\rho}$$

为了检验农产品生产价格对农产皮批发价格的短期传导的非对称性，可以进行如下的 Wald test 检验：

$$H_0: \sum_{i=0}^{n-1} \tau_i^+ = \sum_{i=0}^{n-1} \tau_i^-, \text{ for } i = 1, 2, \cdots, n-1$$

如果农产品生产价格（lnapp）对农产品批发价（lnawp）的影响存在非对称性（长期或者短期），我们可以使用正向与负向的累计动态乘数（Dynamic Multipliers）来捕捉农产品生产价格上涨（lnapp$_t^+$）与下跌（lnapp$_t^-$）对农产品批发价格（lnawp$_t$）的动态影响调整轨迹：

$$m_h^+ = \sum_{j=0}^{h} \frac{\partial \text{lnawp}_{t+j}}{\partial \text{lnapp}_t^+}, \text{ and } m_h^- = \sum_{j=0}^{h} \frac{\partial \text{lnawp}_{t+j}}{\partial \text{lnapp}_t^-}, h = 0, 1, 2, \cdots$$

当 $h \to \infty$ 时，$m_h^+ \to L_{\text{lnapp}^+}$，$m_h^- \to L_{\text{lnapp}^-}$。其中：$L_{\text{lnapp}^+} = -\dfrac{\theta^+}{\rho}$ 和 $L_{\text{lnapp}^-} = -\dfrac{\theta^-}{\rho}$ 分别为前面所说的正向和负向的长期传导系数。

（二）指标选定与数据来源

农产品生产价格指数：农产品生产价格指数表示的是农户的农产品出地价或者收购商的收购价格。目前农产品生产价格指数只有同比的季度数据，没有季度（或月度）的环比或定基指数。而农产品价格的传导一般使用定基价格指数的对数值，因为定基指数对数值的差分可以表示农产品的环比通胀率。因此，本文选用农副产品收购价格来表示，并以2005年为基期将月度环比数据换算成定基指数，符号为app。

农产品批发价格指数：用农业部的全国农产品批发价格指数来表示，并以2005年为基期将环比数据转换成定基指数，符号为awp。

为了去除季节性因素的影响，对农产品生产价格指数app与农产品批发价格指数awp进行季节性的调整，同时为了减轻异方差的影响，对季节调整后的数据取对数，分别得到lnapp与lnawp。由于农产品批发价格指数数据统计最早开始于2005年，我们选定的时间区间为2005年1月至2015年12月。原始数据来自于中经网统计数据库。

各原始变量的数据描述如表1所示，农产品价格随着产业链的传导，价格呈现出放大的趋势，无论是均值还是中位数，农产品批发价格指数大于农产品生产价格指数。从各变量的标准误来看，也是呈现出放大的趋势。这也可以从图1的lnapp、lnawp的变化趋势得到验证。而且，自2011年以来，这种波动放大的趋势更为明显。

表1 各变量的描述性统计

	app	awp
均值	132.3973	139.1154
中位数	128.3997	139.0016
最大值	155.2394	172.8896
最小值	100.0000	98.53896
标准误	19.53770	23.63267
偏度	-0.172603	-0.249226
峰度	1.397276	1.671625
J-B统计值	14.78341	11.07169
概率	0.000616	0.003943
数列和	17476.44	18363.23
方差和	50005.54	73163.88
观察值	132	132

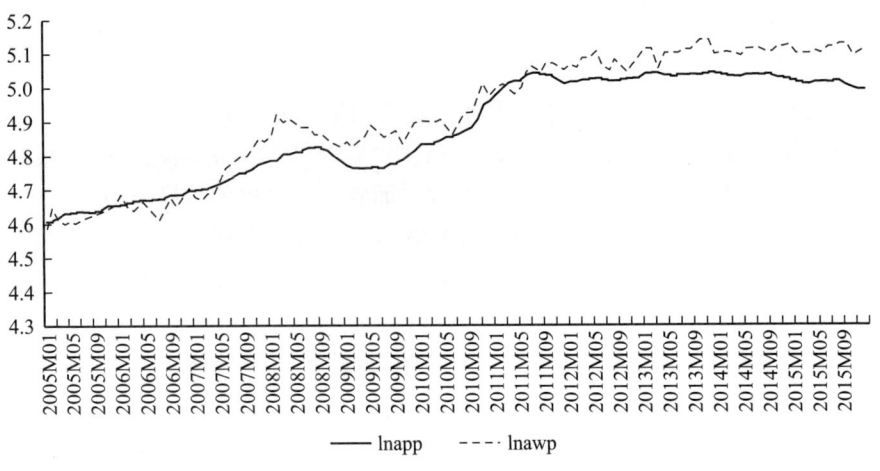

图 1　lnapp 与 lnawp 的变化趋势

为了防止伪回归问题,在进行计量模型分析之前,我们需要对 lnapp 与 lnawp 序列数据进行单位根检验。在 5% 的显著水平,ADF 检验和 KPSS 检验都表明,各序列是不平稳的,但一阶差分是平稳的,说明 lnapp 与 lnawp 服从一阶单整过程。①

五、实证结果分析

（一）农产品生产价格对农产品批发价格传导分析

首先对 2005～2015 年全样本数据进行计量分析。农产品生产价格对农产品批发价格传导影响的回归结果如表 2 所示。② 回归选取 1 年（12 期）作为最大的滞后期,③ 并按照"从一般到特殊（general-to-specific）"（Shin et al.,2014）的建模思想,依次删除系数在统计上不显著的变量。在对称的 ARDL 回归结果中（回归 1）,F_{PSS} 在 10% 的显著水平上拒绝了不存在长期协整关系的原假设,说明农产品生产价格在长期内能够显著地影响到农产品批发价格。回归 1 的残差自相关检验（χ^2_{sc}）、异方差检验（χ^2_{HET}）表明不存在自相关与异方差性;模型的 Ramsey Reset test 以及 CUSUM 平方和的平稳性检验（见图 2 左）表明模型的设定以及稳定性较好。

---

① 各序列平稳性检验结果备索。
② 与国外有关农产品价格传导的经典文献 Azzam（1999）,Weldegebriel（2004）,Tappata（2009）等相一致,回归中只纳入两类价格指数,而其他成本因素全部放入误差项。
③ 在农产品价格传导的国外文献中,一般按照一年的生产周期（12 月）作为最大的滞后期。

表2 农产品生产价格 lnapp 到农产品批发价格 lnawp 的传导回归结果

回归1：对称模型回归结果（2005~2015年）				回归2：非对称模型回归结果（2005~2015年）			
变量	系数	标准误	t值	变量	系数	标准误	t值
$lnawp_{t-1}$	-0.095**	0.043	-2.21	$lnawp_{t-1}$	-0.200***	0.050	-4.00
$lnapp_{t-1}$	0.106**	0.049	2.15	$lnapp^+_{t-1}$	0.216***	0.054	4.01
$\Delta lnawp_{t-8}$	0.214***	0.079	2.70	$lnapp^-_{t-1}$	0.196**	0.097	2.01
$\Delta lnawp_{t-12}$	-0.347***	0.076	-4.55	$lnawp_{t-8}$	0.242***	0.081	3.09
$\Delta lnapp_t$	0.719***	0.208	3.45	$\Delta lnapp^+_t$	1.442***	0.288	5.00
cons	-0.046	0.063	-0.73	$\Delta lnapp^+_{t-4}$	-0.656**	0.309	-2.12
				$\Delta lnapp^+_{t-11}$	-0.525*	0.294	-1.78
				$\Delta lnapp^-_{t-5}$	-1.628***	0.604	-2.69
				cons	0.924***	0.231	3.99
长期均衡关系存在性检验							
F_{PSS}	2.450*			F_{PSS}	5.806**		
				t_{BDM}	-4.002**		
长期传导系数							
L_{lnapp}	1.113**			L_{lnapp+}	1.082*** {60.06}		
				L_{lnapp-}	0.981* {3.899}		
				W_{LR}	{0.075} (0.784)		
				W_{SR}	{6.263}** (0.014)		
诊断检验							
χ^2_{SC}	{0.638} (0.4243)			χ^2_{SC}	{2.038} (0.1534)		
χ^2_{NOR}	{3.65} (0.1615)			χ^2_{NOR}	{3.98} (0.1367)		
χ^2_{HET}	{1.58} (0.2094)			χ^2_{HET}	{0.00} (0.9738)		
Ramsey_test	{1.32} (0.2710)			Ramsey_test	{1.65} (0.1835)		
CUS 检验	stable			CUS 检验	stable		

注：当解释变量个数 k=1 时，显著水平为10%，5%和1%对应的 bond testing 统计量 F_{PSS} 上界值分别为 4.78，5.73 和 7.84；显著水平为5%与1%时对应的 T_{BDM} 统计值的上边界值分别为 -3.82 与 -3.22。

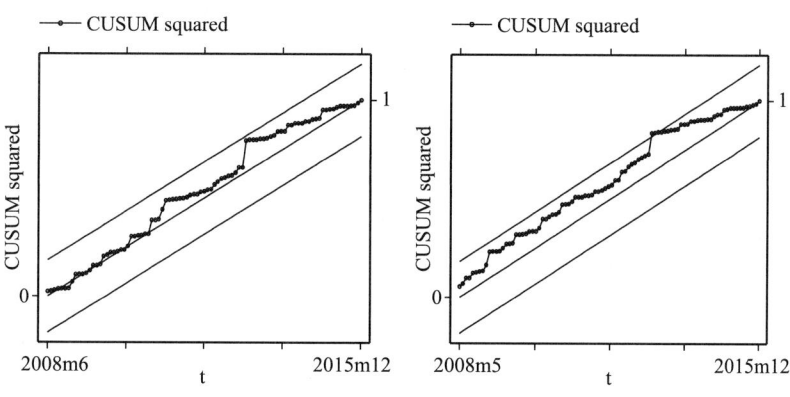

图2 CUSUM 平方和的平稳性检验（左边为对称回归1，右边非对称回归2）

农产品生产价格对农产品批发价格的长期传导系数为 1.1，且在 5% 水平统计上显著。也就是说，在 2005～2015 年的区间，农产品价格 1% 的变动会带来农产品批发价格平均 1.1% 幅度的变动。这符合我们的假说 1，由于农产品批发商具有一定的寡占市场力量，其在农产品的收购过程中能够对农户形成一定的买方寡占力量，同时对下游的农产品零售商形成一定的卖方寡占力量，从而使得农产品的生产价格更大幅度地传导至农产品批发价格。

而在非对称的传导影响模型中（回归 2），F_{PSS} 联合检验与 t_{BDM} 检验在 5% 的显著水平拒绝不存在长期协整的原假设。因此，考虑到农产品生产价格对农产品批发价格的非对称作用后，农产品生产价格与农产品批发价格之间的长期协整关系仍然存在。残差的自相关检验（χ^2_{sc}）、异方差检验（χ^2_{HET}）表明不存在自相关与异方差性；模型的 Ramsey Reset test 以及 CUSUM 平方和的平稳性检验（见图 2 右）表明模型的设定以及稳定性较好。

农产品生产价格（lnapp）对农产品批发价格（lnawp）的正向长期传导系数 L_{app+} 为 1.082，并且在 5% 的水平显著，说明上游农产品生产价格每上涨 1%，会带来大致 1.1% 的农产品批发价格的上涨。而农产品生产价格（lnapp）对农产品批发价格（lnawp）的负向长期传导系数 L_{app-} 为 0.98，并且在 10% 的水平上显著，农产品生产度更大（尽管长期的非对称性在统计量 W_{LR} 不显著）。但 W_{sR} 统计值在 5% 的显著水平上显著，这说明在短期内，农产品生产价格对批发价格的非对称传导效应很明显。由于农产品批发商具有一定的市场定价能力，当上游的农产品价格上涨时，农产品批发商能够更大幅度地将成本传导至农产品批发价格上去，以获得更大的成本加成和利润。而当上游农产品价格下降时，农产品批发商可以以略微较小幅度地下降农产品的批发价格，以保持自己的成本加成和利润不减少。这说明农产品批发商有一定的定价能力，也在一定程度上说明了农产品批发环节价格传导的非对称性，这在一定程度上验证了假设 2：当农产品生产价格上涨与下跌同幅度变化时，农产品批发的下降幅度不及上涨时幅度大。

为了进一步理解农产品生产价格对农产品批发价格的非对称传导情况，图 3 给出了 lnapp 对 lnawp 非对称传导的动态累计乘数图。在短期内，农产品生产价格的上涨（正向变化，positive change）带来农产品批发价格的变动呈现出波动的趋势，并且传导系数在 0.5～1.5 之间振动，但在长期内影响系数明显大于 1，并最终趋向于 1.1。而农产品生产价格的下跌（负向变化，negative change）带来农产品批发价格短期的大幅震荡，甚至出现出农产品批发指数短时间上涨的现象，但很快恢复到下降区间。这说明当农产品生产价格下跌时，农产品批发商利用其市场力量在短期内可以暂时提高农产品批发价格。而在长期内，农产品生产价格的下跌带来的是农产品批发价格下降，但下降的幅度略小于农产品生产价格。农产品生产价格对农产品批发价格的非对称性（非对称性，asymmetry）也表现出了正向变化传导大于负向变化传导的特点。在前 10 期内，正向传导效应大于负向传递的非对称性非常明显，非对称传导系数显著地大于 0。而长期的非对称传导系数也是处于横轴之上，可见，相对于农产品生产价格的下降，同幅度的农产品生产价格上涨会带农产品批发价格更大幅度的变化。

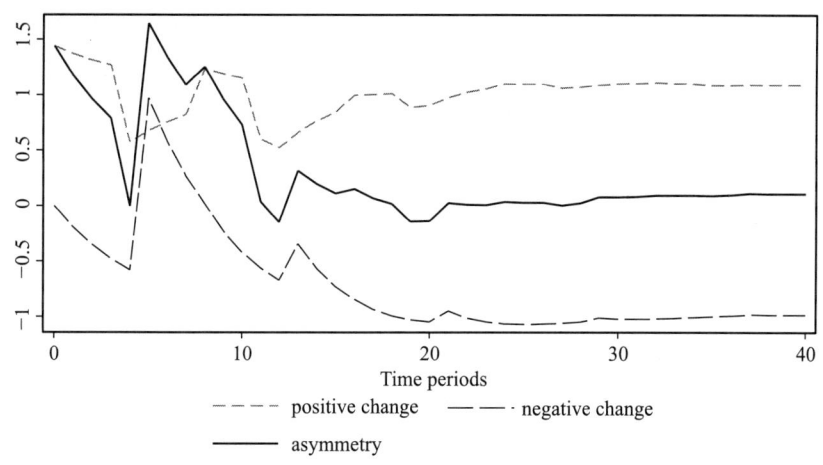

图 3　LNAPP 对 LNAWP 非对称传导的动态累计乘数图

（二）农产品生产价格对农产品批发价格传导进一步分析（2011～2015 年）

从图 1 可以看出，2011 年以来，农产品批发价格与农产品生产价格之间的缺口呈现出大幅扩大的趋势。特别是在 2011～2013 年区间，农产品生产价格指数（lnapp）平稳缓慢上升时，农产品批发价格指数却较大幅度上涨。而在 2014 年以来，农产品生产价格指数（lnapp）有所回落的情况下，农产品批发价格指数（lnawp）下降却不是特别明显。这说明，上游农产品生产价格上涨与下跌带来的农产品批发价格变化幅度的不一致特征非常明显。因此，2011 年以来，农产品生产价格对农产品批发价格的传导非对称性可能会进一步显著和扩大。事实上，2012 年，商务部出台《关于加快推进鲜活农产品流通创新指导意见》，其中提到"鼓励鲜活农产品流通企业跨地区兼并重组和投资合作，提高产业集中度"，进一步加快了批发市场集团化发展的步伐。而据全国城市农贸中心联合会调查，2012 年"百强"市场总交易额为 8490.7 亿元，占行业整体交易量的 27%，2013 年"百强"市场总交易额为 11207.1 亿元，同比上涨了 31.9%，占行业整体交易额的 30.1%，较 2012 年增长了 3.1%。农产品批发商的集中度增加会导致其市场寡占力量加强，并使得农产品价格的非对称传导效用更加显著。

因此，有必要选取 2011 年以来的数据（2011m1～2015m12），就农产品生产价格对农产品批发价格的传导进行进一步的分析，以验证我们的假说，得到的回归结果如表3所示。在ARDL的对称回归3（2011~2015）中，统计诊断检验表明，模型的估计不存在自相关与异方差，模型的设定比较合理（见表3），系数估计是稳定的（见图4左）。F_{PSS}统计值为4.43，并在5%的显著水平上显著，说明在2011~2015年间，存在从农产品生产价格lnapp到农产品批发价格lnawp的传导的长期协整关系。农产品生产价格lnapp到农产品批发价格lnawp的长期传导系数L_{lnapp}为1.436，且在10%水平显著，说明1%的农产品生产价格的变动会带来1.4%的农产品批发价格的变动，明显高于全样本时的传导系数1.1%。也就是说，在2011~2015年区间，农产品生产价格对农产品批发价格的传导强度明显加强。目前的全国4400多家农产品批发市场，仅"百强"的交易额就占到30%，并在逐年增加，这表明农产品批发市场的行业集中度在进一步增强，再加上农产品批发市场行业集团化发展迅速，多家大型农产品批发市场归于同一农产品集体旗下，未来会促使行业集中度更高，也会带来农产品生产和加工进一步集中（马增俊，2015；曹文昊、胡尊龙，2015），从而这使得农产品批发商的市场量得到加强。

表3　农产品生产价格lnapp到农产品批发价格lnawp的传导回归结果（2011~2015年）

回归3：对称模型回归结果（2011~2015年）				回归4：非对称模型回归结果（2011~2015年）			
变量	系数	标准误	t值	变量	系数	标准误	t值
$lnawp_{t-1}$	-0.172**	0.065	-2.66	$lnawp_{t-1}$	-0.548***	0.116	-4.74
$lnapp_{t-1}$	0.248*	0.143	1.73	$lnapp_{t-1}^{+}$	0.903***	0.223	4.04
$\Delta lnawp_{t-1}$	-0.217*	0.118	-1.84	$lnapp_{t-1}^{-}$	0.386**	0.147	2.62
$\Delta lnawp_{t-2}$	-0.252**	0.103	-2.45	$lnawp_{t-8}$	-0.188*	0.094	-2.00
$\Delta lnawp_{t-6}$	-0.207**	0.098	-2.12	$\Delta lnapp_{t}^{+}$	1.657***	0.611	2.71
$\Delta lnawp_{t-7}$	-0.292***	0.096	-3.05	$\Delta lnapp_{t-5}^{-}$	-1.858**	0.733	-2.54
$\Delta lnawp_{t-12}$	-0.330***	0.094	-3.51	cons	2.346	0.512	4.58
$\Delta lnapp_{t}$	0.831**	0.410	2.03				
cons	-0.362	0.744	-0.49				
长期均衡关系存在性检验							
F_{PSS}	4.4300**			F_{PSS}	8.0304***		
				t_{BDM}	-4.7361***		
长期传导系数							
L_{lnapp}	1.436*			L_{lnapp+}	1.646*** {32.53}		
				L_{lnapp-}	0.704** {7.103}		
				W_{LR}	{53.96}*** (0.000)		
				W_{SR}	{12.55}*** (0.001)		

续表

诊断检验			
χ^2_{sc}	{14.818} (0.2516)	χ^2_{sc}	{1.371} (0.2188)
χ^2_{NOR}	{8.52}** (0.0141)	χ^2_{NOR}	{5.003}* (0.0820)
χ^2_{HET}	{3.27} (0.0704)	χ^2_{HET}	{0.03} (0.8619)
Ramsey_test	{1.39} (0.2567)	Ramsey_test	{1.15} (0.3387)
CUS 检验	stable	CUS 检验	stable

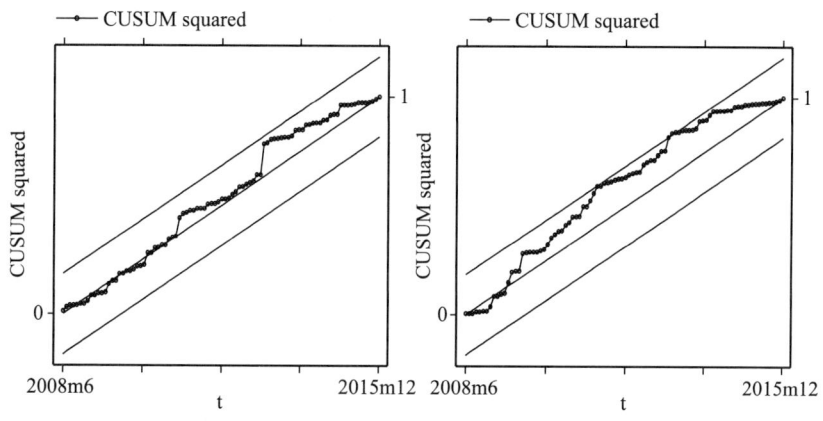

图4 CUSUM 平方和的平稳性检验（左为对称回归3，右边非对称回归4）

而在 2011~2015 年区间的非对称传导结果中（回归4），F_{PSS} 与 t_{BDM} 都在 1% 的水平上拒绝了不存在长期协整关系的原假设。也就是说，在 2011~2015 年区间，考虑非对称性作用后，仍然存在农产品生产价格与农产品批发价格间的长期协整关系。χ^2_{sc} 与 χ^2_{HET} 统计值表明，不存在自相关与异方差。Ramsey 模型设定检验与 CUSUM 平方和检验（见图4右）表明，模型的设定与估计的稳定性较好。农产品生产价格上涨对农产品批发价格的长期影响系数 L_{lnapp+} 为 1.646，且在 1% 的水平上显著。这说明在 2011~2015 年区间，农产品生产价格 1% 的上涨会带来农产品批发价格 1.6% 的上涨，明显大于全样本期间农产品生产价格上涨时对农产品批发价格的传导系数 1.1%。因此，2011 年后，当上游农产品价格上涨时，农产品批发商能够利用其市场力量把上涨的价格传导至零售商接受的批发价格，从而获得更高的成本加成和利润。这也进一步验证了假说1：农产品批发商的市场力量会使得农产品生产价格向农产品批发价格的传导起到放大作用。

而农产品生产价格下跌对农产品批发价格下跌的影响系数 L_{lnapp-} 为 -0.704，且在 5% 的水平上显著。在 2011~2015 年区间，农产品生产价格每下降 1% 只能带来 0.7% 的农产品批发价格的下降，这相比于全样本区间农产品生产价格下跌对农产品批发价格下跌影响的系数，有明显的下降。因此，2011 年之后,农产品生产价格下跌时,农产品批发商能够利用自身的市场寡占力量将上游的农产品生产价格较小幅度地传导至农产品零售商,自己获得更高的利润。而 W_{LR} 与 W_{SR} 统计量在 1% 的水平均显著,进一步说明了在 2011 年之后,农产品生产价格上升与下跌对农产品批发价格影响的非对称性在短期与长期内都非常的明显。由于农产品批发市场集中度的提升,农产品批发商的寡占市场力量加强,通过非对称的价格调整获得更高的利润。这进一步验证了本文的假设 2:由于农产品批发商市场力量的存在,农产品生产价格的上涨对农产品批发价格上涨的推升幅度,要大于农产品价格下跌时对农产品批发价格下跌的带动幅度。

事实上,目前我国已经初步形成了以批发市场为中心、以集贸市场和其他零售市场为基础的农产品市场体系,涌现出一批具有一定规模和影响力的区域性农产品批发市场(楼洪豪、方文兴,2007)。作为我国农产品流通主渠道的农产品批发市场承担着约 70% 农产品的流通与集散功能(张浩等,2009)。但与此同时,农产品批发商(收购商)的市场力量得到加强。但另一方面,我国的农业生产仍然处于高度"破碎化"状态,分散的农户承担不起远距离的运输费用和冷藏运输工具,大多数只能加将农产品卖给农产品收购商,农产品收购(批发)商在与小农生产者的博弈中占据绝对优势,形成地区性的买方寡占市场力量的局面(黄祖辉,邵科,2010)。在市场力量的作用下,当农产品的购入成本上涨将导致批发商利润的减少时,批发商会更大幅度地、更快地将上涨的价格传导至下游;而当农产品购入成本下降时,批发商却更小幅度、更慢地将农产品生产价格下降的部分传递到至下游(Meyer and von Cramon – Taubadel,2004)。

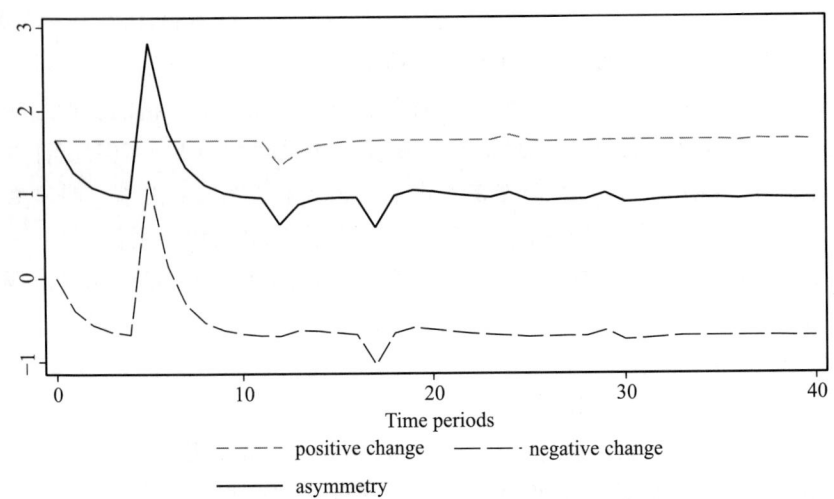

图 5 LNAPP 对 LNAWP 非对称传导的动态累计乘数图(2011~2015 年)

从 2011~2015 年区间的农产品生产价格（lnapp）对农产品批发价格（lnawp）的非对称传导的动态累计乘数图来看，农产品生产价格上涨 1% 会马上带来农产品批发价格的 1.6% 增加，并且一直持续到长期。而单位农产品生产价格的下跌短期内会带来农产品批发价格的震荡，但在长期内带来农产品批发价格约 0.7% 的下降。从调整速度来看，价格上涨比价格下跌调整的速度快。农产品生产价格（lnapp）的上涨会带来农产品批发价格（lnawp）的马上上涨并迅速达到长期均衡值。而农产品生产价格（lnapp）的下跌会带来农产品批发价格（lnawp）的短暂下跌然后又上涨，经历较长时间后才达到长期均衡值。农产品生产价格对农产品批发价格的非对称性（asymmetry）传导特征非常明显，非对称传导曲线在经历短期的高峰后，逐步恢复到了长期均衡值的水平，大约为 0.9。这说明 2011 年之后，农产品批发商的非对称价格调整行为加剧，并以此获得较大的利润。

六、结论与建议

本文研究中国农产品生产价格对农产品批发价格价格的传导，研究发现：一方面，农产品生产价格对农产品批发价格的传导系数大于 1，农产品生产价格的变动会带来农产品批发价格的更大幅度变动。另一方面，农产品生产价格对农产品批发价格的传导具有非对称性特征，农产品生产价格的上涨会带来农产品批发价格更大幅度的上涨，而农产品生产价格的下跌会带来农产品批发价格更小幅度的下跌。而且，自 2011 年以来，农产品生产价格对农产品批发价格的平均传导强度增加，并且上涨与下跌的非对称传导作用增强。2011 年以来，我国农产品批发市场的集中度提升使得农产品批发商在收购环节的买方市场力量以及批发环节的卖方市场力量增强，这都使得其在两环节的议价能力增强，从而扩大价格传导的非对称性以获得更高的利润。而处于批发商上游的农民与消费者的福利受到损失。因此，本文提出以下建议供参考：

提高农业生产的规模化经营程度，提升农业生产者的谈判议价能力。按照国家相关部署，促进农村土地经营权的流转，从而推动农村土地的适度规模经营，以提高农业生产者的集中度。积极建立和发展各种形式的农村农业经济合作组织，鼓励形成多种形式的农业生产经营联合，从而提升农业生产组织化的程度。以此逐步改变农民在农产品市场交易中处于弱势地位的局面，提升农产品生产者在农产品收购中的议价能力，从而提高农民在农产品产业链中收益分配份额。

适当地增加农产品批发市场的城市建设的土地供应，加强农产品批市场的建设以增加农产品批发环节的竞争程度。在保证农产品批发市场发挥一定的经济规模效应的同时，应该合理规划，适度地增加农产品批发市场。更好地发挥好农产品批发市场的农产品价格发现与价格比较的功能，减轻农产品批发商在收购与批发环节的市场力量，从而保证广大农业生产者与农产品消费者的利益。在农产品下游的批发与零售价格大幅上涨的时候，国家需要使用相关的农产品目标价格制度保证主要农产品的农业生产者的利益，并维持农产品稳定。

参考文献

[1] 曹文昊，胡尊龙. 中国农产品批发市场特点分析 [J]. 安徽农业科学，2015 (27)：303-304.

[2] 陈建青，任国良. 农产品批发市场的发展演进：集聚、扩散与瓦解——兼论中国农产品批发贸易发展阶段 [J]. 经济学家，2012 (12)：74-84.

[3] 董晓霞，胡冰川，于海鹏. 我国鸡蛋市场价格非对称性传导效应研究——基于非对称误差修正模型 [J]. 农业技术经济，2014 (09)：52-60.

[4] 董晓霞. 中国生猪价格与猪肉价格非对称传导效应及其原因分析——基于近20年的时间序列数据 [J]. 中国农村观察，2015 (04)：26-38.

[5] 顾国达，方晨靓. 农产品价格波动的国内传导路径及其非对称性研究 [J]. 农业技术经济，2011 (03)：12-20.

[6] 洪岚，曹文昊. 中国农产品批发市场结构分析 [J]. 物流技术，2015，34 (22)：178-179.

[7] 胡华平，李崇光. 农产品垂直价格传递与纵向市场联结 [J]. 农业经济问题，2010，31 (01)：10-17.

[8] 李霖，郭红东. 小农户集体行动研究文献综述——基于市场准入视角 [J]. 中国农村观察，2014 (06)：82-91.

[9] 楼洪豪，方文兴. 区域性农产品批发市场建设现状与对策研究——以浙江省金华市农产品批发市场为例 [J]. 农村经济，2007 (06)：94-98.

[10] 马增俊. 中国农产品批发市场发展30年回顾及展望 [J]. 中国流通经济，2015 (05)：5-10.

[11] 潘方卉，李翠霞. 生猪产销价格传导机制：门限效应与市场势力 [J]. 中国农村经济，2015 (05)：19-35.

[12] 张浩，孙庆莉，安玉发. 中国主要农产品批发市场的效率评价 [J]. 中国农村经济，2009 (10)：51-57.

[13] 张晓敏，周应恒. 基于易腐特性的农产品纵向关联市场间价格传递研究——以果蔬产品为例 [J]. 江西财经大学学报，2012 (02)：78-85.

[14] 钟真，孔祥智. 中间商对生鲜乳供应链的影响研究 [J]. 中国软科学，2010 (06)：68-79.

[15] 朱信凯，韩磊，曾晨晨. 信息与农产品价格波动：基于EGARCH模型的分析 [J]. 管理世界，2012 (11)：57-66.

[16] Awudu Abdulai. Using threshold cointegration to estimate asymmetric price transmission in

the Swiss pork market [J]. Applied Economics, 2002, 34 (6): 679 – 687.

[17] Azzam A. M., Schroeter J. R. The Tradeoff between Oligopsony Power and Cost Efficiency in Horizontal Consolidation: An Example from Beef Packing [J]. American Journal of Agricultural Economics, 1995, 77 (4): 825 – 836.

[18] Azzam A. M. Asymmetry and Rigidity in Farm – Retail Price Transmission [J]. American Journal of Agricultural Economics, 1999, 81 (3): 525 – 533.

[19] Banerjee A., Dolado J., Mestre R. Error-correction Mechanism Tests for Cointegration in a Single-equation Framework [J]. Journal of Time, 1998, 19 (3): 267 – 283.

[20] Bunte F., Peerlings J. Asymmetric price transmission due to market power in the case of supply shocks. [J]. Agribusiness, 2003, 19 (1): 19 – 28.

[21] Byeongil A., Lee H. Vertical Price Transmission of Perishable Products: The Case of Fresh Fruits in theWestern United States [J]. Journal of Agricultural & Resource Economics, 2015, 40 (3) : 405 – 424.

[22] Carman H. F., Sexton R. J. Supermarket fluid milk pricing practices in the Western United States [J]. Agribusiness, 2005, 21 (4): 509 – 530.

[23] Chen Z., Lent R. Supply Analysis in an Oligopsony Model [J]. American Journal of Agricultural Economics, 1992, 74 (4): 973 – 979.

[24] Cramontaubadel S. V. Estimating asymmetric price transmission with the error correction representation: An application to the German pork market [J]. European Review of Agricultural Economics, 1998, 25 (1): 1 – 18.

[25] Frey G., Manera M. Econometric models of asymmetric price transmission [J]. Journal of Economic Surveys, 2005, 21 (21): 349 – 415.

[26] Gervais J. P. Disentangling nonlinearities in the long-and short-run price relationships: an application to the US hog/pork supply chain [J]. Applied Economics, 2011, 43 (12): 1497 – 1510.

[27] Kinnucan H. W., Forker O. D. 2011, Asymmetry in Farm – Retail Price Transmission for Major Dairy Products [J]. American Journal of Agricultural Economics, 1987, 69 (2): 307 – 328.

[28] Larry N. Digal. Market Power in the Philippine Retail and Processed Food Industry [J]. Journal of International Food & Agribusiness Marketing, 2011, 23 (23): 289 – 309.

[29] Mccorriston S., Morgan C. W., Rayner A. J. Processing Technology, Market Power and Price Transmission [J]. Journal of Agricultural Economics, 1998, 49 (2): 185 – 201.

[30] Miller D. J., Hayenga M. L. Price Cycles and Asymmetric Price Transmission in the U. S. Pork Market [J]. American Journal of Agricultural Economics, 2001, 83 (3): 551 – 562.

[31] Murphy S. Concentrated Market Power and Agricultural Trade [J]. Ecofair Trade Dialogue Discussion Paper, 2006, 25 (8): 457 – 461.

[32] Peltzman S. Prices Rise Faster than They Fall [J]. Journal of Political Economy, 1998, 108 (3): 466 – 502.

[33] Pesaran M. H., Shin Y., Smith R. J. Bounds testing approaches to the analysis of level relationships [J]. Journal of Applied Econometrics, 2001, 16 (3): 289 – 326.

[34] Pesaran, M. H., Shin, Y., An autoregressive distributed lag modeling approach to cointegration analysis. In: Strøm, S. (Ed.), Econometrics and Economic Theory in the 20th Century: The Ragnar Frisch Centennial Symposium. Cambridge University Press, Cambridge, 1999.

[35] Sexton R. J. Imperfect competition in agricultural markets and the role of cooperatives: a spatial analysis. [J]. American Journal of Agricultural Economics, 1990, 72 (3): 709 – 720.

[36] Shin, Y., Yu, B., Greenwood – Nimmo, M. Modelling asymmetric cointegration and dynamic multipliers in a nonlinear ARDL framework [M].//In: Horrace, W. C., Sickles, R. C. (Eds.), Festschrift in honor of Peter Schmidt: Econometric methods and applications. Springer Science And Business Media, New York, 2014: 281 – 314.

[37] Tappata M. Rockets and feathers: Understanding asymmetric pricing [J]. Rand Journal of Economics, 2009, 40 (4): 673 – 687.

[38] Von Cramon – Taubadel, S., Fahlbusch, S. Identifying Asymmetric Price Transmission with Error Correction Models [R]. Poster Session, EAAE European Seminar in Reading, 1994.

[39] Weldegebriel. Imperfect Price Transmission: Is Market Power Really to Blame? [J]. Journal of Agricultural Economics, 2004, 55 (1): 101 – 114.

[40] Weldesenbet T. Asymmetric price transmission in the Slovak liquid milk market. [J]. Agricultural Economics, 2013, 59 (11): 512 – 524.

[41] Xia T. Asymmetric Price Transmission, Market Power, and Supply and Demand Curvature [J]. Journal of Agricultural & Food Industrial Organization, 2009, 7 (1): 6.

Unequal Distribution of Benefits of Agricultural Products Chain from the Perspective of Asymmetric Price Transmission

Long Shaobo   Liang Jun

Abstract: In this paper, we study the transmission effect of agricultural products' production prices on wholesale prices in China. It found that changes in the agricultural products' production prices will bring more significant changes in wholesale prices. With market forces, wholesales can change the amplitude and speed of the wholesale price of agricultural products, in order to get more profits. When production prices of agricultural products are rising, the wholesale prices of agricultural products will be increased quickly and greatly. When production prices of agricultural products fell, the wholesale prices of agricultural products will be reduced less. Since 2011, the promotion of the concentration degree of wholesalers has made the average transmission intensity and the degrees of asymmetric transmission of agricultural products wholesale prices in China have been expanded. Therefore, it is necessary to improve the concentration of agricultural producers and bargaining power to ensure the basic interests of farmers.

Keywords: agricultural production price, price transmission, asymmetry

〔微观运行与规制〕

政策环境与资源投入对科技创业中小企业绩效影响的路径研究
——基于南京科技创业特别社区企业的实证分析

范 金 赵 彤 马胡杰[*]

摘 要： 政策环境与资源投入对科技创业中小企业绩效影响的现有研究多停留在理论与一般认知层面，尤其缺乏对其中作用路径的系统分析。本文尝试从微观层面，遵循环境—资源要素—过程（3C）的框架分析政策环境与资源投入对科技创业中小企业绩效的影响及其作用路径。文章以南京20个科技创业特别社区内的110家科技创业中小企业为实证研究样本，采用连续三年的调查数据，运用PLS-SEM方法验证了政策环境对企业绩效的正向影响并探索了不同种类的资源投入在此过程中的多重中介效应。研究发现，科技资源对企业绩效起到直接作用，而政策环境、物质资源、人力资源则起到间接作用；政策环境对企业绩效发生最大间接作用的传导路径是"政策环境→物质资源→科技资源→企业绩效"。文章从理论层面丰富了战略管理领域中关于创业企业绩效决定的理论模型，并对政府和企业科学决策具有一定的参考作用。

关键词： 政策环境 资源投入 中小企业绩效 偏最小二乘法 多重中介效应

---

[*] 本文受到国家自然科学基金面上项目"工业增加值率的转型动态研究与政策模拟：以长三角地区制造业为例"（71373106）、国家社会科学基金重点项目"新常态背景下中国经济增长质量的演化趋势与对策研究"（14AZD085）、南京市软科学研究计划招标项目"南京科技创业特别社区运营管理机制与发展路径研究"（201203005）、江苏省第四期"333工程"科研项目"基于增加值率的中国经济增长质量研究"（BRA2015249）、江苏省"六大人才高峰"计划项目"江苏省高新技术产业发展水平动态跟踪"（2012-JY-010）资助。

范金（1965~ ），男，江苏扬州人，江苏省行政学院经济社会发展研究所教授、博士生导师。研究方向：国民经济学、产业经济学，联系方式：jfan@mx.cei.gov.cn。

赵彤（1971~ ），男，江苏南京人，南京晓庄学院商学院副院长、副教授。研究方向：国民经济学、产业经济学；联系方式：peterzhaot@yahoo.com.cn。

马胡杰（1990~ ），男，江苏南通人，原为江苏省行政学院硕士研究生，现为江苏省常州市国家税务局科员。研究方向：工商管理。

一、引　言

创新理念作为"五大发展理念"之首，显示出当前创新在国家发展全局的核心位置。不断推进理论创新、制度创新、科技创新、文化创新等各方面创新，正在全社会蔚然成风。强化企业创新主体地位和主导作用，形成一批有国际竞争力的创新型领军企业，支持科技型中小企业健康发展，显得尤为迫切。显然，研究政策环境与资源投入对科技创业中小企业绩效的影响具有重要的现实意义。

创业活动活跃程度在一定程度上显示出一个国家或地区的经济繁荣水平（陈兴淋，2007），其中科技创业作为将知识创新成果孵化为新技术和企业的创业形式，能够有力地推动创新并显著增加地区财富（Venkataraman，2004；Beugelsdijk，2007；Block et al.，2013）。在此过程中，专长于价值链特定环节的创新型中小企业扮演着愈加突出的角色（薛澜等，2013）。[①] 尽管中国科教名城南京人才总量众多，但是其在发展过程中出现了创新活力、创业氛围匮乏，市场机制、创业主体缺失等一系列问题。这导致南京科教人力资源向现实生产力的转化能力不高，科技创业乏力，[②] 从而会影响南京的长远发展。培植适合科技创业中小企业的环境体系是充分发挥人力资源优势、发展创业经济的必要条件（Allen et al.，1985；Hannonô et al.，2003）。为此，南京市人民政府于2011年7月1日提出实施"科技创业特别社区建设计划"。[③] 自2011年以来，南京全市先后有总用地约45.8平方公里的20个紫金科技创业特别社区启动建设并陆续投入使用。

为了能够最大程度上吸引资本和优秀科技创业人才，就需要完善的政策保障体系加以支持。但是实践证明，政府政策既可能是积极的，也有可能是消极的（刘筱等，2006）。目前，我国科技创业社区普遍存在着政府政策偏简单、偏经验化、相关主体交易成本高昂等问题（周方涛，2012），出现此类问题的重要原因便是缺乏对政策环境与企业绩效关系的深入理解，故探索

---

① 据统计，美国80%以上的技术创新成果来自中小企业，欧盟中小企业人均创新成果是大企业的两倍（薛澜等，2013）。

② 据南京市科学技术委员会的调查，在宁高校70%左右的职务发明专利仍在"沉睡"，实现转化的应用技术成果只有40%落在南京，而大量科技成果停留仅在论文层面，终止于实验室之内。

③ 南京"科技创业特别社区计划"旨在建立一批集"孵化器+加速器+中试基地+总部基地+人才公寓+配套设施"等于一体的科技创业创新载体，从而最大限度地创造适合科技创业的良好空间和卓越服务，打造新兴产业集群。在建设规划上，"按照'两位一体、一区多园'的思路，依托'紫金科技创业特别社区'建设，在模范路科技创新街区、中国（南京）软件谷、麒麟科技创新园三个创新园区，南京高新技术开发区、南京经济技术开发区、江宁经济技术开发区和南京化学工业园四个国家级园区，仙林、江宁、浦口三个大学集聚区等科教人才富集区域，集中规划发展总占地50平方公里的'紫金人才特区'核心区。"

分析合理的政策环境作用路径对于促进政府与企业科学合理决策具有重要的理论和实践意义。本文着眼于企业个体，遵循环境—资源要素—过程（3C）的框架（李恒光，2007）分析政策环境对科技创业中小企业绩效的影响及其传导路径，并探索了物质资源、人力资源、科技资源在该过程中的多重中介效应。

二、理论基础与研究假设

（一）政策环境与企业绩效

科技创业与一般创业具有不同本质，魏杰（2005）认为科技创新创业主要应抓好两个环节，第一是"知识技术化"，关键要有以企业方式运作的现代化实验室，形成既有潜力、又有活力的"实验室经济"；第二是"技术产业化"，关键是要有风险投资。① 因此，科技创业实际上是一个复杂的社会系统，要想形成良好的科技创业机制，就需要有顺畅的社会运作体系。显然，这种社会运作体系的构建呼唤着政府政策的有力支撑，科学合理的政府政策无疑是创业活动巨大的动力源泉。因此，我们在分析科技创业活动时有必要考虑政府政策在其中的作用及其传导路径。

事实上，近年来政府政策对于创业活动的影响逐渐引发了各国政府②以及学界的广泛关注（Kim and Nugent，1999）。Da Rin et al.（2006）的研究发现政府对于科技投入的增加并未促进创新效率的提升。但是 Cumming（2007）通过分析政府设立创新投资基金（IIF）对于澳大利亚初创科技企业的绩效影响，发现其确实起到了对于初创企业的支持作用。Minniti（2008）认为政府政策决定了创业活动的制度环境，从而能够对创业活动产生重要影响，但要使政府政策发挥实效，则需要因地制宜，而不能千篇一律。Barbieri et al.（2010）针对广东省的实证研究认为政府政策未能对企业绩效以及企业行为有明显的作用。总体而言，尽管现有研究对政策环境与企业绩效间的关系进行了一定的探索，但是针对政策环境对于科技创业中小企业绩效的作用路径分析依旧不足，因此有可能导致政策的误用和错用，③ 进而致使事倍功半。

良好的政策环境利于企业的健康成长，是其发展壮大的必要条件（郝臣，2006）。陈兴淋（2007）基于 GEM 的分析范式对南京市的创业环境进行

---

① 人民网财经报道，http：//finance.people.com.cn/GB/8215/55904/3900348.html.
② 例如，1998 年 OECD 发布了促进创业活动计划，欧盟则发布了"Priorities for the Future"计划。此外，澳大利亚、爱尔兰、意大利、英国、中国等均发布了自己的促进创业政府规划。
③ 据新华网报道，近年来科技创业社区普遍存在着定位错误、系统保障不足、税收导向不合理等问题。http：//business.sohu.com/20080508/n256743295.shtml.

了深入的分析，认为南京市在政府政策、市场开发以及文化与社会规范方面占有优势，但是在商务环境、产权保护以及金融支持方面有待改进。张炜和邢潇（2007）的实证研究表明，创业孵化环境的4个关键因素对技术企业层创业成长绩效具有显著影响，从而在一定程度上揭示了科技企业孵化器的现实价值，并指明了创业孵化环境质量提升的发展方向。杜海东等（2012）基于对深圳硅谷创业园内105家新创企业的问卷分析，研究了政策环境不同维度对企业绩效的影响。程华和王婉君（2013）以企业创新能力为中介变量，基于浙江企业的调查数据，发现供给政策和环境政策对产品创新能力、工艺创新能力有促进作用，但是需求政策对创新能力不显著。在中国，政策始终是科技创业者所最关注的问题，获取"政策租"（郑江淮等，2008）是企业行动的重要动力，科技创业中小企业可以从政策松动或者政策优惠中找到很多发展机会，这也从一个侧面说明政府营造的政策环境对企业绩效具有巨大影响。

由此，我们提出假设：

H_1：政策环境对企业绩效具有正向影响。

（二）资源要素的引入

政策环境对企业绩效尤其是处于孵化器内的科技创业中小企业的影响路径究竟如何？政策环境是通过哪些因素对企业绩效产生影响的呢？迄今为止，此类文献多集中于理论层面，但了解"如何发生作用"的知识要远远难于"是什么"（蒋春燕、赵曙明，2006），即实证研究颇为罕见。考虑到企业绩效是一个受制于多种因素的活动过程，要想全面认识绩效的实现过程，必须通盘考虑影响企业绩效的各种因素（Edquist and Johnson，1997），本文的目标在于打开政策环境对创业企业绩效发挥作用的黑盒子，找出其中的路径关系，从而为政府和企业决策提供一定的理论指导与经验证据。为此，本文将进一步引入资源要素投入的概念。

通过在孵化器内构建良好的政策环境，孵化企业能够得到相应的政策支持，继而有利于企业获取创业所需的各类资源要素。所谓资源要素即由生产要素构成的资源，生产要素包括五种：土地、资本、劳动、管理、技术（Smith，1776；Marshall，1890；Solow，1956）。Dollinger（1999）认为创业资源可以分为人力资源、财务资源、物质资源、技术资源、组织资源和声誉资源等六类。林强（2003）基于资源依存理论和资源基础理论的论证，成功地把创业资源引入了新创企业绩效要素模型，进而构建了资源体系以及资源与绩效的路径关系。蔡莉和柳青（2007）综合国外二十余篇文献将创业资源归纳为人力资源、物质资源、技术资源、财务资源、市场资源和组织资源六类。借鉴上述文献对创业资源的分类，结合本文的研究目的，将资源要素重新整合为物质资源、人力资源、科技资源三大类,① 在此基础上分析政策环境、物质资源、人力资源、科技资源以及企业绩效之间直接和间接的路径关系,从而为我们深入理解政策环境与企业绩效之间的关联提供新的视角。

物质资源是创业者普遍感到最为亟须的资源,在种子期和初创期急需科技研发资金,在扩展期需要大量的生产资金和营销资金。企业作为地区乃至国家技术创新的主体,倘若身处令人满意的政策环境之中,意味着能够获得相应的政策支持,能够获得更多的政府投资和风险投资,并有力地引导企业自身增加资本投入以利用时机获取跨越式发展;另一方面,身处孵化器中的科技创业中小企业也受到相应的考核压力,从而对企业扩大资本投入起到某种程度的强制作用。

据此提出假设:

H_{2a}:政策环境对物质资源具有正向影响。

H_{2b}:物质资源对企业绩效具有正向影响。

人才是科技创业中小企业亟须的另一种资源。当代企业管理中的人才已经由传统的"劳动力"概念转变为"人力资本"的概念,高素质人才的获取和开发成为科技创业中小企业可持续发展的关键(林强和姜彦福,2001)。因此,本文认为科技创业中小企业的"人力资源"主要指智力要素。Bontis et al. (2000) 对马来西亚服务业与非服务业智力资本与企业绩效的关系进行了研究,发现人力资本在各行业中都是重要的,并且结构资本②与企业绩效正相关。Riahi – Belkaoui (2003) 运用跨国公司面板数据所作的研究表明智力资本对美国跨国公司的绩效有积极显著的作用。李冬伟和汪克夷(2009)的实证研究则证实了智力资本对我国企业绩效所具有的显著正向影响。Unger et al. (2011) 运用荟萃分析方法研究了人力资本与创业成功之间的联系,结果发现尽管二者的相关系数较小,但是却具有很强的正向显著关系。

那么,在本文的资源要素框架下,创业企业如何获取人力资源呢?Powers (2006) 认为吸引人才需要良好的政策环境。此外,根据 Gray (2013) 的研究,良好的资本条件同样能够显著提升对人才的吸引力。为了实现人才的集聚效应,应着手建立相应的人才集聚体制及其配套机制,这需要相应的政策环境和物质资源。

综上所述,我们提出以下假设:

H_{3a}:人力资源对企业绩效具有正向影响。

H_{3b}:政策环境对人力资源具有正向影响。

---

① 由于初创企业组织结构简单,组成人员少,任务单一,通常并不具备所谓的组织资源,因此本文对此并不加以讨论。

② 结构资本是使个体人力资源真正转化为企业人力资本的有效转换机制,体现了组织聚合人力资源、创造价值的潜在能力和运作机制。

H_{3c}：物质资源对人力资源具有正向影响。

Barker and Duhaime（1997）的研究显示企业科技资源与环境不相匹配是导致企业绩效滑坡的重要原因。宝贡敏和杨静（2004）指出，科技资源与技术管理是影响企业绩效的重要因素：科技资源一方面能够帮助企业创造更多的新型技术以占据市场先机，另一方面，还能帮助企业对现有技术进行更好地利用和改进，从而最大限度地利用好现有技术。因此，科技资源强的企业较科技资源弱的企业而言能够获取更多的技术创新，进而创造更高的绩效。陈琦（2010）以我国1999家高技术企业为研究样本，运用结构方程模型分析发现科技资源对高技术企业绩效有显著的正向影响。此外，根据经典的生产函数 Q = f(K，L，T) 可知，科技资源是创造企业产出的直接原因。

鉴于科技水平的重要性，我们从三个方面探讨提升企业科技水平的可能途径。（1）科技创业中小企业多处于资金密集型行业，技术水平的提升需要相应的资本投入作为物质保障。此外，资本投入也有利于企业通过引进技术提升科技水平。（2）人才是科技水平的直接贡献者，人力资源投入的增加能够产生人才的集聚效应，其所带来的信息共享效应、知识溢出效应、创新效应等将有力地推动人才间的交流，使人力资源的效应放大化，促进知识交流、碰撞，解决现有难题，从而有利于企业科技水平的提升。（3）朱平芳和徐伟民（2003）分析了政府科技激励政策对企业 R&D 投入及其专利产出的影响，认为政府的科技拨款资助和税收减免这两个政策工具对大中型工业企业增加自筹的 R&D 投入都具有积极效果。贾生华等（2006）指出，创新促进政策、融资环境是影响企业技术创新能力的重要因素。

由此，我们提出以下假设：

H_{4a}：技术水平对企业绩效具有正向影响。

H_{4b}：人力资源对科技资源具有正向影响。

H_{4c}：物质资源对科技资源具有正向影响。

H_{4d}：政策环境对科技资源具有正向影响。

（三）作用过程——资源投入的多重中介效应

企业依靠环境以获取其赖以生存和发展的资源与信息，尤其是对科技创业特别社区内的初创企业而言（Pfeffer and Salancik，1978）。因此，环境决定论视角在战略管理领域的文献中被广为采用（Hrebiniak and Joyce，1985）。

但是环境无法直接对企业绩效起作用，而更多是作为支撑条件发挥作用。倘若没有相应的资源要素投入，支撑条件也无法产生其本身应有的效果。Porter（2011）认为政府在高级生产要素的培养中扮演着极为关键的角色，根据其"钻石"理论的分析框架，政府应该从要素资源配置的调节、需求调节和政策优惠、战略规划和组织协调、企业孵化、相关制度的供给等五大方面对技术产业加以扶持和培育。因此可以认为政府通过制定一系列政策来创造良好的政策环境吸引相关资源投入,最终实现对企业绩效的影响。尽管当前创业过程中资源要素投入的重要性已经得到公认,但是问题在于哪些资源的投入能对科技创业中小企业绩效起到最大的作用?哪些资源通过哪些路径达到了这样的目的呢?此外,现有研究未能考虑相关要素投入的多重中介效应,这影响了我们深入理解要素投入之间的关系。事实上,考虑到政府政策环境的最主要作用在于鼓励科技创业中小企业的发展壮大,因此其对于企业绩效的作用必然是间接的,因此考虑在此过程中不同资源投入的中介效应具有必要性。结合上节对于资源投入的阐述,本文提出如下假设:

H_{5a}:政策环境对企业绩效的作用受到物质资源的中介效应影响。

H_{5b}:政策环境对企业绩效的作用受到人力资源的中介效应影响。

H_{5c}:政策环境对企业绩效的作用受到科技资源的中介效应影响。

本文中,为了更加深入理解政策环境的作用路径,我们构建了多重中介效应模型来进行分析。将上述单重中介效应模型组合便可得到相应的多重中介效应模型,这从理论和实践方面均具有一定的探索性质。最终我们可以得到如下假设:

H_{6a}:政策环境对企业绩效的作用依次受到物质资源、人力资源的中介效应影响。

H_{6b}:政策环境对企业绩效的作用依次受到物质资源、科技资源的中介效应影响。

H_{6c}:政策环境对企业绩效的作用依次受到人力资源、科技资源的中介效应影响。

H_{6d}:政策环境对企业绩效的作用依次受到物质资源、人力资源和科技资源的中介效应影响。

基于上述讨论,可以得到本文的理论模型,如图 1 所示。

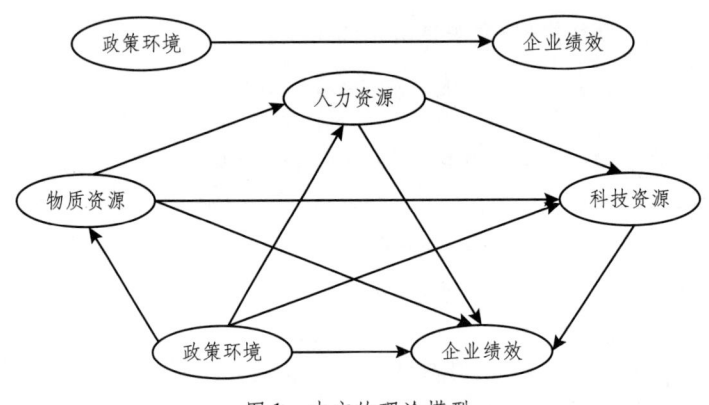

图 1　本文的理论模型

三、研究方法

（一）样本和数据收集程序

本文一方面借鉴使用国内外孵化器领域的成熟量表；另一方面走访科创企业进行半结构化访谈，该访谈的目的在于全面深入地了解影响科技创业社区内企业绩效的因素，使遗漏变量的可能性降至最低，并据此对相关题项加以修改，从而满足偏最小二乘法路径模型的实证要求。结合上述二者编制初始问卷，我们面向在宁五所高校的6位专家和14位科技创业社区的管理者对问卷进行了预测试，在对反馈意见进行综合分析的基础上，对问卷进行调整以增强题项的内容效度，由此形成正式的调查问卷。问卷的调查对象是南京20个紫金科技创业特别社区内的科技创业中小企业。问卷的应答者是这些初创技术企业的高层管理者。调查问卷于分别于2012年、2013年、2014年12月发放，并于2013年、2014年、2015年1月中旬收回。共发放问卷396份，共收回有效问卷330份，问卷回收率达到83.33%。三次问卷在可能的情况下针对相同企业连续跟踪调查。对收回的330份有效问卷和66份无效问卷进行t值检验，发现所有t值均不显著，这表明并不存在显著的非回应偏差问题；对问卷所有条目一起做因子分析，发现在未旋转时得到的第一主成分占到的载荷量是46.317%，并未占到多数，可见同源偏差并不严重（Armstrong and Overton，1977）。本研究样本的主要特征如表1所示。

表1　　　　　　　　研究样本的主要统计特征

样本特征		数量	比例（%）
行业	电子信息产业	26	23.64
	新能源产业	1	0.91
	高端装备制造业	7	6.36
	新材料产业	12	10.91
	软件产业	29	26.36
	生物医药产业	22	20
	节能环保产业	11	10
	其他	2	1.82
企业规模/人	≤10	54	49.1
	11~50	48	43.64

续表

	样本特征	数量	比例（%）
企业规模/人	51～100	5	4.55
	101～200	3	2.73
	≥201	0	0
企业年龄/月（截止到2014年底）	≤12	85	77.27
	13～24	10	9.09
	25～42	15	13.64
	≥43	0	0

（二）实证方法选择

根据本文的理论模型，政策环境、物质资源、人力资源、科技资源、企业绩效等指标均无法直接观测，因而需要构建相应的观测变量。倘若通过问卷加以测度，常常会产生测量误差并可能引致多重共线性问题，而结构方程方法能够较好地处理上述问题，因而在近来的研究中广为使用（陈伟和张旭梅，2011）。特别的，本文采用基于偏最小二乘法（PLS）的结构方程模型进行数据分析，这是一种基于方差的结构方程建模方法（Reinartz et al.，2009），能够同时对测量模型的信度与效度以及结构模型内潜变量间的关系进行估计（Barroso et al.，2010）。相较于基于极大似然估计的结构方程建模方法以及多元回归法而言，其具有一系列的优势（Kock，2012；李国锋和孟亚男，2013），包括：(1) 不要求变量原始数据满足正态分布假设；(2) 适用于进行理论上的探索性分析，而非仅仅是验证性分析；(3) 相对于 MLE-SEM 的大样本要求而言，PLS-SEM 运用 Bootstrap 技术能够产生稳定的路径系数和显著水平，即使样本量在 100 以下；(4) 能够更好地处理可能存在的多重共线问题。

PLS 最初是为了解决问题很复杂而前期理论知识非常匮乏情况下如何进行预测分析而产生的（Wold，1985），因此，PLS 方法非常适合于进行探索性质的理论分析，本文的一个重要的研究目的是探索政策环境与企业绩效之间的多重中介效应，因而该方法也适用于本文的研究（Chin，2010）。事实上，PLS 在战略管理领域已然得到了广泛的运用（Swoboda et al.，2011）。

尽管大多数潜变量间的关系并非简单的线性关系，但是现有大多数结构方程软件只能捕捉潜变量之间的线性关联，而忽视非线性联系。考虑潜变量之间的非线性关系是进行稳健分析的必要条件，目前仅有 WarpPLS 软件能够对潜变量之间的非线性关系加以捕捉（Kock，2012），并能够用来对非正态分布的数据进行探索性与验证性分析，因此本文选取 WarpPLS 软件进行分析。WarpPLS 提供了三种抽样方法：Jackknifing，Bootstrapping 以及 Blindfolding，鉴于再抽样方法能够较好地处理极端值问题并在较小样本的情况下提供更为准确的 P 值估计，我们分别使用了 Bootstrapping 以及 Jackknifing 的再抽样方法以获取 P 值估计，结果发现，这两种再抽样方法得到了完全相同的路径系数与 P 值。这说明本文研究结果是稳健的。

（三）变量测度

研究量表部分主要由政策环境、物质资源、人力资源、科技资源、企业绩效五大部分组成。所有题项均使用李克特（Likert-type）七维度量表来度量（1 代表完全不同意，7 代表完全同意），要求应答者指出对这些指标的感知程度、认可程度或者满意程度。

1. 政策环境（policy environment）

现有针对孵化器内企业所处政策环境的研究多从客观因素出发进行评估，但是心理学研究认为，人们的行为是以他们对现实的认知，而不是以现实本身为基础。因此本文拟从创业者认知角度出发，并结合现有研究成果对政策环境指标加以测度。通过对国内外孵化器的资料分析，我们选取以下指标：创新创业文化环境（PE1）、创业政策支持（PE2）、投融资环境（PE3）和基础服务设施（PE4）（Sherman，1999）。根据张炜和邢潇（2007）的定义，创业文化氛围是指孵化器或者创业园区所塑造的创业支持氛围以及工作人员的服务行为态度等；创业政策支持是指国家或者地方政府对高新技术创业企业的优惠环境和支持行为等；投融资环境是指技术孵化器引进风险投资机构、设立种子基金或者提供融资担保服务等内容；基础服务体系是指孵化器或高新区提供的业务培训、研发技术咨询和市场咨询，以及场地、实验室和互联网和一般流程服务。

2. 物质资源（material resources）

我们使用场地大小（MR1）、计划投资（MR2）、实际投资（MR3）、仪器设备资产（MR4）来测度该潜变量（Barney et al.，2001）。场地大小是指企业拥有生产和经营场所面积的大小；计划投资和实际投资是指企业在未来有可能得到和目前已经得到的资金投入量；仪器设备资产是指企业拥有的用于企业生产和经营使用的仪器与设备的价值。

3. 人力资源（human resources）

由于本文研究的科技创业企业大多数规模很小，并不具备声誉资源和相应的社会网络，主要员工均参与研究性工作，其从事的多为高新技术产业，因此本文所指人力资源主要为智力资源。我们使用博士人数（HR1）、教授人数（HR2）、R&D 人员人数（HR3）来测度该指标（Wernerfelt，1984）。

4. 科技资源（science and technical resources）

由于当代科学和技术的结合越来越紧密，很多新创企业从事着最新技术的突破,十分需要科学研究的支持,因此我们采用科技资源,而不仅是技术资源的名称。在指标的选取方面,则需要体现科学与技术两方面的特征,我们用专利申请数量(STR1)、获得专利数量(STR2)、发表论文数量(STR3)来衡量该指标(Lichtenstein and Brush, 2001)。前两者主要体现企业拥有的技术资源,而论文数量则能够体现企业所拥有的科学素养。

5. 企业绩效(firm performance)

根据 Chrisman and Hofer(1984)对企业创业阶段的划分,可以将企业产生的前四年定义为"初创期",按照此标准,南京科技创业社区内的企业均处于生命周期的初创阶段并具有中小企业特征,[①] 因此在绩效指标的选取方面应该体现其初创中小企业的特点。中小企业在创建初期主要关注企业的生存与成长,Jovanovic(1982)以及 Delmar et al.(2003)认为,销售净利润以及销售额的增加能够反映企业的成长,为企业带来逐增的利润。Palepu et al.(2008)指出,企业的投入应该得到相应的回报,这是企业未来发展的基石,因而投资回报率能够反映企业成长的可能性。Murphy(1996)基于 1987~1996 年间发表在权威刊物上的 99 篇文献,提出了创业绩效的五维度分类法,将创业绩效分为盈利性绩效、成长性绩效、生存性绩效、生产率绩效、满意度绩效五类。本文借鉴上述分析,采用销售净利润(FR1)、投资回报率(FR2)、员工人数增长量(FR3)、员工人数增长率(FR4)来测度企业绩效:前两者能够衡量企业的经营效益并为企业成长提供内在动力,后两者用于表现企业的成长绩效,从而较好地兼顾了初创中小企业的经营效益和成长效益两个维度(刘井建,2011)。

四、研究结果

按照 Anderson and Gerbing(1992)"两步走"方法,第一步为了检测测量模型的可靠性,需要对测量尺度的信度和效度进行检验。第二步运用路径分析法对结构模型进行分析。

(一)测量模型

PLS 对于测量模型中反映型指标的测度是基于个别项目的信度、建构效度、会聚效度以及判别效度进行的(Hair et al., 2012)。当每个构念下条目的因子载荷超过 0.707 时,就可以认为个别项目的信度是足够的(Carmines and Zeller, 1979)。在本文的研究中,所有反映型指标的载荷均超过 0.755,且每个测度项与所属变量的相关系数要高于该测度项与其他潜变量的相关系数,如表 2 所示。

[①] 样本企业成立时间区间及企业规模如表 1 所示。

表2　　　　　　　　　测量模型交叉载荷系数表

	政策环境	物质资源	人力资源	科技资源	企业绩效
PE1	0.859	0.301	0.206	0.208	0.276
PE2	0.915	0.265	0.254	0.211	0.216
PE3	0.918	0.317	0.29	0.26	0.204
PE4	0.937	0.288	0.203	0.101	0.154
MR1	0.302	0.811	0.406	0.442	0.385
MR2	0.271	0.929	0.51	0.538	0.535
MR3	0.251	0.649	0.095	0.226	0.179
MR4	0.262	0.927	0.548	0.53	0.618
HR1	0.217	0.245	0.755	0.312	0.275
HR2	0.249	0.534	0.924	0.558	0.645
HR3	0.216	0.466	0.909	0.425	0.576
STR1	0.248	0.622	0.461	0.793	0.507
STR2	0.177	0.503	0.511	0.959	0.424
STR3	0.165	0.348	0.401	0.946	0.424
FR1	0.241	0.55	0.544	0.516	0.974
FR2	0.226	0.519	0.561	0.474	0.969
FR3	0.225	0.52	0.602	0.319	0.989
FR4	0.217	0.499	0.595	0.313	0.973

建构信度的目的在于检验观测变量是否一致地测度目标潜变量（Straub et al.，2004），通常使用组合信度指标与 Cronbach's alpha 指标加以测度（Roldán and Sánchez – Franco，2012）。Nunnally and Bernstein（1994）建议当模型的建构信度达到 0.7 以上时是可以接受的。在我们的研究中，五个潜变量均达到了标准。为了检测收敛效度，我们观察相应的平均变异萃取量（AVE）指标（Hair et al.，2011），本文中潜变量的 AVE 值均超过了 0.5。判别效度意指各个构念直接的区分程度，PLS 中有两种途径来检测判别效度：第一，各维度间完全标准化相关系数应该小于所涉及各维度自身 AVE 的平方根；第二，题项与该测度构念的载荷不应小于题项对其他构念的载荷。本文的研究能够保证较好的判别效度，如表3所示。

表3　　　　　　　建构信度、收敛效度与判别效度

	政策环境	物质资源	人力资源	科技资源	企业绩效
政策环境	0.908	0.322 ***	0.262	0.214	0.232
物质资源	0.322 ***	0.837	0.49 ***	0.534 ***	0.535 ***

续表

	政策环境	物质资源	人力资源	科技资源	企业绩效
人力资源	0.262	0.49 ***	0.866	0.505 ***	0.59 ***
科技资源	0.214	0.534 ***	0.505 ***	0.903	0.723 ***
企业绩效	0.232	0.535 ***	0.59 ***	0.723 ***	0.976
R-squared		0.17	0.448	0.381	0.775
Composite reliability	0.949	0.902	0.899	0.929	0.988
cronbach's alpha	0.929	0.85	0.829	0.883	0.984
Avg. var. extrac.	0.824	0.7	0.75	0.815	0.954
Full COLLIN. vif	1.134	1.648	1.67	2.251	2.502
Q-squared		0.161	0.437	0.406	0.703

注：表中斜对角加粗数值为相应潜变量 AVE 的平方根。

（二）结构模型

首先是对模型拟合程度的判断，当 APC 以及 ARS 的 P 值均低于 0.05，AVIF 低于 5 且 GOF 大于 0.36 时，可以认为模型具有良好的拟合程度。表 4 的结果显示，相关指标均符合要求，因此可以认为模型具有良好的预测力与解释力。特别地，我们针对文中的潜变量进行了多重共线性检验，结果显示，并不存在严重的多重共线性现象。①

表 4　　　　　　　　　　结构模型拟合度

Average path coefficient (APC)	0.315, P<0.001	Good if P<0.05
Average R-Squared (ARS)	0.444, P<0.001	Good if P<0.05
Average Variance Inflation factor (AVIF)	1.901	Good if AVIF<5
GOF	0.5988	Good if GOF>0.36

接下来，本文根据 Cohen（1988）的方法对效应值系数进行了计算，这对于分析直接效应，间接效应以及总效应至关重要。②

1. 直接效应

对结构模型的判断主要是通过结构路径系数的正负、大小、显著性，R^2 值以及 Q^2 值来进行，相关结果如图 2 以及表 5 所示。

---

① PLS 方法本身能够较好地处理多重共线问题，但为确保结果的稳健性，我们依然测度了其 VIF 值。

② 当效应值小于 0.02 时，可以认为效应值偏小；当达到 0.15 时，可以认为效应值尚可；当大于 0.35 时，则可以认为效应值很大。

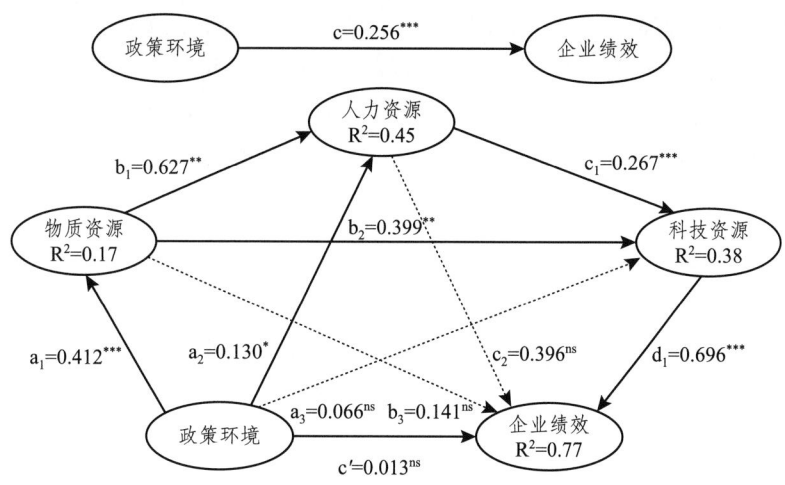

图 2 南京科技创业特别社区结构模型分析结果

表 5 对内生变量的作用

	直接效应	P 值（bootstrap）	Boot SE	解释的 R^2
物质资源 ($R^2 = 0.170$；$Q^2 = 0.161$)				
政策环境 (a_1)	0.412	<0.001	0.068	0.170
人力资源 ($R^2 = 0.448$；$Q^2 = 0.437$)				
政策环境 (a_2)	0.130	0.047	0.077	0.036
物质资源 (d_{21})	0.627	0.006	0.246	0.412
科技资源 ($R^2 = 0.381$；$Q^2 = 0.406$)				
政策环境 (a_3)	0.066	0.286	0.116	0.017
物质资源 (d_{31})	0.399	0.006	0.157	0.228
人力资源 (d_{32})	0.267	0.008	0.108	0.136
企业绩效 ($R^2 = 0.775$；$Q^2 = 0.703$)				
政策环境 (c')	0.013	0.413	0.061	0.003
物质资源 (b_1)	−0.141	0.281	0.242	0.094
人力资源 (b_2)	0.396	0.060	0.252	0.277
科技资源 (b_3)	0.696	<0.001	0.175	0.401

注：* $p<0.05$，** $p<0.01$，*** $p<0.001$，ns 表示不显著；实线表示显著，虚线表示不显著。

本文中路径模型的结果如图 2 所示。R^2 是 PLS 路径模型中用来评价内部关系解释效果的重要指标，R^2 数值越大，说明内生潜变量未能被内部模型解释的方差越小。我们发现 H_1 未能得到显著支持，政策环境对企业绩效的直接作用（c'）并不显著，$H_1 \sim H_4$ 的验证结果如表 6 所示。

表 6　　　　　　　　　　　　$H_1 \sim H_4$ 的验证结果

研究假设	验证结果
H_1：政策环境对企业绩效具有正向影响（政策环境→企业绩效 = c'）。	支持但不显著
H_{2a}：政策环境对物质资源具有正向影响（政策环境→物质资源 = a_1）。 H_{2b}：物质资源对企业绩效具有正向影响（物质资源→企业绩效 = b_3）。	支持 不支持
H_{3a}：人力资源对企业绩效具有正向影响（人力资源→企业绩效 = c_2）。 H_{3b}：政策环境对人力资源具有正向影响（政策环境→人力资源 = a_2）。 H_{3c}：物质资源对人力资源具有正向影响（物质资源→人力资源 = b_1）。	支持但不显著 支持 支持
H_{4a}：技术水平对企业绩效具有正向影响（科技资源→企业绩效 = d_1）。 H_{4b}：人力资源对科技资源具有正向影响（人力资源→科技资源 = c_1）。 H_{4c}：物质资源对科技资源具有正向影响（物质资源→科技资源 = b_2）。 H_{4d}：政策环境对科技资源具有正向影响（政策环境→科技资源 = a_3）。	支持 支持 支持 支持但不显著

表 5 显示，各内生潜变量 Q^2 均大于 0，模型对于各因变量具有较好的预测性能，其中，企业绩效潜变量获得了最大解释方差程度（77.5%）。对于物质资源的形成来说，政策环境能够解释 17% 的方差；对于人力资源的形成来说，物质资源所能解释的方差高达 41.2%，而政策环境的仅能解释其中 3.6% 的方差；对于科技资源的形成而言，物质资源同样具有最大的方差解释力（22.8%），人力资源所解释的方差达到了 13.6%，但是政策资源的作用并不显著，如表 6 中 H_{4d} 所示。对于企业绩效而言，我们发现科技资源能够解释的方差最大而且显著（达到 40.1%），但是政策环境、物质资源、人力资源并无法对企业绩效产生直接而显著的解释作用，如表 6 中 H_1，H_{2b}，H_{3a} 的验证结果所示。科技资源对企业绩效的作用如图 3 所示。我们的研究发现尽管科技资源对创业企业绩效能够起到最为直接和重要的作用，但是这并不意味着对企业来说科学技术越多越先进，其绩效就越好。选择合理能够满足市场需求，同时又具有一定先进性的科技资源对于企业绩效的提升有重要的促进作用，但若一味追求过多过高的科学技术，科技资源对企业绩效的边际贡献将下降。需要指出的是，突出科技资源的重要性并不代表政策环境、物质资源、人力资源对企业绩效没有显著作用，事实上，物质资源对于科技资源的形成贡献巨大，人力资源次之；对于人力资源的形成而言，物质资源又起到了至关重要的作用，不仅如此，物质资源对于人力资源形成的边际贡献是递增的，如图 4 所示。而在物质资源的形成中，政策环境又起到了

基础性的作用。因此,我们可以说,科技资源对于企业绩效的作用最为直接,但是政策环境、物质资源、人力资源的作用是间接的,却更为深远。为此,我们将在下一节中探讨政策环境、物质资源、人力资源、企业绩效间可能存在的间接作用路径。

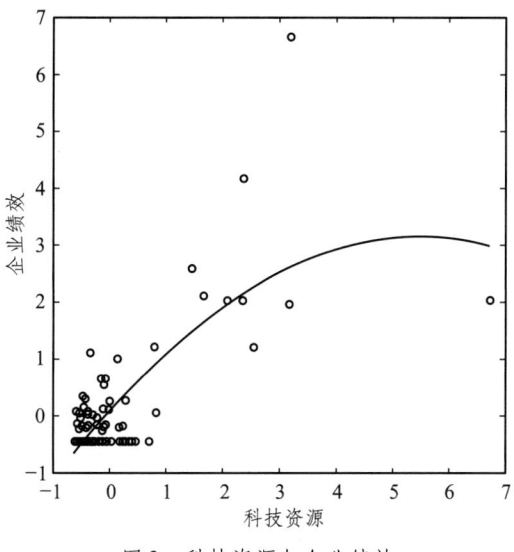

图 3　科技资源与企业绩效

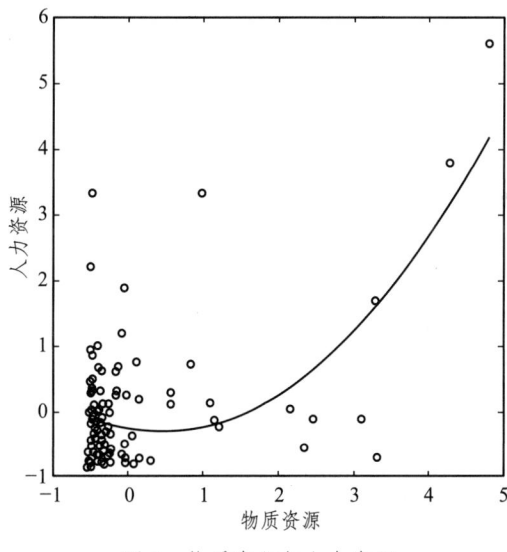

图 4　物质资源与人力资源

2. 间接效应

总效应是潜变量之间直接效应与间接效应的总和(Henseler et al.,

2009)。如果仅仅使用路径系数来测度潜变量之间的影响程度，那么常常会导致低估并有可能引发第一类错误，尤其是当其他潜变量对其有间接影响的时候。根据前述模型可知，尽管当我们单独考虑政策环境对企业绩效的作用时，我们发现二者之间存在显著的正向关系，但是当我们考虑物质资源、人力资源以及科技资源在其中的中介作用后，我们发现二者的显著关系消失了，与此同时，政策环境、物质资源、人力资源、科技资源以及企业绩效则两两显著，由此满足了 Baron and Kenny（1986）所提出的中介效应存在的条件。下面，我们进一步考察政策环境与企业绩效发生关系过程中中介变量的作用机制。

正如表 7 所示，政策环境对于企业绩效有显著的总影响，但是当中介变量引入后，政策环境对企业绩效的影响不再显著。这意味着物质资源、人力资源、科技资源在此过程中起到了完全中介作用。针对 $H_5 \sim H_6$ 所提出的七条可能的中介效应路线，我们发现其中只有两条中介效应路线得到了验证。其中路径"政策环境→物质资源→科技资源→企业绩效"能够产生的间接效应最大，其效应值达到了 0.029，因此这是政策环境对企业绩效发挥最大作用的最佳路径；而另外一条路径"政策环境→物质资源→人力资源→科技资源→企业绩效"，尽管也具有显著性，但是其效应值仅为 0.012，因此有效程度偏小。物质资源和科技资源之所以能够起到完全中介作用，原因在于对于科技创业中小企业而言，技术是其安身立命的根本所在，技术的获取一方面可以依靠自主研发；另一方面也可以通过引进，在此基础上加以改造，从而提升企业绩效，而在第二种情况下，人力资源的作用有所下降。$H_5 \sim H_6$ 的具体验证结果如表 8 所示。

表 7　　　　　　　　　　中介效应检验结果

政策环境对企业绩效总影响				政策环境对企业绩效直接影响				政策环境对企业绩效间接影响				
系数	P 值	Boot SE	效应值	系数	P 值	Boot SE	效应值		系数	P 值	Boot SE	效应值
0.342	0.015	0.155	0.088	0.013	0.413	0.061	0.003	Total：	0.329	0.016	0.151	0.084
								H_{5a}：	0.058	0.289	0.104	0.015
								H_{5b}：	0.052	0.079	0.036	0.013
								H_{5c}：	0.046	0.305	0.090	0.012
								H_{6a}：	0.107	0.098	0.083	0.028
								H_{6b}：	0.114	0.048	0.068	0.029
								H_{6c}：	0.024	0.176	0.026	0.006
								H_{6d}：	0.044	0.048	0.029	0.012

注：加粗表示在 5% 的水平上显著的路径。

表8　　$H_5 \sim H_6$ 的验证结果

研究假设	验证结果
H_{5a}：政策环境对企业绩效的作用受到物质资源的中介效应影响。 （政策环境→物质资源→企业绩效 = $a_1 b_3$）	支持但不显著
H_{5b}：政策环境对企业绩效的作用受到人力资源的中介效应影响。 （政策环境→人力资源→企业绩效 = $a_2 c_2$）	支持但不显著
H_{5c}：政策环境对企业绩效的作用受到科技资源的中介效应影响。 （政策环境→科技资源→企业绩效 = $a_3 d_1$）	支持但不显著
H_{6a}：政策环境对企业绩效的作用依次受到物质资源、人力资源的中介效应影响。 （政策环境→物质资源→人力资源→企业绩效 = $a_1 b_1 c_2$）	支持但不显著
H_{6b}：政策环境对企业绩效的作用依次受到物质资源、科技资源的中介效应影响。 （政策环境→物质资源→科技资源→企业绩效 = $a_1 b_2 d_1$）	支持
H_{6c}：政策环境对企业绩效的作用依次受到人力资源、科技资源的中介效应影响。 （政策环境→人力资源→科技资源→企业绩效 = $a_2 c_1 d_1$）	支持但不显著
H_{6d}：政策环境对企业绩效的作用依次受到物质资源、人力资源和科技资源的中介效应影响。 （政策环境→物质资源→人力资源→科技资源→企业绩效 = $a_1 b_1 c_1 d_1$）	支持

五、总结与启示

科技创业中小企业孵化器是我国"发展高科技，实现产业化"的重要政策工具（马凤岭，2008）。本文分析了政策环境对南京科技创业特别社区内中小企业绩效的作用机理，从而以一个崭新的视角为政府促进科技创业中小企业发展提供指导。通过综合运用PLS技术和复数据表方法，检验了不同类型的资源投入在政策环境与企业绩效间的多重中介作用，并讨论了不同类型资源要素在此过程中的作用程度与途径。

通过本文的研究，我们发现了在政策环境对企业绩效发生作用过程中起到重要中介作用的三大资源投入：物质资源、人力资源以及科技资源。我们的研究表明，一方面，政策环境主要对社区内科技创业中小企业的物质资源以及人力资源产生促进作用，其中政策环境对物质资源的影响程度最大，而人力资源的形成则主要依赖于物质资源的支撑；另一方面，政策环境、物质资源以及人力资源均无法直接对企业绩效产生明显作用，但是科技资源对企业绩效的直接影响则相当显著，而科技资源的形成，很大程度上源于物质资源以及人力资源的投入，且物质资源影响更大。故可以说，政策环境、物质资源、人力资源对企业绩效的作用更为深远和重要，但科技资源对企业绩效的作用更为直接,科技资源能够对企业绩效能够起到短期内最有力的预测作用,那些科技资源丰富的企业将比他的竞争对手短期内业绩更好。因此,科技创业中小企业要想尽快在企业绩效上实现突破,有必要努力获取科技资源,这既可以通过物质资源的投入来引进和获取科技资源,又可以通过人力资源的投入增强研发以丰富科技资源,其中前者将起到更为明显的作用。

本文的结构方程模型显示,物质资源、人力资源、科技资源三个潜变量之间的路径系数均是显著的,这说明这三大资源投入之间不仅仅是顺次关系,而且是并行关系,这意味着物质资源、人力资源、科技资源之间是显著相关的。更深一步来说,我们发现物质资源、人力资源、科技资源依次在政策环境对企业绩效的作用过程中起到了完全中介作用。特别需要指出的是,政策环境对企业绩效发生最大间接作用的路径是"政策环境→物质资源→科技资源→企业绩效",政府政策应该重点向吸引投资并以此促进科技资源形成方面倾斜,而非以吸引人才或者试图直接依靠政策培育科技资源作为导向,因此南京市科技创业特别社区管理部门可以更多地与天使投资、风险投资机构以及其他金融机构合作,完善针对科技创业中小企业的投融资服务,并通过投资机构来加强与在宁高校的产学研联系。相关部门应加大对科技创业的资助力度(尤其是土地资源支持力度方面),创造资金加政策的"磁场"效应,同时为了减轻政府投入压力,可以考虑探索建立毕业企业回报科技创业社区的机制与渠道,改变科技创业社区收入单一局面;创业企业可以考虑更多地利用物质资源引进科技资源,而非过于着力于自主研发高新技术,即使这些引进的科技资源并非最先进的,但倘若能够把握好市场契机,却能够对企业绩效起到更为有力的推动作用。上述结论对政府制定相应政策导向与科技创业中小企业有效利用政策环境提升企业绩效具有一定的指导意义。

参考文献

[1] 宝贡敏,杨静. 企业技术管理在技术创新中的角色——基于浙江省企业的研究 [J]. 科学学研究, 2004, 22 (05): 546 – 551.

[2] 蔡莉,柳青. 新创企业资源整合过程模型 [J]. 科学学与科学技术管理, 2007, 28 (02): 95 – 102.

[3] 陈琦. 技术核心能力对高技术企业绩效的影响——基于结构方程模型的实证分析 [J]. 求索, 2010, (10): 26 – 27, 30.

[4] 陈伟,张旭梅. 供应链伙伴特性、知识交易与创新绩效关系的实证研究 [J]. 科研管理, 2011, 32 (11): 7 – 17.

[5] 陈兴淋. 南京创业环境现状评价:一项基于专家问卷的实证研究 [J]. 南京社会科学, 2007, (07): 135 – 140.

[6] 程华,王婉君. 创新政策与企业绩效研究 [J]. 中国科技论坛, 2013, (02): 10 – 14.

[7] 杜海东，李业明．创业环境对新创企业绩效的影响：基于资源中介作用的深圳硅谷创业园实证研究 [J]．中国科技论坛，2012，(09)：77–82．

[8] 郝臣．中小企业成长：政策环境与企业绩效——来自中国 23 个省市 309 家中小企业的经验数据 [J]．上海经济研究，2006，(11)：15–22．

[9] 贾生华，疏礼兵，邬爱其．民营企业技术创新能力的影响因素及其差异分析——以浙江省为例 [J]．管理学报，2006，3 (01)：103–108．

[10] 蒋春燕，赵曙明．社会资本和公司企业家精神与绩效的关系，组织学习的中介作用 [J]．管理世界，2006，10 (90)：90–99．

[11] 李冬伟，汪克夷．智力资本与高科技企业绩效关系研究——环境的调节作用 [J]．科学学研究，2009，27 (11)：1700–1707．

[12] 李国锋，孟亚男．我国部属高校科技活动综合评价——基于 PLS 路径模型的实证研究 [J]．研究与发展管理，2013，25 (02)：95–106．

[13] 李恒光．孵化器绩效评价体系中的要素与过程分析 [J]．科学管理研究，2007，25 (01)：45–48．

[14] 林强，姜彦福．高科技企业的人力资本制度 [J]．中国软科学，2001，(06)：74–77．

[15] 林强．基于新创企业绩效决定要素的高科技企业孵化机制研究 [D]．清华大学经济管理学院博士学位论文，2003．

[16] 刘井建．创业学习、动态能力与新创企业成长支持模式研究 [J]．科学学与科学技术管理，2011，32 (02)：127–132．

[17] 刘筱，王铮，赵晶媛．政府在高技术产业集群中的作用——以深圳为例 [J]．科研管理，2006，27 (04)：36–43．

[18] 马凤岭．科技企业孵化器理论与实务 [M]．北京：科技文献出版社，2008．

[19] 薛澜，林泽梁，梁正，陈玲，周源，王玺．世界战略性新兴产业的发展趋势对我国的启示 [J]．中国软科学，2013，(05)：18–26．

[20] 张炜，邢潇．高技术企业创业孵化环境与成长绩效关系研究 [J]．科学学研究，2007，25 (01)：74–78．

[21] 郑江淮，高彦彦，胡小文．企业"扎堆"，技术升级与经济绩效 [J]．经济研究，2008，(05)：33–46．

[22] 周方涛．区域科技创业人才生态系统构建及 SEM 分析 [J]．中国科技论坛，2012，(12)：86–90．

[23] 朱平芳，徐伟民．政府的科技激励政策对大中型工业企业 R&D 投入及其专利产出的影响 [J]．经济研究，2003，6 (05)：45–53．

[24] Allen D. N., Rahman S. Small business incubators: a positive environment for entrepreneurship [J]. Journal of Small Business Management, 1985, 23 (3): 12–22.

[25] Anderson J. C., Gerbing D. W. Assumptions and comparative strengths of the two-step approach comment on Fornell and Yi [J]. Sociological Methods & Research, 1992, 20 (3): 321–333.

[26] Armstrong J., Overton T. Estimating nonresponse bias in mail surveys [J]. Journal of Marketing Research, 1977, 14: 396–402.

[27] Barbieri E., Di Tommaso M R, Huang M. Industrial development policy and innovation in Southern China: government targets and firms' behaviour [J]. European Planning Studies,

2010, 18 (1): 83 – 105.

[28] Barker III V. L., Duhaime I. M. Strategic change in the turnaround process: theory and empirical evidence [J]. Strategic Management Journal, 1997, 18 (1): 13 – 38.

[29] Barney J., Wright M., Ketchen D. J. The resource – based view of the firm: Ten years after 1991 [J]. Journal of Management, 2001, 27 (6): 625 – 641.

[30] Baron R. M., Kenny D. A. The moderator – mediator variable distinction in social psychological research: Conceptual, strategic, and statistical considerations [J]. Journal of Personality and Social Psychology. 1986, 51 (6): 1173 – 1182.

[31] Barroso C., Carrión G. C., Roldán J. L. Applying Maximum Likelihood and PLS on Different Sample Sizes: Studies on Servqual Model and Employee Behavior Model [M]. Handbook of Partial Least Squares. New York: Springer Berlin Heidelberg, 2010.

[32] Block J. H., Thurik R., Zhou H. What turns knowledge into innovative products? The role of entrepreneurship and knowledge spillovers [J]. Journal of Evolutionary Economics, 2013: 1 – 26.

[33] Bontis N., Keow W. C. C., Richardson S., Intellectual capital and business performance in Malaysian industries [J]. Journal of Intellectual Capital, 2000, 1 (1): 85 – 100.

[34] Carmines E. G., Zeller R. A. Reliability and Validity Assessment [M]. Beverly Hills and London: Sage University Paper Series on Quantitative Applications in the Social Sciences, 1979.

[35] Chin W. W. How to Write up and Report PLS Analyses [M]. Handbook of Partial Least Squares. New York: Springer Berlin Heidelberg, 2010.

[36] Chrisman J. J., Hofer C. W. Corporate diversification: entry, strategy, and performance [J]. Academy of Management Review, 1984, 9 (4): 772 – 774.

[37] Cohen J. Statistical Power Analysis for the Behavioral Sciences [M]. New York: Academic Press, 1977.

[38] Cumming D. Government policy towards entrepreneurial finance: Innovation investment funds [J]. Journal of Business Venturing, 2007, 22 (2): 193 – 235.

[39] Da Rin M., Nicodano G., Sembenelli A. Public policy and the creation of active venture capital markets [J]. Journal of Public Economics, 2006, 90 (8): 1699 – 1723.

[40] Delmar F., Davidsson P., Gartner W. B. Arriving at the high-growth firm [J]. Journal of Business Venturing, 2003, 18 (2): 189 – 216.

[41] Dollinge M. J. Entrepreneurship: Strategies and Resources [M]. New Jersey: Upper Saddle River, 1999.

[42] Edquist C., Johnson B. Institutions and Organizations in Systems of Innovation [M]. London: Pinter Publisher, 1997.

[43] Gray E. Incubate for America? [J]. Hopes, Fears, & Reality, 2013: 31.

[44] Hair J. F., Ringle C., Sarstedt M. PLS – SEM: Indeed a silver bullet [J]. Journal of Marketing Theory and Practice, 2011, 19 (2): 139 – 152.

[45] Hair J. F., Sarstedt M., Ringle C. M., Mena J. A. An assessment of the use of partial least squares structural equation modeling in marketing research [J]. Journal of the Academy of Marketing Science, 2012, (40): 414 – 433.

[46] Hannonô P. D., Chaplin P. Are incubators good for business? Understanding incubation practice-the challenges for policy [J]. Environment and Planning C: Government and Policy, 2003, (21): 861-881.

[47] Henseler, J., Ringle, C. M., Sinkovics, R. R. The use of partial least squares path modeling in international marketing [J]. Advances in International Marketing, 2009, (20): 277-320.

[48] Hrebiniak L. G., Joyce W. F. Organizational adaptation: strategic choice and environmental determinism [J]. Administrative Science Quarterly, 1985, 30 (3): 336-349.

[49] Jovanovic B. Selection and the evolution of industry [J]. Econometrica: Journal of the Econometric Society, 1982, 50 (3): 649-670.

[50] Kim L., Nugent J. The Republic of Korea's small and medium-size enterprises and their support systems [R]. World Bank Policy Research Working Paper, 1999.

[51] Kock N. WarpPLS 3.0 User Manual [EB/OL]. Laredo, Texas: Script Warp Systems. Retrieved April, 10, 2012 http://www.scriptwarp.com/warppls/.

[52] Lichtenstein B. B., Brush C. G. How do "resource bundles" develop and change in new ventures? A dynamic model and longitudinal exploration [J]. Entrepreneurship Theory and Practice, 2001, (25): 37-58.

[53] Marshall A. Principles of Economics [M]. Lawrence: Digireads. Com, 2012.

[54] Minniti M. The role of government policy on entrepreneurial activity: productive, unproductive, or destructive? [J]. Entrepreneurship Theory and Practice, 2008, 32 (5): 779-790.

[55] Murphy G. B. Toward an improved entrepreneurial performance construct: the effects of variable selection, sample source, and screening criterion [D]. Houston: University of Houston, 1996.

[56] Nunnally J. C., Bernstein I. H. Psychometric Theory (3rd ed.) [M]. New York: McGraw-Hill, 1994.

[57] Palepu K. G., Healy P. M., Bernard V. L. Business Analysis and Valuation: Using Financial Statements, Text and Cases [M]. 3rd edition, Thomson Higher Education, 2008.

[58] Pfeffer J., Salancik G. R. The External Control of Organizations [M]. New York: Harper and Row Publishers, 1978.

[59] Porter M. E. Competitive Advantage of Nations: Creating and Sustaining Superior Performance [M]. New York: Free Press, 2011.

[60] Powers P. Building the Austin technology cluster: the role of government and community collaboration in the human capital [C]. Digital Regions Conference. 2006: 1-2.

[61] Riahi-Belkaoui A. Intellectual capital and firm performance of US multinational firms: a study of the resource-based and stakeholder views [J]. Journal of Intellectual Capital, 2003, 4 (2): 215-226.

[62] Roldán J. L., Sánchez-Franco M. J. Variance-based structural equation modeling: guidelines for using partial least squares in information systems research [J]. Research Methodologies, Innovations and Philosophies in Software Systems Engineering and Information Systems, 2012: 193-221.

[63] Sherman H. D. Assessing the intervention effectiveness of business incubation programs on new business start-ups [J]. Journal of Developmental Entrepreneurship, 1999, 4 (2): 117-133.

[64] Sjoerd Beugelsdijk. Entrepreneurial culture, regional innovativeness and economic growth [J]. Journal of Evolutionary Economics, 2007, 17 (2): 187-210.

[65] Smith A. The Wealth of Nations [M]. London: W. Strahan and T. Cadell, 1776.

[66] Solow R. M. A contribution to the theory of economic growth [J]. The Quarterly Journal of Economics, 1956, 70 (1): 65-94.

[67] Straub D., Boudreau M. C., Gefen D. Validation guidelines for IS positivist research [J]. Communications of the Association for Information Systems, 2004, 13 (24): 380-427.

[68] Swoboda B., Meierer M., Foscht T., et al., International SME alliances: the impact of alliance building and configurational fit on success [J]. Long Range Planning, 2011, 44 (4): 271-288.

[69] Unger J. M., Rauch A., Frese M., et al., Human capital and entrepreneurial success: A meta-analytical review [J]. Journal of Business Venturing, 2011, 26 (3): 341-358.

[70] Venkataraman S. Regional transformation through technological entrepreneurship [J]. Journal of Business Venturing, 2004, 19 (1): 153-167.

[71] Werner Reinartz, Michael Haenlein, Jörg Henseler. An empirical comparison of the efficacy of covariance-based and variance-based SEM [J]. International Journal of Research in Marketing, 2009, 26 (4): 332-344.

[72] Wernerfelt B. A resource-based view of the firm [J]. Strategic Management Journal, 1984, 5 (2): 171-180.

[73] Wold H. Systems Analysis by Partial Least Squares [M]. Dordrecht: Martinus Nijhoff, 1985.

Path Analysis on Effects of Policy Environment and Resource Inputs on Performance of Technology Start-up SMEs

Fan Jin   Zhao Tong   Ma Hujie

Abstract: The current research on the role that policy environment and resource input play in the performance of technology start-up SMEs remains on the layer of theory and the level of general cognition, especially, there is still lack of the analysis of function route among this process. This paper attempts to focus on microcosmic level and follows circumstance-constituent-course (3C) analytical framework to find out the impact and function route of policy environment and resource input towards the performance of technology start-up SMEs. Based on the questionnaire analysis of 110 technology start-up SMEs in Nanjing technology entrepreneurship special community, by using data for three consecutive years the PLS – SEM method has been applied in this paper to verify that the policyenvironment has positive impact on the performance of star-ups and explore the multiple mediator effects of different kinds of resource input during this process. The research suggests that the technical resources have direct effect upon the performance of technology startups, while the policy environment, material resources and human resources have indirect effect; the most effective indirect function route between policy environment and star-ups performance should be 'policy environment -> material resources -> technical resources -> star-ups performance'. This paper enriches the model of the determinants of venture performance from the theoretical level and is of guiding significance to the scientific decision-making of government and star-ups.

Keywords: policy environment, resources input, SMEs performance, PLS, multiple mediation effect

中国碳排放权交易市场信息效率研究

刘 明 崔诚诚*

摘 要：本文从七个碳交易试点市场信息入手研究碳排放权交易市场有效性，首先根据市场信息特征选定 LM 传统方差比方法检验市场信息的效率，结果表明只有上海和广东碳交易市场达到弱式有效，进而用 Wild bootstrap 方差比检验方法进一步验证了上述两个碳交易市场达到了弱式有效。研究结果揭示出，为了提高碳排放市场效率，应该采取灵活的碳排放配额有偿分配和较长的分配期限，在碳排放市场机制中嵌入降低信息成本的元素，提供更多配额总量以有效扩大单一交易主体所获得配额，实施灵活的遵约日期，适度强化违约惩罚。要明晰政府对碳交易市场的监管原则，减少政府干预，充分发挥市场内在调节功能。最后，本文从市场建设、交易主体、政府管制等方面提出构建全国统一碳市场、循序提高中国碳交易市场效率的政策建议。

关键词：碳交易市场 弱式有效性 市场信息效率 收益率分布 方差比检验

一、引 言

随着全球气候变暖问题日益加剧，国际碳排放权交易市场逐步建立，市场体制建设日臻完善，市场规模亦不断扩大。中国作为世界上碳排放量最大的发展中国家，进入绝对减排国家的行列只是时间问题，预示着未来将会面临巨大的减排压力。有鉴于此，中国陆续建立了 7 个碳交易试点市场，迄今各大碳交易试点市场均已运行三年左右。2015 年 9 月 25 日，国家主席习近平与美国总统奥巴马在巴黎就气候变化问题发表中美联合声明，承诺中国在 2017 年启动全国性碳排放交易系统，这意味着发展低碳化经济将成为国家"十三五"期间的一项重点任务，中国将较快进入低碳新纪元。

---

* 本文受到教育部人文社会科学重点研究基地重大项目"西北资源开发生态补偿金融支持政策体系研究"（12JJD790020）资助。

刘明（1954~ ），男，陕西渭南人，陕西师范大学西北历史环境与经济社会发展研究院教授，博士生导师，陕西师范大学金融研究所所长。研究方向：货币理论与政策、农村金融、环境金融和马克思经济理论，联系方式：liuming@snnu.edu.cn；

崔诚诚（1989~ ），男，山东泰安人，陕西师范大学西北历史环境与经济社会发展研究院农业经济管理专业硕士研究生。研究方向：环境金融。

也应该注意到，中国全国统一的碳排放交易市场建构屡屡延期，这表明相关部门对建构统一市场所涉及的市场规制安排、市场主体进入退出机制、碳价格形成机制等关键环节的设计、选择慎之又慎。根据国家发改委的计划，全国统一碳排放权交易市场将会覆盖 20 亿~30 亿吨二氧化碳排放量，中国将取代欧盟成为全球最大的碳市场。但是与发达国家相比，中国碳排放权交易市场起步较晚，市场交易机制不完善，碳交易规模较小，交易也不连续。尤为重要的是，国际碳排放权交易价格的决定权掌握在发达国家手中，导致我国在与发达国家的碳排放权交易中十分被动。正因如此，即有必要以先行试水的中国碳排放权交易试点市场的交易数据为依据，分析检验市场信息的有效性及其影响机制，总结发现国内碳交易试点市场的经验和教训，为全国统一碳排放交易市场的构建与运行提供理论与实证支持。

二、文献综述

Bachelier 等人对证券市场价格的随机游走行为的研究中，提出了有效市场的理论。1970 年 Fama 第一次在前人相关理论基础上，提出了有效市场理论（EMH），并将其定义为任何时刻的市场价格均能"充分反映"所有可得信息的市场，即价格是不能被预测的，市场有效性越强，信息就越对称，从而越能降低投机者获取超额利润的可能性。并进一步将有效市场归纳为：弱式有效、半强式有效以及强式有效。对于市场有效性的研究中，学者多根据资产价格是否满足随机游走模型和鞅过程来判断市场的有效性程度。其中最常用的检验方法是针对资产价格进行单位根检验，但是单位根检验要求资产价格时间序列必须服从正态分布的条件，而大多数资产价格序列并不服从正态分布。正是由于这个原因，近年来很多学者采用一些新的方法对市场有效性进行分析。例如，Bollerslev 提出的条件异方差模型，Lo and Mackinlay 提出的方差比检验。Fawson 综合运用 Ljung – Box Q 检验、二项分布检验、游程检验及单位根检验对台湾股票市场进行有效性实证检验，最后得到台湾股票市场具有弱式有效性。由于 Lo – MacKinlay 方差比检验方法对样本渐进极限分布的要求，而对小样本可能得到错误的判断，针对这一问题，Wright 进行了改进，提出了一种基于秩和符号的非参数方差比检验方法，该方法的优点在于其统计量的样本分布不依赖于大样本渐近极限分布，并且通过蒙特卡罗模拟试验证实，证明了相比于传统的 Lo – MacKinlay 方差比方法，Wright 提出的方差比检验具有更优良的小样本特性。

在碳交易市场有效性研究方面，Seifert 等采用可分解的随机均衡模型研究 EU ETS 碳价格发现碳价格不遵循季节特征，其贴现价格具有鞅过程的特性，表现出时间和价格依赖的波动性特征，该价格行为与美国排放市场较为相似，从而得到欧洲碳市场信息充分有效的结论。Daskalakis 等对 EUETS 下三个主要的交易市场的实证分析说明,碳排放权现货价格具有跳跃和非稳态特征,近似于带跳跃的几何布朗运动,结果表现为在计量经济学意义上拒绝市场弱式有效的原假设。Alberto Montagnoli 等采用了方差比法对欧盟碳市场的有效性进行检验,并得出了欧盟第二阶段市场弱式有效的结论。田穗等(2015)基于欧洲碳排放权现货交易价格,借助 GARCH 模型做实证研究,经过分析可以看出碳排放权现货收益率具备一定的长期记忆性,并且滞后两期的收益率水平能够影响当期的收益率,距离当期越近其收益率影响越大,表明欧洲碳排放权现货市场未达到有效性。刘静等(2014)对欧盟碳市场的交易产品 EUA 和 CER 收益率序列进行有效性分析,发现其具有分形市场中的状态持续性,从而得到欧盟碳市场不满足随机游走,不是有效市场的结论。刘卓(2010)对欧盟碳期货市场进行了有效性检验和价格发现功能检验,实证结果表明,大多数合约长期有效、短期却无效,现货市场的价格发现功能强于期货市场。冯晓莹(2014)以欧盟碳交易所碳配额现货价格为样本,对其进行了传统方差比检验、Chow Denning 多重方差比检验、Wright 非参数方差比检验以及 Joint Wright 多重方差比检验。实证检验的结果表明,欧盟碳交易的碳配额现货市场的第一阶段和第三阶段未达到弱式有效,第二阶段达到弱式有效。

由于国内资本市场起步较晚,国内学者对于市场有效性理论的研究相对于国外也起步较晚,而碳交易市场成立更晚,相关的研究就更少了。王倩等通过对深圳、上海、北京和天津碳排放权交易市场的碳价及碳资产收益率的分布、单位根检验和方差比检验发现:上海碳市场达到了弱式有效且深圳碳市场无效,但关于北京和天津碳市场有效性的结论存在差异。鉴于数据特点,作者接受了方差比检验的结果,即只有北京和上海碳交易市场达到弱式有效。王扬雷(2015)通过分析市场理论来验证我国碳金融交易市场是否具有弱式有效的特征,通过实证分析北京碳交易市场的相关数据后得到:该市场尚未达到弱式有效的水平。

三、市场有效性检验方法

(一)市场有效性检验方法

1. 强式有效市场检验方法

强式有效的检验方式主要是通过检验可获得内幕消息的人(如公司内部人员、基金经理人、证券分析师等)能否获超额的收益来判断。如果可获得内幕信息的人员没法取得超额收益,那么就认为市场达到强式有效;反之则达不到。若能发现了某个专业投资者有重复的获得超额收益的表现,则说明他有预测能力,那么他所掌握的某些信息就尚未被价格吸收。然而,强式有效市场要求高,基本没有哪个金融市场能够达到。

2. 半强式有效市场检验方法

目前针对半强式有效市场检验方法主要就是事件研究法(Event Study Method)。事件主要是公司采用公开方式发布的信息,或是公司的某些特殊的行为以及政府的某些行为。事件研究一般以一个交易日至数天的交易日为时间长度,并以该段时间内的累计价格收益和季度、年度指标为观察值,意在事件能否引起投资者对价格期望值的改变,因而导致价格发生变动的研究方法。实际上事件研究法就是检验实践与预期价格是否存在因果关系,即公司或政府的某些特殊行动及事件的发生,会不会对投资者的超额利润收入带来变化,以此为依据来判断市场对该类事件的反应。

3. 弱式有效市场检验方法

弱式有效市场中,价格已充分反映了过去所有交易价格及交易量中隐含的信息,因而投资者不能够依靠技术层面上的分析获得超额利润。换句话说,使用当前及历史价格来预测未来的价格是徒劳的。弱式有效市场的关键是分析价格序列是否呈现随机游走状态。为此,多数学者一般首先建立随机游走模型,检验价格序列一阶的自回归模型的误差项是否符合独立同分布的条件。检验价格序列是否满足随机游走过程的方法一般有:游程检验、序列相关检验、单位根检验和方差比检验。

(1)游程检验。游程检验是依据样本标志表现排列所形成的游程的多少进行判断的检验方法。游程检验是最简单的判断随机性的方法。游程即指表示价格波动保持符号不同的序列。在碳交易价格变动序列中,有三种状态:价格增加(正向价格变化)、价格降低(负向价格变化)和价格不变(零向价格变化)。

如果碳交易价格序列表示为:$\{P_1, P_2, L, P_n\}$,

通常采用价格增量(用对数收益率表示)作为价格变化序列进行游程检验,则游程序列 $\{r_t\}$ 表示为:$r_t = \ln P_t - \ln P_{t-1}$,如果 $r_t > 0$,则为正游程;$r_t < 0$,则为负游程;$r_t = 0$,则为零游程。用 n_1、n_2、n_3 分别表示正游程、负游程和零游程的个数,且 $n = n_1 + n_2 + n_3$。

Fama(1965)给出了期望游程数 m 及其标准差 σ_m 的公式:

$$m = n + 1 + \sum_{i=1}^{3} \frac{n_i^2}{n} \quad (1)$$

$$\sigma_m = \sqrt{\frac{\sum_{i=1}^{3} n_i^2 \left[\sum_{i=1}^{3} n_i^2 + n(n+1) \right] - 2n \sum_{i=1}^{3} n_i^3 - n^3}{n^2(n-1)}} \quad (2)$$

定义检验统计量为:

$$Z = \frac{M - m}{\sigma_m} \quad (3)$$

其中,M 为实际总游程数。

当 n 充分大时，检验统计量 Z 是否服从标准正态分布。在 5% 的显著性水平下，Z 的临界值为 1.96，当 Z 值在 [-1.96, 1.96] 之间，则接受随机游走假设，价格变化符合随机游走，市场达到弱式有效，反之，则市场没有达到弱式有效。

通过上述分析，可以看到游程检验为非参数检验方法，仅仅通过价格变化的正负做出是否满足随机性的判断，未考虑价格变化的数值大小，存在较大的局限性。

（2）序列相关性检验。在计量经济学中序列相关性指不同的样本值，它们的随机干扰之间不完全独立，而是具有某种相关性。序列相关性又称自相关（autocorrelation），是指总体回归模型本身的随机误差项之间具有相关性。如果价格序列符合随机游走特征，那么收益率序列之间不相关。如果市场达到弱式有效，那么价格的收益率就在其均值附近上下波动，即收益率序列平稳，相关性系数等于零或者接近于零。

对数收益序列 $\{r_1, r_2, L, r_n\}$ 滞后 k 期的自相关系数 ρ_k 为

$$\rho_k = \frac{\sum_{i=k+1}^{n}(r_i - \bar{r})(r_{i-k} - \bar{r})}{\sum_{i=1}^{n}(r_i - \bar{r})^2} \tag{4}$$

其中，$\bar{r} = \frac{1}{n}\sum_{i=1}^{n} r_i$，为 n 期平均收益率。$\rho_k \in [-1, 1]$，且 $|\rho_k|$ 越接近于零，表示两期越没有相关性，从而价格序列满足随机游走特性。$|\rho_k|$ 越接近于 1，表示两期线性相关性越强，从而价格序列不满足随机游走特性。

引入统计量 Q，检验全部滞后期的自相关系数 ρ_k。

$$Q = n(n+2)\sum_{k=1}^{m}\frac{\rho_k^2}{n-k} \tag{5}$$

Q 近似地服从卡方分布。其中，m 为最大滞后阶数。

通过实证检验，得到相应的统计量 Q 及相应的临界值 P。当显著性水平为 α 时，自由度为 k，若 Q 小于临界值，则统计显著，拒绝原假设，价格序列存在 k 阶序列相关；若 Q 大于临界值时，接受原假设，价格序列不存在相关性。

虽然单位根检验和序列相关检验是检验序列随机游走特性最简单且直接的方法，但是这两种检验方法都要求序列必须服从正态分布，然而金融序列一般情况下都不满足正态分布这个条件，因此序列相关检验和单位根检验在检验碳交易市场有效性上都不太合适。

（3）方差比检验。经济学家 Andrew W. Lo and A. Craig MacKinlay (1988) 提出用方差比率检验随机游走。如果某一序列是一个鞅过程，那么该序列第 k 期的方差就应该是第一期方差的 k 倍。方差比检验正是对鞅过程的检验，仅仅需要检验该序列一阶自回归误差项是否相关，不要求该序列服从正态分布，并且可以有异方差存在。

LM 传统方差比检验由 Lo and Mackinlay 最早提出。方差比检验基于随机游走增量的方差是样本间隔的线性函数,如果遵循随机游走过程,则其 k 阶差分的方差是其一阶差分方差的 k 倍,所以滞后 k 阶的方差比就定义为 VR(k),对于给定时间序列 $x_t = y_t - y_{t-1}$。

$$VR(k) = \frac{var(x_t + x_{t-1} + x_{t-k+1})/k}{var(x_t)} = 1 + 2\sum_{i=1}^{k-1}\frac{(k-1)}{k}\rho_i \quad (6)$$

这里 ρ_i = 是 x_i 的 i 期滞后自相关系数。

Lo and MacKinlay(1988)分别给出了同方差和异方差下的两种检验方法。

在同方差假设下,可构建统计量 $M_1(k)$

$$M_1(k) = \frac{VR(x;k) - 1}{\Phi(k)^{1/2}} \quad (7)$$

其中,$\Phi(k) = \frac{2(2k-1)(k-1)}{3kT}$ 为渐进方差。

在异方差假设下,可构造统计量 $M_2(k)$

$$M_2(k) = \frac{VR(x;k) - 1}{\Phi^*(k)^{1/2}} \quad (8)$$

其中,

$$\Phi^*(k) = \sum_{j=1}^{k-1}\left[\frac{2(k-j)}{k}\right]^2 \delta(j) \quad (9)$$

$$\delta(j) = \left\{\sum_{t=j+1}^{T}(x_t - \hat{\mu})^2(x_{t-j} - \hat{\mu})^2\right\} \div \left\{\left[\sum_{t=1}^{T}(x_t - \hat{\mu})^2\right]^2\right\} \quad (10)$$

$M_1(k)$,$M_2(k)$ 服从渐进的标准正态分布。若统计量大于临界值,则拒绝 VR(x,k) = 1 的零假设,即时间序列不服从鞅过程,反之则接受零假设,时间序列服从鞅过程。

在 LM 传统方差比检验中,在一定条件下,M(R,k) 渐进服从标准正态分布。因为检验依赖于 k,随机游走要求对所有 k 满足 VR(R,k) = 1 成立,因此我们需要对所有 k 做检验。可以选取统计量为:

$$MV(R,K) = \max_{1 \leq i \leq l}|MV(R,K_i)| \quad (11)$$

而 Wild Bootstrap 方差比检验就是把 Wild Bootstrap 方法应用于 M_2 和 $MV(R,K_i)$ 检验,用统计量的分布作为其渐进分布的替代。

基于 $MV(R,K_i)$ 的 Wild Bootstrap 方差比检验的具体步骤为:

(i) 利用原样本计算出检验统计量的值 MV;

(ii) 构造新的样本 (i = 1,2,…,N),其中,η_i 为均值为 0,方差为 1 的随机序列;

(iii) 选取新的随机序列,设有 m 个不同的随机序列 η_i,与原序列对应相乘,就得到 m 个不同的新的样本序列;

(ⅳ) 计算 m 个不同的新序列检验量的值的集合 $\{MV(R, K_i)\}$;

(ⅴ) 计算（ⅴ）中所得检验量的值中大于原始样本检验统计量的个数在总检验数量中的比值，记为 P。

根据以上步骤得到检验 P 值，若 $P>a$，市场是弱式有效的；反之则市场无效。

(二) 对中国碳交易市场有效性的基本判断

由于中国碳交易市场成立时间较短，对其市场有效性的研究较少。王扬雷（2015）通过分形市场理论验证中国碳金融交易市场是否具有弱式有效的特征，分析北京碳排放权交易市场的相关数据发现该市场尚未达到弱式有效。王倩等（2014）通过对深圳、上海、北京和天津碳交易市场的碳价格及碳资产收益率的分布、单位根检验和方差比检验发现：上海碳交易试点市场达到了弱式有效，而深圳碳试点市场未达到弱式有效，但就北京和天津碳试点市场的有效性的检验结果存在差异，基于数据特点，作者接受了方差比检验的结果，即只有北京和上海碳交易市场达到弱式有效。

上文市场有效性检验方法中提到，半强式有效市场的研究多采用事件研究法，即重大外部事件的发生能否被市场完全吸收，并迅速恢复到事件未发生前的状态，使投资者不能通过公开信息获得超额利润。本文首先通过碳市场行业分布、碳配额、信息传输等方面的分析排除市场半强式有效的可能，进而在第四部分用定量的方法判断市场能否通过弱式有效检验。

中国碳交易试点市场成立之初，投资者缺乏对碳交易的认识，碳交易市场的建立基本完全在政策导向的控制之下。参照国际碳交易价格市场的变化，可以看到每次政策变化都会带来碳交易价格的震荡，且价格不能迅速消化这些政策变化。2010 年哥本哈根会议无法取得预期的会议成果，2012 年俄罗斯、日本、加拿大相继退出《京都议定书》，都导致了欧盟碳交易价格大幅下跌。这些公开可获得的信息并不能完全反映在当前的价格之中，所以，初步判断碳交易市场没有达到半强式有效。

中国碳交易试点市场各项市场机制都不成熟。特别是碳配额和碳排放量审核与信息公开机制还很欠缺，即便是一些公开信息，比如企业实际碳排量及需求、碳配额发放及冗余、社会实际碳排量及碳配额等都不能为投资者所知，这些信息不能有效体现在碳价格上，从而影响了投资者的投资行为。

从上述分析可知，正是获得信息的渠道不畅通，特别是大量的企业内部信息的不可获取性，以及大量交易成本的存在，碳价格尚不能反映所有的公开信息，这使得中国碳交易市场不可避免地存在大量的非理性投资行为，所以可以得出中国碳交易市场不是半强式有效市场。

由于目前碳配额总量控制和发放是以履约期为周期的，所以整个配额是呈现刚性的，不能随着市场供需关系发生变化，而是由企业对碳排放需求所左右。在某履约期内,若经济发展迅猛,对碳配额需求较大,就会导致碳交易价格上涨,反之亦然。交易量也呈现出履约期临近猛增而平常交易较少的特征。正是这种供需的不平衡投资者对整个市场对碳配额的需求信息难以获得或者获得信息的成本较高,所以不能对碳交易价格作出理性的判断。因此碳市场是否达到弱式有效尚需验证。

各个试点平台的碳交易包括成交量、成交价格及项目详情等历史信息都在平台上进行了公示,可进行弱式有效市场的定量检验。本文基于中国7个碳交易试点市场的最新数据,借助国内外关于市场信息效率的研究方法,首先采用多种验证数据正态性分布拟合优度的方法,验证碳价和碳资产收益率的分布特征。然后,采用LM传统方差比及Wild Bootstrap方差比方法对7个碳交易试点市场的有效性进行检验,从而得到各个市场的信息效率有效性程度。最后根据7个市场信息效率的特点,对中国即将建立的全国碳排放权交易市场的交易管理制度的构建提供指导性建议。

四、中国碳排放权交易市场信息效率实证检验

我们首先分析试点市场的描述性统计参量,以期对碳交易市场发展做初步考察。进而采用多种验证数据正态分布拟合优度的方法,检验碳价和碳交易收益率的分布特征。最后,采用LM传统方差比及Wild Bootstrap方差比方法对7个碳交易试点市场的有效性进行检验,从而得到各个市场的信息效率有效性程度。

(一) 数据选择与处理

本文数据取北京、上海、天津、湖北、广东、深圳、重庆碳配额交易数据为样本。其中,剔除了国家法定节假日及周末未发生交易数据的交易日(不包括国家法定节假日调休的周末)的碳排放权成交价格以及成交量数据。各大碳交易试点市场所选取样本区间及样本基本特征如表1。

表1 数据选取

交易所	样本区间	样本量	交易量为0样本数及其占比(%)
深圳	2013.11.28~2017.01.23	888	86/9.7
北京	2013.06.19~2017.01.23	775	242/31.2
上海	2013.12.19~2017.01.23	761	304/40.0
广东	2013.12.19~2017.01.23	761	242/31.8
天津	2013.12.26~2017.01.23	754	309/41.0
湖北	2014.04.02~2017.01.23	689	15/2.2
重庆	2014.06.19~2017.01.23	637	569/89.3

资料来源:中国碳排放交易网站(http://www.tanpaifang.com)。

其中，表格中交易量为零占比是交易量为零的样本数占总样本数的比例。从数据中可以明显看出，样本交易日中有很大一部分没有产生交易，并且未发生交易量的交易日与上一交易日的交易价格相同，特别是重庆碳交易试点市场，在637个有效交易日里竟有569天未产生交易，占总交易日的89.3%，在理论上该成交价数据不能反映市场信息。

此外，我国7个碳交易市场试点成立三年左右，由于市场成立初期均存在交易量较小的特点，且很多交易日交易量为零，7个碳交易市场存在明显的淡薄交易的特点。为此，有必要对交易量的描述性特征予以分析，从而为后文针对"淡薄市场"的信息有效性检验奠定基础。表2为7个碳交易市场交易量的描述性统计。

表2　　　　　　　　7个碳交易市场交易量描述性统计

交易所	极小值/吨	极大值/吨	均值/吨	中位数/吨	标准差	偏度	峰度	总交易量/吨
深圳	0	4000000	19652	2191.5	181510	20.698	435.616	11967042
北京	0	129272	6220.5	300	16852	4.293	24.182	9641764
上海	0	546049	11161	500	42134	8.359	88.402	8493722
广东	0	1402000	27927	200	101190	7.619	80.819	21252594
天津	0	659116	2446	80	30826	18.146	352.180	1844316
湖北	0	2034940	49924	23567	120210	9.599	130.023	34397373
重庆	0	308317	1152.3	0	14016	18.575	382.316	734001

从表2中可以看出，湖北、广东的总交易量在7个碳交易试点市场中位于前列。7个试点市场的碳交易成交量均值都大于中位数，这说明数据有相当一部分属于小量值，并且存在一些离群的大的量值使得平均值较高。表2中偏度和峰度都大于0，这说明与标准正态分布相比，其峰偏向较小数值并且其分布较为尖锐，说明有相当一部分交易日成交量较小，而少数交易日的交易量非常大。以下通过分析7个碳交易市场交易量的概率密度函数（PDF）分布以便更为直观地观察交易量的分布特点（如图1所示）。

由图1发现，大部分交易日成交量较低，仅在个别交易日，存在异常大值交易量，这印证了表1对成交量描述性统计的结论。

通过成交量统计描述分析可以很清晰地看到，7个碳交易试点市场存在明显的"淡薄市场"特点，所以在后续方差比检验中，对碳交易数据进行低频数据处理，以降低数据噪声对分析结果的影响。

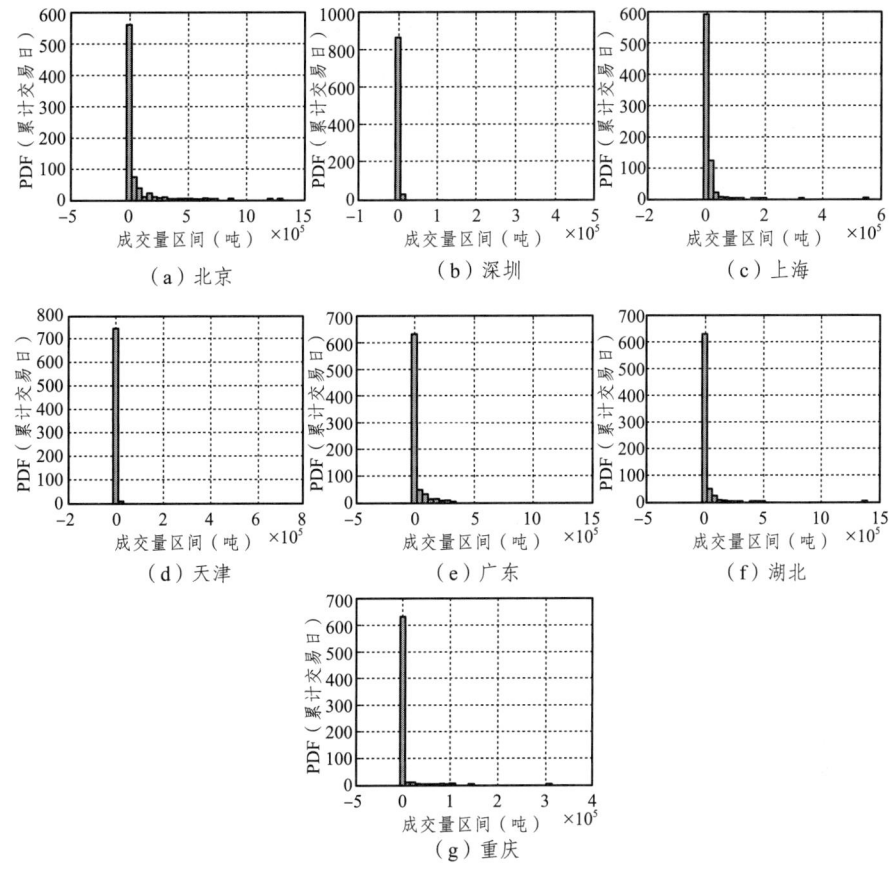

图1　7个碳交易试点市场碳交易成交量概率密度函数分布

(二) 数据描述性统计

1. 碳价与碳资产收益率描述性统计

取7个试点市场的碳交易成交价格以及碳价格收益率为样本，对其进行描述性统计和正态拟合优度分析，依据其特征选取碳市场信息有效性的检验方法。

从表3可以看出，7个碳交易试点市场中，深圳和北京的碳成交价的平均值明显高于其他5个试点市场。从偏度上看，除湖北外的6个试点市场偏度大于零，表明其碳交易成交价峰偏向小值，而湖北碳交易成交价峰偏向大值，它们都具有非对称性。从峰度上看，7个碳交易试点市场碳交易价格的峰度都大于零，说明7个试点市场中碳交易成交价都具有尖峰的特点。就标准差观察，湖北碳市场价格标准差相对较低，说明湖北的碳交易价格相对比较稳定。

表3　　　　　　　　　碳交易成交价描述性统计

碳成交价	极小值	极大值	均值	中位数	标准差	偏度	峰度
深圳	24.127	122.970	54.1417	55.725	18.992	0.253	2.209
北京	30	77	49.652	51	7.035	0.218	5.118
上海	4.200	48	23.084	21.900	13.254	0.278	1.711
广东	7.570	77	27.565	17.890	19.043	1.118	2.700
天津	7	50.100	22.751	23.050	6.677	0.390	4.310
湖北	10.070	29.250	21.903	23.200	3.768	-0.915	2.841
重庆	3.280	47.520	21.648	20	10.248	0.302	1.892

定义碳交易价格收益率为：$y_i = \ln \frac{P_i}{P_{i-1}}$，其中，$y_i$ 为 i 时刻的价格收益率，P_i 为 i 时刻的碳交易价格，得到 7 个碳交易试点市场的价格收益率描述性统计参量（见表 4）。

表4　　　　　　　　　碳交易价格收益率描述性统计

碳收益率	极小值	极大值	均值	中位数	标准差	偏度	峰度
深圳	-0.416	0.442	2.247e-04	0	0.0627	0.274	10.942
北京	-0.283	0.183	-6.700e-05	0	0.0568	-0.733	9.937
上海	-0.504	0.885	2.379e-04	0	0.0681	2.110	53.535
广东	-0.395	0.418	-0.0016	0	0.0692	0.130	11.491
天津	-0.968	0.968	-9.063e-04	0	0.0790	0.381	87.892
湖北	-0.196	0.222	-1.842e-04	0	0.0448	-0.0662	6.816
重庆	-0.446	0.336	-6.766e-04	0	0.0572	-1.543	21.104

从表 4 可以看出，在 7 个试点市场中，碳收益率的标准差都较小，说明碳收益率相对分布比较稳定，而上海、天津和重庆 3 个试点市场中峰度都较高，说明碳价格收益率分布具有较强的尖峰特点。

2. 碳交易价格收益率分布特征

下面通过分析碳交易价格的正态性检验、概率密度函数分布和分位数 QQ 图分析碳交易价格收益率的分布特征，判断样本是否可用方差比方法检验。

（1）碳交易价格收益率的正态性检验。借助 Matlab 采用 Kolmogorov - Smirnov、Lilliefors test 和 Jarque - Bera test 三种正态性检验方法对 7 个碳交易市场的价格收益率进行正态性检验，得到正态性检验结果（见表 5）。

表 5　　　　　　　　　　碳资产收益率正态性检验

碳市场	正态检验方法	统计量	临界值	显著值 P	结论
深圳	Kolmogorov–Smirnov	0.431	0.0454	3.4853e–144	拒绝正态分布
	Lilliefors test	0.0918	0.0303	<0.003	拒绝正态分布
	Jarque–Bera test	2342.3	5.919	<0.003	拒绝正态分布
北京	Kolmogorov–Smirnov	0.428	0.0486	4.0767e–124	拒绝正态分布
	Lilliefors test	0.250	0.0325	<0.003	拒绝正态分布
	Jarque–Bera test	1621.0	5.907	<0.003	拒绝正态分布
上海	Kolmogorov–Smirnov	0.437	0.0490	2.31e–127	拒绝正态分布
	Lilliefors test	0.269	0.0327	<0.003	拒绝正态分布
	Jarque–Bera test	8.14e+04	5.905	<0.003	拒绝正态分布
广东	Kolmogorov–Smirnov	0.4392	0.0490	1.1734e–128	拒绝正态分布
	Lilliefors test	0.1983	0.0327	<0.003	拒绝正态分布
	Jarque–Bera test	2.2854e+03	5.9049	<0.003	拒绝正态分布
天津	Kolmogorov–Smirnov	0.451	0.0493	1.78e–134	拒绝正态分布
	Lilliefors test	0.331	0.0329	<0.003	拒绝正态分布
	Jarque–Bera test	2.261e+05	5.904	<0.003	拒绝正态分布
湖北	Kolmogorov–Smirnov	0.442	0.0515	4.239e–118	拒绝正态分布
	Lilliefors test	0.156	0.0344	<0.003	拒绝正态分布
	Jarque–Bera test	418.029	5.895	<0.003	拒绝正态分布
重庆	Kolmogorov–Smirnov	0.455	0.0536	7.67e–116	拒绝正态分布
	Lilliefors test	0.459	0.0358	<0.003	拒绝正态分布
	Jarque–Bera test	8.94e+03	5.887	<0.003	拒绝正态分布

从表 5 中可以看出，选用的三种正态性拟合优度检验方法都拒绝了正态分布，即碳交易价格收益率不服从正态性分布的特征，而单位根检验和序列相关性检验要求收益率序列满足正态性分布特征，所以有效市场检验不能使用这两种方法。

（2）碳交易价格收益率的概率密度函数分布。借助 Matlab 工具，对碳交易价格收益率进行分段统计性分析，得到收益率序列的概率密度函数分布图，如图 2 所示。

从上述碳交易价格收益率概率密度函数分布可以发现，7 个碳交易试点市场中"尖峰肥尾"的金融学特征比较明显，说明在实际碳交易市场中碳成交价格相对比较稳定，但存在局部的价格动荡期。鉴于中国碳交易试点市场成立不久，投资者对市场缺乏认识，投资行为对政策的导向比较敏感，这种局部波动很可能是由政策信息冲击带来的。

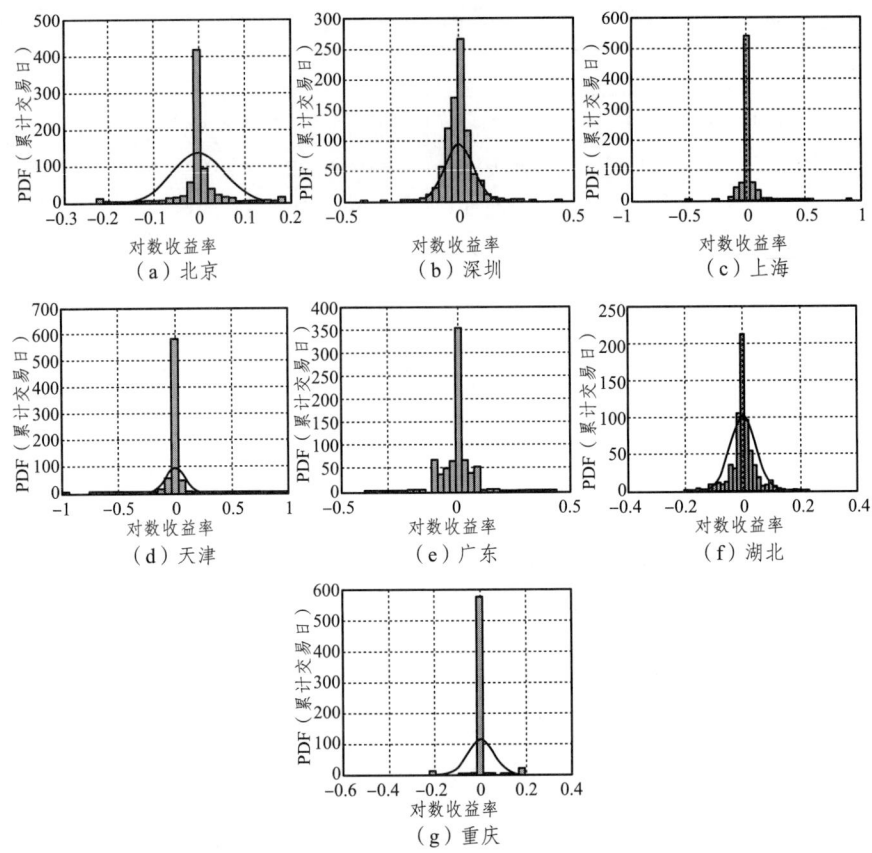

图2 7个碳交易试点市场资产收益率概率密度函数分布

(3) 碳交易价格收益率的分位数——分位数图。分位数——分位数 (Quantile - Quantile) 图可以形象的描述数据尾部厚度,故通过研究碳交易价格收益率的 QQ 图以分析样本数据的厚尾特征。7个碳交易试点市场的碳交易价格收益率的 QQ 图 (见图3)。

其中的直线代表标准正态分布分位数,离散点代表碳价格收益率实际分位数,如果收益率具有正态性特征,那么其分位数走势应当与直线趋势相一致。从上述7个碳交易试点市场的碳交易价格收益率的分位数——分位数图可以发现,7个市场资产收益率序列均有明显的厚尾特征。

综上所述,国内碳交易价格收益率序列不符合正态分布的特征,且样本数据的实际均值比满足正态分布所要求的均值要高,而其尾部的形状比正态分布所预测的要厚,即所谓的"尖峰厚尾"特征。因此,不能用单位根检验和序列相关检验市场信息的有效性。有鉴于此,采用方差比检验的方法对7个碳交易试点市场进行检验。考虑到各个试点"淡薄市场"的特点,这里对碳交易数据进行低频数据处理,即取周内平均碳交易价格收益率作为样本进行检验。

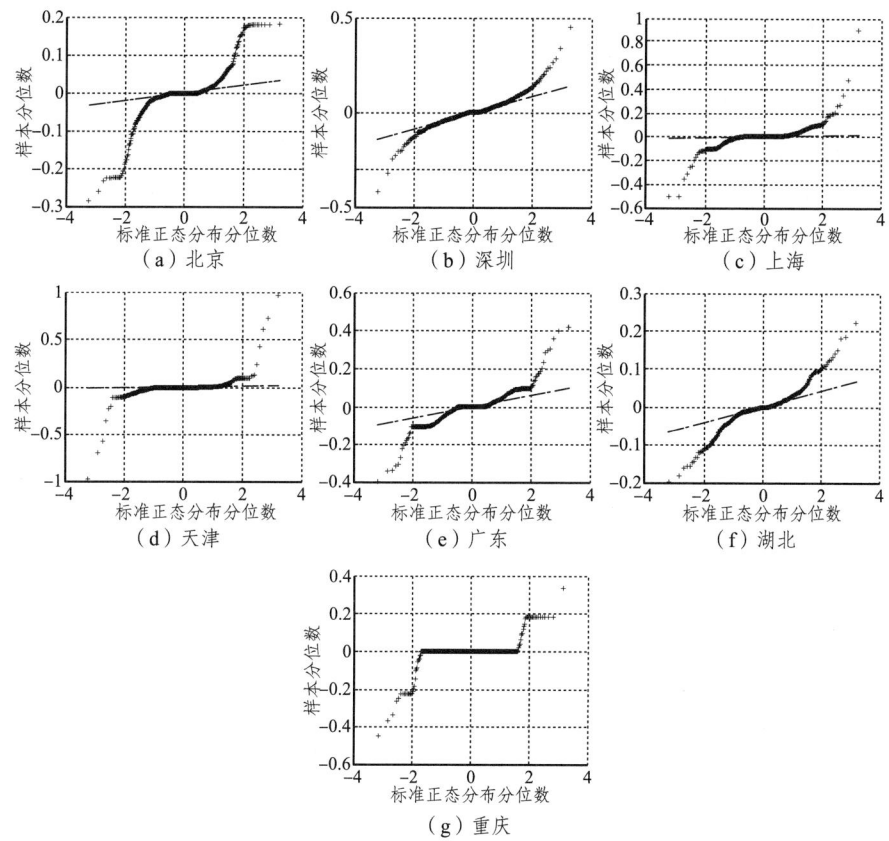

图3　7个碳交易试点市场资产收益率的分位数——分位数图

（三）中国碳交易试点市场方差比检验

在进行方差比检验之前，首先要对资产收益序列进行异方差性检验，我们借助 Matlab 采用 White 检验，检验结果如表6。

表6　　　　　　　　　　　White 检验结果

交易所	F 统计量	F 临界值	结论
深圳	1.757	1.63	具有异方差性
北京	1.842	1.53	具有异方差性
上海	1.995	1.53	具有异方差性
广东	3.433	1.53	具有异方差性
天津	5.035	1.53	具有异方差性
湖北	10.616	1.84	具有异方差性
重庆	13.096	1.69	具有异方差性

表6的实证结果显示,7个试点市场的碳交易价格收益率均存在显著的波动集群异方差效应,可采用异方差的方差比检验。

每个新兴市场都要经历市场机制形成与成熟的过程,在市场建立前期,由于参与主体较少,历史信息不易得等因素,使得市场较为不成熟。所以,这里对市场建立一年后的样本进行方差比检验。由于各个碳交易市场成立时间不一致,所以没有统一日期,而根据第一年履约期后的市场时期为研究对象,具体时间见表7。

表7　　　　　　　　　中国碳交易市场时期分段

市场	样本区间
深圳	2014.11.28～2017.01.23
北京	2014.06.19～2017.01.23
上海	2014.12.19～2017.01.23
广东	2014.12.19～2017.01.23
天津	2014.12.26～2017.01.23
湖北	2015.04.02～2017.01.23
重庆	2015.06.19～2017.01.23

1. Lo MacKinlay 方差比检验

基于 LM 方差比率的公式,借助 Matlab 对 7 个碳市场取滞后阶数为 2、4、8、16 的同方差及异方差的统计量及方差比,结果如表8。

表8　　　　　　　　　LM方差比检验结果

交易所	k	VR	M1	M2
北京	2	0.606	0.556	1.044
	4	-1.229	-0.922	0.865
	8	-2.841	-1.652	0.617
	16	-3.715	-1.654	0.430
深圳	2	0.909	-0.658	-2.633
	4	0.629	-1.431	-3.199
	8	0.736	-0.645	-1.576
	16	1.152	0.249	0.781
上海	2	0.830	-1.123	-0.8690
	4	0.709	-1.120	-0.975
	8	0.437	-1.372	-1.538
	16	0.397	-0.989	-1.455

续表

交易所	k	VR	M1	M2
天津	2	1.186	1.337	33.831
	4	1.046	0.175	3.904
	8	0.848	-0.370	-9.436
	16	0.670	-0.541	-15.752
湖北	2	1.268	1.932	6.715
	4	1.325	1.254	4.680
	8	1.400	0.976	4.158
	16	1.092	0.151	0.803
广东	2	1.047	0.411	0.536
	4	0.847	-0.710	-1.155
	8	0.916	-0.245	-0.534
	16	0.673	-0.643	-1.901
重庆	2	0.675	-1.751	-37.189
	4	0.933	-0.193	-3.818
	8	1.161	0.292	4.369
	16	0.456	-0.665	-10.176

其中，M1 为同方差下的统计量，M2 为异方差下的统计量，均服从均值为 0、标准差为 1 的渐进正态分布，在 5% 显著性水平下的临界值为 1.96，如果计算得到的统计量的值在区间 [-1.96, 1.96]，则表示接受关于随机游走的原假设，则所考察碳交易试点市场为弱式有效市场；如果计算得到的统计量不在区间 [-1.96, 1.96] 内，则表示拒绝关于随机游走的原假设，所考察的碳交易试点市场不是弱式有效市场。

通过表 8 中结果可以看出，上海、北京、广东碳交易试点市场的所有滞后阶数的 M2 统计量绝对值均没有超过 1.96，因此在计量经济学意义上，有显著的证据可以表明，随机游走假设被接受，即上海、北京、广东碳交易试点市场达到弱式有效，而其他三个碳交易试点市场均未达到弱式有效。

为进一步检验市场是否达到弱式有效，下面采用 Wild Bootstrap 方差比方法进行验证。

2. Wild Bootstrap 方差比检验

在 LM 传统方差比检验中，在一定条件下，$M(R, K)$ 渐进服从标准正态分布。由于检验依赖于 k，而随机游走要求对每个 k 都有 $VR(R, k) = 1$ 成立，因此我们需要对所有 k 做检验。可以选取统计量为 $MV(R, K) = \max_{1 \leq i \leq l} |MV(R, K_i)|$。

而 Wild Bootstrap 方差比检验将 Wild Bootstrap 方法应用于 M_2 和 $MV(R, K_i)$ 检验，用统计量的分布作为其渐进分布的替代。

基于 Wild Bootstrap 方差比检验方法,对 7 个碳交易试点市场两个阶段分别进行方差比检验,取随机序列的个数 m = 1000,于是得到 1000 个不同的样本,再按照上述过程进行求解,结果如表 9 所示。

表 9 　　　　　　　　Wild Bootstrap 方差比检验结果

交易所	k = 2	k = 4	k = 8	k = 16	P（%）
北京	1.044	0.865	0.617	0.430	4.452
深圳	-2.633	-3.199	-1.576	0.781	0.934
上海	-0.869	-0.975	-1.538	-1.455	10.693
广东	0.536	-1.155	-0.534	-1.901	9.559
天津	33.831	3.904	-9.436	-15.752	3.379
湖北	6.715	4.680	4.158	0.803	3.431
重庆	-37.189	-3.818	4.369	-10.176	0.053

通过表 9 中结果可以看出上海碳交易试点市场的 P = 0.1069 > 0.05,广东碳交易试点市场的 P = 0.0956 > 0.05,因此在计量意义上,有显著的证据表明随机游走假设被接受,即上海、广东碳交易试点市场达到弱式有效。在对北京碳交易试点市场有效性进行检验的过程中,发现在多次取随机数校验的过程中,其 P 值在 0.05 上下跳动,为此增大 m 的取值（将 m 取为 10000）,得到其 P 值小于 0.05。揭示出认为北京碳交易试点市场未达到弱式有效。

五、研究结论及其政策含义

从上述分析可以看出,上海和广东碳交易试点市场达到了弱式程度的有效。检验市场弱式有效的方法是基于碳交易价格收益序列是否满足随机游走模型,但事实上影响价格波动的因素是复杂的。统计与计量方法尽管不可揭示市场是否有效以及有效性强弱,但理解影响市场效率的形成因素却必须回到分析市场结构、市场规则、市场主体特征,以及市场规则、市场监管等层面。通过比较 7 个碳交易试点市场,发现若干显著差异,其中蕴含着对市场机制设计以及完善市场规管的借鉴意义。

（一）碳排放试点市场差异化特征

1. 配额分配

在配额分配方法上除重庆和深圳外,均采用历史法和基准线法,分配原则虽都坚持无偿分配为主、有偿分配为辅,但存在较大差别。上海采取更为灵活的分配方式,即适时推行拍卖等有偿方式,天津只在市场价格出现较大波动时才采取有偿分配，其他市场均预留少量配额用于有偿分配。基于历史法和基准线法的无偿分配方式，不利于市场达到完全竞争状态，企业出于维护自身竞争地位、缩减企业减排成本，倾向于多报所需碳配额，由于信息不对称的存在，政府并不清楚企业的实际需求，所以这种无偿分配方式约束市场效率，而有偿分配方式不存在这种情况。由此可见，灵活的有偿分配可使企业提高参与市场交易的积极性从而使市场趋于有效。

在分配期限上，只有上海碳市场的配额三年分配一次，其他六个试点市场均一年分配一次。较长的分配期限，有益于提高企业的投资理性。在较长的期限内，企业可以有计划的安排生产、使用配额，使企业在前期预留较多的资金进行投资，并积极提高技术水平来降低碳排放量。理性投资者是市场有效性的假设条件之一，所以上海碳市场比其他 6 个市场更趋于有效。三年一次比一年一次更容易激励企业提高技术水平，有计划地安排生产、使用配额，并积极参与碳交易。

综上所述，配额分配相关市场规则对市场效率的影响是明显的。灵活的有偿分配及较长的分配期规则激励企业参与交易，增强市场活力，使市场趋于有效。

2. 市场信息获得成本

弱式市场有效性要求市场投资者可以方便无成本的获取市场所有信息从而做出理性投资。在中国 7 个碳交易试点市场运行的第一阶段（即第一个履约期），各个试点市场仅仅运行一年，市场参与者对碳交易市场的交易制度、市场需求分析都缺乏指导性信息，并且初期市场参与者数量也极其有限，基本都是碳限排单位作为碳交易市场参与人，所以该阶段除上海外各试点市场基本都未达到弱式有效。

各碳交易试点市场也远未达到成熟的状态，配额总量与分配机制、碳交易市场机制、减排量审核等未臻成熟。企业对减排量的需求与碳配额和企业实际减排量有关，而企业实际的减排量与企业的产能和减排技术能力发展有关，但这些属于企业内部信息，一般参与者难以获得，导致参与者难以依据真实信息进行理性投资，从而对市场有效性产生反向抑制。

可见，形成降低参与主体市场信息获取成本的市场机制使市场趋于有效。

3. 总量与覆盖范围

从市场有效性的角度来说，对于碳配额较小但是纳入碳控企业数量较多的试点市场，每个纳入碳控企业的可支配碳配额数量较少，则碳交易价格的波动对纳入碳控企业的影响较小，导致企业参与碳交易市场的吸引力较低，从而市场竞争性较弱，不利于增强市场活力，也不利于市场的成熟与发展。而碳配额较大但是纳入碳控企业数量较少的试点市场，每个纳入碳控企业的可支配碳配额数量较多，则碳交易价格波动对纳入碳控企业的影响较大，激励企业通过减排技术革新或者碳交易的方式降低企业减排成本，市场能够更大限度地发挥价格发现功能，提高市场的效率。

7个碳交易试点地区依据自身产业结构，以市场规模和效率为出发点，分别设置了不同的纳入门槛和行业范围（见表10）。

表10　　　　　　　　　　　7个碳交易试点地区覆盖范围

交易所	北京	深圳	上海	广东	天津	湖北	重庆
总量（亿吨）	0.5	0.3	1.5	3.88/4.08/3.86（2013~2015年）	1.6	2.81	1.3
涉及行业	电力热力、水泥、石化、服务业	能源生产、加工行业、工业制造、大型公建	钢铁、建材、有色、石化、电力、机场、铁路、港口	电力、钢铁、水泥、石化	钢铁、化工、油气开采、石化、电力热力	电力、钢铁、水泥、化工	电力、冶金、化工、建材
涉及企业数量	415家，2015年新增456家	635家企业，200栋公建	210家	242家	109家	207家	254家
门槛值	5000吨碳（2009~2012年）	3000吨碳，政府及公建1万平方米	工业2万吨碳，非工业1万吨碳（2010~2011年）	2万吨碳（2011~2012年）		6万吨标煤（2010~2011年）	

其中，北京、深圳等以第三产业为主的城市排放总量小、纳入门槛低，覆盖主体多为服务行业的企事业单位，所以北京、深圳碳配额总量较小但是纳入碳控企业数量却较多，所以北京和深圳没有达到弱式有效，这也验证了上述实证分析的结果。上海、广东、天津、湖北等以钢铁、水泥、化工、电力等高排放工业为主，碳配额总量较大但是纳入碳控企业数量较少，但是从上述碳交易试点市场有效性的分析可知，只有上海和广东碳交易试点市场达到了弱式有效，潜在地说明影响市场有效性的因素不唯有行业分布，可能有其他因素。

4. 遵约制度

从7个碳交易试点市场成交量的时间分布观察，大部分交易量发生在每年的五六月份。这是由于各个碳交易试点市场的每年最后履约期在六月份前后，各纳入碳控企业缺乏碳交易方面的知识和意识，多数企业在履约期到来之前集中进行碳配额的购买工作，导致交易量集中，结果在一定程度上限制了碳交易市场的活跃程度，影响了市场流动性和效率。

从遵约日观察不同市场差异，7个碳交易试点市场中只有上海碳交易试点市场的遵约日是一个时间区间，即六月的任意一天均可，其他 6 个碳交易试点市场将遵约日固定在六月的某一天。将遵约时间划定在一个期间而不是某特定时间点使企业更容易遵约，使其有计划地参与碳市场交易而不是集中在某个时间点参与交易，从而增强市场流动性。灵活的遵约日是促进市场有效的因素。

在未遵约的处罚上，7 个试点市场也不尽相同。当企业违约时，北京的处罚是市场均价 3~5 倍的罚款，天津的处罚是限期改正且三年不享受优惠政策，上海的处罚是罚款 5 万~10 万元，重庆的处罚是清缴期届满前一个月配额平均价的 3 倍，湖北的处罚是 15 万元内市场价格 1~3 倍罚款并下年双倍扣除，广东的处罚是下年双倍扣除且罚款 5 万元，深圳的处罚是下年扣除且罚市场均价 3 倍罚款。比较发现上海碳交易试点市场的处罚力度相对更重。此外，只有上海碳交易市场将企业履约情况纳入企业信用记录，并及时通报公布且取消企业获取专项资金的资格。

综上所述，碳市场运行初期，灵活的遵约日期及相对较强的惩罚力度等遵约制度，可对企业行为进行引导，能够有效实现对企业的激励及约束作用，诱致企业参与碳交易的行为趋于理性。而理性的参与主体行为是市场有效的前提条件，故上海碳交易试点市场能通过弱式有效检验，而其他 6 个市场尚不能通过有效性检验。

5. 碳交易市场政策调控

首先分析天津碳交易试点市场，从其碳交易政策上可以看到起涨跌控制阈值为 10%，除湖北碳交易试点市场外，其阈值设计值比其他碳交易试点市场都要低，由于政策的干预，使得市场价格波动很小。在分配方式上，天津碳交易试点市场规定在价格出现波动时即启动有偿分配机制以维护市场稳定，导致价格不能完全反应市场信息，使天津碳交易试点市场未能达到弱式程度的有效水平。

湖北碳交易试点市场，交易量在 7 个试点市场中位居第一，但其涨跌阈值为 10%，甚至从 2016 年 7 月起将阈值设定为 1%，并且预留 30% 配额作为拍卖来用于市场调控，这极大限制了市场价格波动。此外，湖北碳交易市场还建立了碳配额回购制度，从而一方面保持市场活跃，另一方面也避免了因碳配额分配过量导致的价格大幅下跌，最终维护市场稳定。但不容忽视的是，行政过度干预必然走向反面，导致市场低效或无效率。上述政策干预也同时抑制了市场的价格发现功能，使得价格不能完全反应市场信息。所以，湖北碳交易试点市场不可能达到弱式程度的有效水平。

综上可知，市场趋于有效的影响因素有以下方面：第一，灵活的碳排放配额有偿分配和较长的分配期限；第二，碳排放市场设计应嵌入降低信息成本的机制；第三，提供更多配额总量，有效扩大单一交易主体所获得配额；第四，修正市场交易规则，实施灵活的遵约日期，适度强化违约惩罚；第五,明晰政府对碳交易市场的监管原则,减少政府干预,充分发挥市场内在调节功能。

(二) 政策建议

根据本文研究结论提出政策建议:

第一,统一和完善市场体制机制。一方面,要确保价格稳定并使碳价格机制保持充足的张力。在碳配额的分配上坚持适度从紧的原则,逐步从免费分配为主过渡到以拍卖等有偿分配方式为主,总体上保证碳配额供给略低于需求或者供求基本平衡,发挥供求机制作用,激发市场活力。建设预留配额柔性调节机制,使政府预留的碳配额用于市场调节、有偿分配及重大项目建设等需要调整的情况,防止碳价动荡,确保碳价格保持在合理的调控区间。另一方面,需要完善监管协调及惩罚机制。建议适当建立跨部门的碳交易市场监管框架与相关的协调机制,推动碳交易市场健康、协调、可持续发展。适度加大违约惩罚力度,确保各交易主体按照规则参与市场运作。

第二,积极引导碳市场微观主体行为。建议对除碳现货以外的其他碳金融产品交易设置较高市场准入门槛,要求参与交易主体具有风险识别及控制等方面的专业知识和能力。使参与碳金融交易的主体以机构为主,以实现运营市场化。进一步增加参与碳排放交易企业覆盖范围。目前我国纳入碳排放范围的主要有石化、化工、钢铁、建材、有色、电力、造纸、航空八大行业及其18个子行业。可以考虑要求这些行业凡是能耗达到一定数量标准煤的企业必须加入,由此提升碳市场发展活力。对于上市公司,把碳排放量的披露日益纳入信息披露的范围,甚至把实际碳排放量的精确披露作为能否上市标准之一。督促企业重视碳排放问题,把碳排放纳入企业的长期发展规划中去。

第三,明晰政府对碳交易市场的监管原则,减少政府干预,充分发挥市场内在调节功能。在交易方式上给予碳市场交易机构更大的自由度,建立碳交易场所的年度评审与甄别机制,对依法合规运营的交易机构可以适当放宽交易方式上的限制,而对于违法机构严加管束,以此实现差异化管理。鼓励丰富碳交易市场的产品种类,比如碳期货、碳保险、碳保理等碳产品及碳指数产品等碳交易工具,鼓励商业银行、保险公司、投资机构等金融服务机构将有关碳产品、碳资产的融资服务纳入服务范围,充分发挥市场内在调节功能。

参 考 文 献

[1] 冯晓莹. 国际碳交易市场有效性研究 [D]. 暨南大学, 2014.
[2] 侯永建. 股票市场的信息生产及其对公司投资的影响 [D]. 复旦大学, 2006.

[3] 侯营营. 分数布朗运动环境中欧式新型期权的定价 [D]. 东北大学, 2013.
[4] 刘静, 王晨曦. 基于滑动窗 DFA 分析法的碳市场有效性研究 [J]. 绿色科技, 2014 (10): 271 - 274.
[5] 刘卓. 欧盟碳期货市场有效性研究 [D]. 湖南大学, 2010.
[6] 马晓青. 中国三板市场交易机制研究 [D]. 复旦大学, 2004.
[7] 田穗, 刘小小. 欧洲碳排放权现货市场有效性研究——基于 GARCH 模型 [J]. 杭州电子科技大学学报: 社会科学版, 2015, 11 (02): 17 - 22.
[8] 汪德平. 论有效市场理论及有效性假设对财务管理活动的影响 [J]. 经济研究导刊, 2012 (09): 80 - 83.
[9] 王倩, 王硕. 中国碳排放权交易市场的有效性研究 [J]. 社会科学学刊, 2014 (06): 109 - 115.
[10] 王扬雷, 杜莉. 我国碳金融交易市场的有效性研究——基于北京碳交易市场的分形理论分析 [J]. 管理世界, 2015 (12): 174 - 175.
[11] Bachelier L. Theory of Speculation (Thesis Presented For The Degree Docteurs Sciences Mathmatiques, Academy of Paris), Translated By Boness, A. J. 1990.
[12] Bollerslev T. Generalized Autoregressive Conditional Heteroscedasticity [J]. Journal of Econometrica, 1986, (31): 307 - 327.
[13] Daskalakis George, Psychoyios Dimitris, Markellos Raphael N. Modeling CO_2 Emission Allowance Prices and Derivatives: Evidence From the European Trading Scheme [J]. Journal of Banking and Finance, 2009, (33): 1230 - 1241.
[14] Fama E. F. "Efficient Capital Markets: A Review of Theory and Empirical Work," The Journal of Finance, Vol. 25, No. 2 (1970), pp. 383 - 417.
[15] Fama E. F. The Behavior of Stock Market Price [J]. Journal of Business, 1965, 38 (1): 34 - 105.
[16] Fawson Chris, The Weak - Form Efficiency of the Taiwan Share Market [J]. Taylor and Francis Journals, 1996, 3 (10): 663 - 667.
[17] Lo A. W., Mackinlay A C. Stock Market Prices do not Follow Random Walks: Evidence from a Simple Specification Test [J]. Review of Financial Studies, 1988, 1 (1): 41 - 66.
[18] Montagnoli A., De Vries F. P. "Carbon Trading Thickness and Market Efficiency," Energy Economics, Vol. 32, No. 6 (2010), pp. 1331 - 1336.
[19] Seifert Jan, Uhrig - Homburg Marliese, Wagner Michael Dynamic Behavior of CO_2 Spot Prices [J]. Journal of Environmental Economics and Management, 2008, (56): 180 - 194.
[20] Wright J. H. Alternative variance-ratio tests using ranks and signs [J]. Journal of Business & Economic Statistics, 2000 (18): 1 - 9.

Research on Information Efficiency of China's Carbon Emissions Trading Market

Liu Ming   Cui Chengcheng

Abstract: Starting from the information of seven carbon trading pilot markets, the paper studiesthe effectiveness of the carbon emission trading market. First, the LM traditional variance ratio method is used to check the efficiency of the market information according to the characteristics of market information. The results show that only the carbon trading markets of Shanghai and Guangdong reach weak-form efficiency, and then using the Wild bootstrap variance ratio test method to further verify the two carbon trading markets have reached weak-form efficiency. The results of the study reveal thatin order to improve the efficiency of the carbon market, flexible allocation of carbon emissions quotas and longer allocations should be adopted, embedded in the carbon emission market mechanism to reduce the cost of information elements, elements that reduce the cost of information should be embedded into the carbon market mechanism, more quota total should be provided to expand the quota of the single transaction subject effectively. We should clarify the government's regulation of the carbon trading market, reduce government intervention and give full play to the inherent regulatory function of the market. Finally, this paper puts forward some policy suggestions on how to build a unified carbon market and improve the efficiency of China's carbon trading market from the aspects of market construction, transaction subject and government control.

Keywords: carbon trading market, weak-form efficiency, market informationefficiency, yield distribution, variance ratio test

中央企业国际竞争力的多维度评价
——与世界500强企业进行对比分析

高玉婷[*]

摘　要： 中央企业是我国国民经济的有力支撑，既是国内企业的中坚力量，也是参与国际竞争的排头兵。"十二五"期间，中央企业大力实施"走出去"战略，不断提升国际经营和竞争能力，由国内型向世界型转变。本文通过构建"一个标杆、二个层次、四个维度"的中央企业国际竞争力评价体系，与世界500强中的美国和日本两大经济体的非金融企业进行比较，分析我国中央企业在2010~2014年间国际竞争力的变化。中国企业特别是中央企业在世界500强的做大层面表现突出，然而多数央企"大而不强"，盈利水平与美日一流企业还有较大差距，劳动生产率和技术创新能力还有较大的提升空间，品牌建设和国际化经营任重而道远。加快国际化步伐，进一步做大做强做优，大力提高国际竞争力，跻身世界一流，仍是今后中央企业的主要目标和任务。

关键词： 中央企业国际竞争力　世界500强　非金融企业

当今之世，作为第二大经济体的中国对全球的经济影响已不可同日而语。在经济全球化的背景下，任何一国产业能力的发展，必然体现出单个企业能力的提高，从而带来企业国际竞争力的提升。经济全球化既表现为各国经济的相互依存以及对国际资源的有效利用，也表现在一体化国际市场上各国企业之间的相互竞争。要维护本国企业的国际地位和经济利益，提高企业的国际竞争力是一条必由之路。

经过30多年的改革开放和国内外市场竞争的洗礼，国有企业[①]已经历了从计划经济向社会主义市场经济、从卖方市场向买方市场、从借鉴模仿国外先进的管理方法到自我创新的重大转变。过去的五年，中国经济持续增长，国民收入稳步提高，与发达国家之间的差距正在逐渐缩小。根据世界银行WDI（世界发展指标）数据库，中国国内生产总值由2010年的5.88亿美元增加到2014年的10.36亿美元，全球占比由9.34%提升到13.30%。与美国的差距在不断收窄，2010年中国GDP总量占美国GDP总量的40.10%，至2014年已达59.48%。中国在GDP总量上已实现对日本的赶超，由2010年

---

[*] 高玉婷（1987~　），女，广东省河源人，深圳信息职业技术学院教师，辽宁大学经济学院博士。研究方向：国民经济学。

[①] 全国国有及国有控股企业，简称国有企业，包括中央企业和36个省（自治区、直辖市、计划单列市）国有及国有控股企业。

的 1.08 倍提高至 2014 年的 2.25 倍。中国改革开放后，中国的经济得到充分发展，在国际上的影响也更加深远。中国企业，尤其是国有企业以及作为"精锐部队"的中央企业①，是助推中国经济实现快速赶超的强大引擎，培育一批具有国际竞争力的一流企业是中国经济发展的动力和源泉，对拉动国内经济发展发挥着关键性作用。

2015 年 7 月 22 日，在《财富》公布的世界 500 强企业中，我国上榜企业数量以 106 家创历史新高，成为自该榜单发布以来第三个上榜企业数目过百的国家。各国企业在世界 500 强地位的排名实质上是各国对世界经济影响力的一个缩影，世界 500 强版图的新变化使得中国在全球的经济地位进一步巩固。中央企业是我国国民经济的支柱，也是我国参与国际竞争的主要骨干力量，承担着支撑国民经济发展和国有资本保值增值的双重任务。② 根据国资委数据统计，2015 年中央企业的营业收入达到 27.17 万亿元，同比增长 7.97%，占全国国有企业的 59.75%；利润 1.61 亿元，同比增长了 15%，占全国国有企业的 70.13%；缴纳税金 9731.4 亿元，同比增长 41.58%，占全国国有企业的 77.03%。在 94 家上榜的中国内地企业里，中央企业共 46 家，③ 占比 48.94%，是全部上榜中国非金融企业的 58.97%，见图 1。

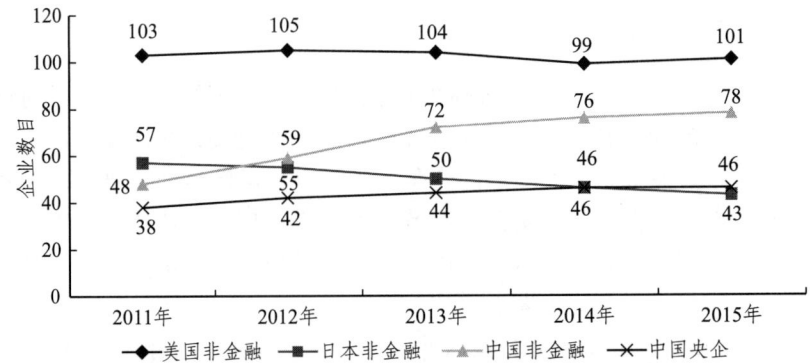

图 1　中国和美日非金融企业入围世界 500 强企业数目比较

资料来源：Fortune Global 500 Database，后面图表如未特殊说明，均同此来源。

在 2015 年世界 500 强榜单中，中国石油天然气集团公司、中国石油化

---

① 按照中国政府的国有资产管理权限划分，中国的国有企业分为中央企业（由中央政府监督管理的国有企业）和地方企业（由地方政府监督管理的国有企业）。本文研究的是狭义的中央企业，即由国务院国资委直接管理的企业（中央管理企业），不含国有金融类企业。截至 2015 年 12 月 12 日，国委会发布的央企名录共有 106 家。

② 李荣融. 大力推进中央企业自主创新，为建设创新型国家做出积极贡献——国资委主任、党委书记李荣融在中央企业科技工作会议上的讲话 [J]. 国务院国有资产监督管理委员会公告. 2006，5：5 - 17。

③ 本文主要研究非金融企业，剔除了招商银行，共 46 家央企上榜，下同。

工集团公司和国家电网公司连续第六年跻身世界500强前10名；其中中国石油化工集团公司排名比上年提升一名，首次位居世界500强榜眼位置，与首位的沃尔玛相比只差8.69%，超越近在咫尺；共计9家中国企业进入前50名，其中央企4家，占比44.4%；18家中国企业进入前100名，其中央企8家，占比44.4%。这些数据表明，作为"国家队"的中央企业在国民经济发展中占据了主体地位，发挥了积极主导作用，预计未来对世界的影响力有望进一步提升。然而，与世界500强大企业对比，我国中央企业的不足之处日益凸显，与实现世界一流企业这个目标还存在一定的差距。

评价企业国际竞争力的方法众多，本文研究中央国有企业国际竞争力是从"十二五"时期推进中央企业改革所提出的"做强做优中央企业、培育具有国际竞争力的世界一流企业"这一核心目标作为切入点，与世界500强的数据进行动态比较，在总体上评价中央企业国际竞争力的变化。世界500强榜单中的美国、日本和中国企业分别代表了美国大企业、日本大企业和中国大企业的发展状况，三者之间的差异，也相应地反映了中国大企业，特别是作为中坚力量的中央企业与美国大企业和日本大企业发展变化的差异。

本文以世界500强企业作为参考标准，将中央企业与美、日两大世界经济体的企业进行比较；以进入世界500强的中国非金融企业和中央企业两个层次作为研究对象；以"做大"、"做强"、"做优"和"世界一流"这四个体系作为评价中央企业国际竞争力的方法。概括起来，即"一个标杆、二个层次、四个维度"，见表1。

表1　　　　　　　　中央企业国际竞争力评价指标体系

目标	指数	指标
做大	规模指数	营业收入
		资产总额
做强	效益指数	净利润
		净资产收益率
做优	效率指数	劳动生产率
		创新能力
世界一流	国际化指数	品牌价值
		跨国指数

下面从规模、效益、效率和国际化四个角度，把入围世界500强榜单的中国非金融企业与美国、日本的非金融企业进行比较，从而分析我国中央国有企业的整体国际竞争力现状与问题。

一、做大：经营规模和资产规模对比分析

营业收入和资产总量是衡量企业规模的常用指标。中国企业尤其是中央企业的崛起，进一步巩固了我国内地企业在世界500强的地位。无论是从入围企业数量、企业排名次序，还是从营业收入和资产总量来看，中央企业的规模优势尽显，对500强做大层面贡献突出。

"十二五"以来，中国企业异军突起，与发达国家的差距逐渐缩小。从中央企业历年的规模扩张来看，2010年其营业收入总额为2.48万亿美元，2014年大幅度增长至4.09万亿美元，年均增长率达到12.97%；中央企业集中了资金、技术和政策的优势，500强央企则代表了中央企业率先崛起的部分。从国内比较上看，尽管五年来入围世界500强榜单的中央企业的数目在不断攀升，但央企占全部上榜中国企业（内地）的比重由2010年的65.52%下降至2015年的43.40%；① 同样，央企占中国非金融企业的份额也呈现下降趋势，由79.17%降低到58.97%（见图2）。这些数据表明，在"十二五"期间，中国企业的规模效应显著，中央企业当先锋、做表率，带领更多优秀的中国企业（包括民营企业）冲击世界500强的版图。

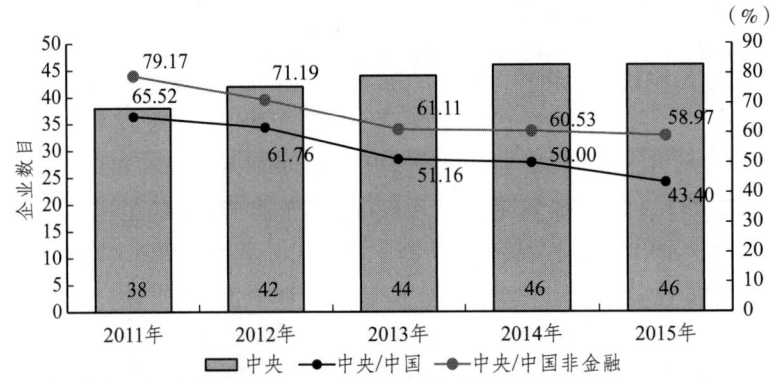

图2 入围世界500强的中央企业与中国企业、中国非金融企业的比较

2015年上榜的46家中央企业营业收入累计达3.45万亿美元，已超过日本上榜的43家非金融企业的总营业收入（2.29万亿美元），与世界500强整体的差距也在不断缩小。从相对占比来看，2014年500强央企的营业收入在

---

① 根据《财富》世界500强的评价方法，申请的企业需在每年3月31日前公布上一年的主要财务数据，并依据企业营业收入规模排名形成当年的世界500强榜单，每年7月进行公布。因此，2015年世界500强企业的主要财务指标反映的实际是2014年或更早财年的数据。在本文中，为了保证不同数据来源数据指标的可比性，采用滞后一年的方式对世界500强的主要财务指标数据进行处理，例如，2015年度世界500强的营业收入、净利润、资产、所有者权益以及从业人员等数据在本研究中记为2014年的财务指标。

同期世界500强营收中所占的比重是11.1%,5年内份额提高了3.31%;与美国非金融企业的相对占比由2010年的34.58%上升到2014年的50.05%;与日本的相对差距由2010年的76.94%缩小到2011年的94.51%,2012年已经实现赶超,截至2014年央企营收已是日本非金融企业营收的1.51倍,见表2。

表2 中国和美日非金融企业营业收入比较　　单位:万亿美元

		2010年	2011年	2012年	2013年	2014年
500强非金融企业	中国	2.30	3.20	3.94	4.60	4.76
	央企	2.02	2.67	3.03	3.42	3.45
	美国	5.83	6.63	6.78	6.72	6.89
	日本	2.62	2.82	2.7	2.48	2.29
相对占比(%)						
中国/500强非金融企业	中国/美国	39.44	48.21	58.12	68.49	69.02
	中国/日本	87.76	113.35	145.94	185.58	207.68
央企/500强非金融企业	央企/美国	34.58	40.20	44.70	50.87	50.05
	央企/日本	76.94	94.51	112.26	137.84	150.58

从企业平均规模来看,2014年中国78家500强非金融企业的平均营业收入为609.72亿美元,世界500强企业的平均营收为624.24亿美元,越来越接近世界500强企业的整体水平,但是在主要经济体中平均规模不占优势;入榜的46家500强央企的企均营收为749.62亿美元,不仅高于国内平均规模,更超过于美国(682.18亿美元)和日本(532.56亿美元),对世界500强规模扩张助推作用明显,见表3。

表3 中国和美日非金融企业平均营业收入比较　　单位:亿美元

		2010年	2011年	2012年	2013年	2014年
500强非金融企业	中国	479.03	541.79	547.28	605.59	609.72
	央企	530.51	634.54	688.86	743.12	749.62
	美国	566.02	631.43	651.92	678.79	682.18
	日本	459.65	512.73	540.00	539.13	532.56
相对占比(%)						
中国/500强非金融企业	中国/美国	84.63	85.80	83.95	89.22	89.38
	中国/日本	104.22	105.67	101.35	112.33	114.49
央企/500强非金融企业	央企/美国	93.73	100.49	105.67	109.48	109.89
	央企/日本	115.42	123.76	127.57	137.84	140.76

资产总量方面,2014年500强中国非金融企业的资产总额为7.22万亿

美元,5 年内累计增长了 103.34%,与世界 500 强整体占比由 2010 年的 3.15% 提高至 2014 年的 5.87%,平均资产指标也位于世界之首。中央企业 2014 年总资产 5.01 万亿美元,相当于同年世界 500 强企业资产总额 123.08 亿美元的 4.07%,其中平均资产为 1089.48 亿美元,与世界 500 强平均资产指标 2461.53 亿美元的差距逐渐收窄,并超过美国(691.20 亿美元)和日本(679.18 亿美元),见表 4、表 5。

表 4　　　　　　中国和美日非金融企业资产总额比较　　　　单位:万亿美元

		2010 年	2011 年	2012 年	2013 年	2014 年
500 强非金融企业	中国	3.55	4.65	5.55	6.50	7.22
	央企	2.78	3.56	4.02	4.64	5.01
	美国	5.96	6.31	6.44	6.63	6.98
	日本	3.55	3.47	3.32	3.22	2.92
相对占比(%)						
中国/500 强非金融企业	中国/美国	59.65	73.63	86.11	98.13	103.48
	中国/日本	100.15	133.81	167.20	202.18	247.35
央企/500 强非金融企业	央企/美国	46.73	56.34	62.47	70.06	71.79
	央企/日本	78.45	102.38	121.30	144.35	171.60

表 5　　　　　　中国和美日非金融企业平均资产比较　　　　单位:亿美元

		2010 年	2011 年	2012 年	2013 年	2014 年
500 强非金融企业	中国	602.12	787.66	770.54	855.71	926.12
	央企	732.30	846.58	914.73	1009.38	1089.48
	美国	578.21	601.07	619.49	669.41	691.20
	日本	622.30	631.44	663.63	699.26	679.18
相对占比(%)						
中国/500 强非金融企业	中国/美国	104.14	131.04	124.38	127.83	133.99
	中国/日本	96.76	124.74	116.11	122.37	136.36
央企/500 强非金融企业	央企/美国	126.65	140.85	147.66	150.79	157.62
	央企/日本	117.68	134.07	137.84	144.35	160.41

二、做强:利润水平和净资产收益率对比分析

"做强"是企业综合实力的体现,盈利水平是考察企业经济效益的核心指标。中央企业要做强,就要改变企业发展路径,从过去盲目追求高产值和高速度转变为追求质量和效益,做提升质量、讲究效益的排头兵。

世界经济增速持续放缓,同样也体现在世界 500 强企业的整体业绩表现中。虽然我国内地上榜企业的利润增长也不尽如人意,但整体而言国有企业

特别是中央企业的盈利能力处于较好水平,即使在世界经济危机频发的背景下,总体利润水平还是保持在一个比较稳定的发展态势。同时,国内各行业资产配置布局不断优化,产业升级转型进程加快,行业领军企业不断涌现,部分行业如电信、炼油、海运、建筑等已站稳了海外市场,成为国际上具有领先地位的一流企业。然而,其隐忧不容忽视,特别是在企业的平均利润和净资产收益率方面与美日两国相比还有较大的差距。

经过多年来的改革发展,我国国有企业特别是中央企业的运营效率不断提高,与美国和日本的世界500强非金融企业相比,净利润的差距由2010年的5.64倍和0.86倍变为2014年的5.88倍和0.96倍(见表6)。2014年500强央企净利润达825.84亿美元,占上榜国内非金融企业的79.12%,为世界500强整体净利润的4.95%。对比近5年来净利润总额指标可以发现,中央企业净利润占世界500强企业的比重近5年来大体一致,均在4%~5%之间,没有出现明显的利润下滑迹象。

表6　　　　　　　中国和美日非金融企业净利润比较　　　　　单位:亿美元

		2010年	2011年	2012年	2013年	2014年
500强非金融企业	中国	774.67	916.66	1019.23	1012.41	104377
	央企	691.08	777.20	834.22	800.04	825.84
	美国	3897.71	4462.32	4157.83	5077.48	4859.18
	日本	592.30	375.52	500.19	987.48	795.64
相对占比(%)						
中国/500强非金融企业	中国/美国	19.88	20.54	24.51	19.94	21.48
	中国/日本	130.79	244.10	203.77	102.52	131.19
央企/500强非金融企业	央企/美国	17.73	17.42	20.06	15.76	17.00
	央企/日本	116.68	206.97	166.78	81.02	103.80

从企均利润指标来看,2014年中央企业的企均利润为17.95亿美元,高于中国内地上榜非金融企业的企均利润水平13.38亿美元,仅为500强总体的企均利润(33.35亿美元)的一半左右。可见,尽管中国企业在500强榜单中的数目显著增加,但发展质量还有待提升。2015年世界500强中,央企的企均利润虽然与日本相当,但与占据明显优势地位的500强美国大企业相比,央企的企均利润仅为其37.32%,落差明显。日后中国大企业要在全球市场上与美国大企业进行竞争,需在提质增效发展方面做出更多努力,见表7。

表 7 中国和美日非金融平均企业利润比较 单位：亿美元

		2010 年	2011 年	2012 年	2013 年	2014 年
500 强非金融企业	中国	16.14	15.54	14.16	13.32	13.38
	央企	18.19	18.50	18.96	17.39	17.95
	美国	37.84	42.50	39.98	51.29	48.11
	日本	10.39	6.83	10.00	21.47	18.50
相对占比（%）						
中国/500 强非金融企业	中国/美国	52.98	47.66	45.94	34.05	40.13
	中国/日本	42.65	36.56	35.41	25.97	27.81
央企/500 强非金融企业	央企/美国	48.06	43.54	47.42	33.91	37.32
	央企/日本	175.01	271.03	189.52	81.02	97.03

评价企业效益水平的另一个重要指标是净资产收益率，它是衡量公司盈利能力及经营绩效最核心、最具综合性的一个指标。近五年来，世界 500 强整体的净资产收益率维持在相对稳定水平，中国企业特别是中央企业却呈现出下降的趋势。2014 年 500 强央企的净资产收益率仅为 5.93%，不及日本 9.05%，低于 500 强整体的平均水平（10.91%），与美国高达 19.95% 的收益率差距更是明显，见表 8。

表 8 中国和美日非金融企业净资产收益率比较 单位：%

		2010 年	2011 年	2012 年	2013 年	2014 年
500 强非金融企业	中国	8.29	8.05	7.74	6.79	7.74
	央企	8.00	7.56	7.32	6.25	5.93
	美国	18.40	20.15	18.10	20.28	19.95
	日本	5.49	3.60	5.13	10.15	9.05

值得注意的是，由于中央企业在我国地位作用特殊，其表现出来的绩效其实并不真实。如果没有政府资金和政策的倾斜，中央企业的盈利能力实际上并不高，地方国企则更低。[1] 毕竟，真正的国家竞争优势不能只看总量，只有不断追求企业发展内在的"质"，才能实现企业长远的"强"。

三、做优：劳动生产率和技术创新对比分析

"做大"和"做强"只是一流企业成功的一个侧面，一个企业要做到长盛不衰，关键则在于"做优"。只有不断增强企业的生命力、竞争力和成长

---

[1] 赵杨，谭洁，赵颖斯. 我国中央企业近年经济运行研究——基于 2006～2012 年的财务数据. 中国软科学［J］. 2013，08：117－124.

力,才能让企业走得更远,向实现世界一流企业的目标迈进。如何界定"做优",主要看两个指标:一是劳动生产率,一般以人均收入和人均利润来衡量;二是科技创新的能力,主要以科技研发投入和强度来衡量。

从劳动生产率来看,2014年世界500强企业的人均营业收入为47.97万美元,进入500强榜单的中国非金融企业的人均营业收入为33.70万美元,分别相当于美日500强非金融企业的67.34%和67.23%,500强央企的数据与美日对比也不占优势(见表9)。人均利润方面差距更为明显。500强榜单中的中国企业人均利润仅为0.74亿美元,中央企业也仅有0.76万美元,落后于500强整体水平2.56万美元,与高效率的美国大企业相比,央企人均利润仅为其1/5,见表10。

表9　　　　　　　中国和美日非金融企业人均收入比较　　　　单位:万美元

		2010年	2011年	2012年	2013年	2014年
500强非金融企业	中国	19.87	23.78	27.92	31.29	33.7
	央企	22.1	24.47	28.88	32.27	31.83
	美国	45.27	46.8	48	49.26	50.04
	日本	57.93	59.92	56.57	54.38	50.12
相对占比(%)						
中国/500强非金融企业	中国/美国	43.89	50.81	58.16	63.53	67.34
	中国/日本	34.3	39.68	49.36	57.55	67.23
央企/500强非金融企业	央企/美国	48.82	52.28	60.16	65.51	63.6
	央企/日本	38.15	40.83	51.05	59.34	63.5

表10　　　　　　　中国和美日非金融企业人均利润比较　　　　单位:万美元

		2010年	2011年	2012年	2013年	2014年
500强非金融企业	中国	0.6	0.68	0.72	0.69	0.74
	央企	0.62	0.71	0.79	0.76	0.76
	美国	3.02	3.15	2.94	3.72	3.53
	日本	1.03	0.8	1.05	2.17	1.74
相对占比%						
中国/500强非金融企业	中国/美国	19.87	21.65	24.53	18.5	20.95
	中国/日本	58.25	85.45	68.91	31.79	42.47
央企/500强非金融企业	央企/美国	20.53	22.65	27	20.29	21.6
	央企/日本	60.19	89.41	75.85	34.88	43.77

科技研发投入是企业创新的根本保障,也是支撑企业技术创新能力不断提升的重要手段。在国家实施创新驱动发展战略的新时期,中国企业R&D投入大幅增加,2001~2010年间共增长了6倍,从246.38亿美元增长到

1567.26亿美元，2014年累计达到2663.99亿美元。中国的R&D经费已经在2009年赶超日本（1050.31亿美元），与美国的企业R&D经费投入也在不断接近，见表11。

表11　　　　　　　中国和美日非金融企业R&D比较

	2010年	2011年	2012年	2013年	2014年
全球R&D投入（万亿美元）					
中国	1567.26	1838.92	2140.64	2423.24	2663.99
美国	2789.77	2881.43	2907.81	3053.11	—
日本	1075.85	1120.05	1121.24	1175.86	1238.03
全球R&D投入强度（%）*					
中国	1.27	1.36	1.47	1.54	1.58
美国	1.86	1.9	1.87	1.94	—
日本	2.49	2.6	2.56	2.65	2.79
企业R&D投入占比（%）**					
中国	73.42	75.74	76.15	76.61	77.30
美国	68.03	68.59	69.31	70.58	—
日本	76.51	76.96	76.62	76.09	77.76

注：*R&D投入强度是指研究与试验发展（R&D）经费占GDP的比重，被视为衡量一个国家科技投入水平最为重要的指标。

**企业R&D投入占比（%）指企业R&D支出占全国R&D支出总量的比重。

企业是科技创新的主体，直接体现国家的科技创新能力，尤其是中央企业肩负着重要的责任和使命，更要发挥在自主创新中的引领和推动作用。从世界范围看，当今世界80%的科技研发投资、71%的技术创新由世界500强企业创造。[1] 虽然近年来中央企业加快转变经济发展模式，发展战略性新兴产业，科技创新能力不断增强，但同国际知名的跨国公司相比，中央企业在科技创新方面还面临着普遍的弊端：首先，在企业的研发经费方面，中央企业与国内外高水平创新型企业相比仍有明显落差，R&D投入强度上仍严重不足，不仅远低于国外企业，甚至难以企及国内部分民营企业。当前我国包括中央企业在内的规模以上工业企业仅有1%左右的R&D强度，而美国、日本、德国等发达国家则普遍在2%以上，一些优秀跨国公司的研发强度甚至超过了5%。[2]

基于欧盟产业研发投入报告所提供的数据，笔者统计了进入2015年R&D Scoreboard榜单的中国、美国和日本的研发投入企业的相关数据。从上

---

[1] 李阳. 要把央企作为自主创新的国家队. 中国人才[J]. 2013（09）：32.
[2] 李政，薛营. 新常态下中央企业自主创新及其生态环境建设. 学习与探索[J]. 2015（06）：84-88.

榜企业数量分布上看,在2500个企业样本中,中国企业共有301家,仅次于美国的829家和日本的360家。从研发投入总额来看,中国企业与主要创新型国家相比还存在较大差距。2014年中国企业研发投入总额为361亿欧元,榜单占比5.9%,仅为美国的15.55%,日本的41.69%;从样本整体研发强度上看,中国企业仅为1.9%,与美国5.2%和日本3.3%尚有较大差距。[1]

中国大企业中,有多少可以堪称创新型企业?这取决于不同的评价方法和标准。其中较为著名的有汤森路透集团(Thomson Reuters)每年发布的"TOP100全球创新型企业",该榜单根据申报企业的专利总数、专利申请成功率、专利组合的国际化程度和文献引用次数等四大标准评选出结果。在2015年最新的排名中,日本力压美国(35家)独占鳌头,共计40家进入排行榜,占比40%,而中国大陆无一家企业上榜。波士顿咨询公司(BCG)根据经营者的领导力、拥有专利的数量、产品开发情况、顾客指向等标准,每年评选出《最具创新性的50家企业》。2015年中国大陆仅有腾讯、华为和联想三家企业上榜,苹果连续11年保持第一。

在中国改革发展的关键时期,实施创新驱动发展战略是实现国家和企业发展战略的根本动力源泉。尽管中央企业在创新方面已经取得许多喜人的成绩,但从长远发展来看,央企还没有完全摆脱"模仿"的束缚,自主创新能力后劲不足。支撑企业中长期发展的高新技术储备匮乏,不少核心关键的技术依然受制于人。[2] 此外,我国创新型人才储备不足,科技人才队伍建设有待推进,技术创新体系和知识产权管理保护等制度保障还有待构建,科技创新尚未成为中央国有企业发展的主要驱动力量。

四、世界一流:品牌价值和跨国指数对比分析

经济全球化进程的加快进一步深化各国间相互联系和利益的交融,各国企业大力拓展多元化国际市场,不断优化国内外产业布局。在海外市场竞争中,品牌竞争加剧,苹果、可口可乐、IBM、谷歌、微软等这些耳熟能详的品牌,成为市场最活跃的因素,不仅引导着各自行业的发展和世界经济格局,也决定着国家竞争力。根据联合国工业计划署统计,占全球不足3%的世界知名品牌,全球市场占有率竟高达40%以上,销售收入总额占据全球市场一半的份额。创建国际知名品牌不仅可以提升中国在国际产业分工中的地位,获取巨额的商业利润,更有助于提升整个国家的经济实力和国家形象。企业只有建立自己的品牌,不断提升品牌价值,才能在国际竞争中取胜,实

---

① The 2015 EU Industrial R&D Investment Scoreboard, European Commission, JRC/DG RTD.
② 李保民. 中央企业科技创新现状及未来工作重点. 经济研究参考 [J]. 2011, 61: 70 – 71.

现制造能力强的"橄榄形"向研发和销售能力强的"哑铃形"产业价值链升级。

如今,中国已经成为经济全球化的一部分,但还只是扮演"世界工厂"的角色。中国制造虽然冲击着世界市场的每一个角落,但是,中国制造的产品大多是贴牌的或者是低附加值的产品。英国 Interbrand 公司每年评出的世界品牌排行榜中,能够榜上有名的中国的品牌寥寥无几,这与中国经济总量在世界中的地位是极不匹配的。在世界市场上畅销的大约 2.5 万个名牌产品,90% 以上集中在发达和较发达的国家和地区。① 即使是在国内的驰名商标排行榜中,中央企业品牌也不能占到绝对优势地位。中央企业属于国有大中型企业,有些企业的产值甚至超过一些小国的国民生产总值,绝大部分中央企业的实力是地方国有企业以及民营企业无法比拟的,但是中央企业的品牌建设却远远滞后。

总体说来,知名的中央企业品牌与世界品牌相比在数量上并不占优势,同时中央企业的品牌价值与世界品牌价值相比还存在相当大的差距。世界品牌实验室与《世界企业家》杂志联合颁布的 2015 年世界品牌 500 强中,美国占据 500 强中的 228 席,品牌大国风范尽显;榜眼由英国夺得,以 44 个品牌入选超越法国;其次是日本、中国、德国、瑞士和意大利入选。中国虽然有 31 个品牌入选,但作为世界第二大经济体,中国品牌显然还有很大的发展空间。在这份榜单中,国内排名最高的为中国工商银行,位列第 54 位,其中的中央企业品牌中最高的为国家电网(56),其次是中国移动(89)、中国石油(218)、中粮集团(232)、中国石化(251)、中国联通(265)、中国电信(270)、中国铁建(345)、中化(348)和中国建筑(376)。

与世界知名企业相比,我们企业的品牌价值过低,Interbrand《Top100 Best Global Brands 2015》榜单中仅有华为和联想上榜,没有一家中央企业品牌。从表 12 中可看出,世界最有价值品牌苹果的价值为 1703 亿美元,中央企业最有价值的品牌国家电网为 403 亿美元,两者相差约 4.23 倍。世界最有价值的十大品牌的总价值为 7161 亿美元,中央企业最有价值的十大品牌的总价值为 2230 亿美元,两者相差约有 3.21 倍。这都说明中央企业品牌资产价值与世界品牌还有相当的差距。

表 12　　　　　　　中央企业品牌与世界企业品牌价值比较　　　　　单位:亿美元

排名	中央企业品牌	2015 年品牌价值	世界企业品牌	2015 年品牌价值
1	国家电网	408	Apple	1703
2	中国移动	303	Google	1203
3	中化	247	Coca – Cola	784

---

① 蒋诗萍. 中国品牌符号学研究现状. 丝绸之路 [J]. 2012,16:5-7.

续表

排名	中央企业品牌	2015年品牌价值	世界企业品牌	2015年品牌价值
4	中国一汽	222	Microsoft	677
5	中国石油	220	IBM	651
6	中国石化	187	Toyota	490
7	中国建筑	186	Samsung	453
8	中粮集团	182	GE	423
9	中航工业	164	McDonald's	398
10	宝钢	143	Amazon	379

资料来源：世界品牌实验室《2015年中国500最具价值品牌排行榜》、Interbrand《Top100 Best Global Brands 2015》。

注：中央企业品牌排名依据世界品牌实验室《2015年中国500最具价值品牌排行榜》，股份制银行及保险公司未纳入该榜单；世界企业品牌排名依据 Interbrand《Top100 Best Global Brands2015》；人民币与美元的汇率取为 6.14:1。

现今中国 GDP 总量已跻身世界第二，中国企业也与美国稳居世界500强第一梯队，有超过200种产品产销量居于世界首位，是无可争议的"世界工厂"，但由于自主品牌匮乏，核心技术缺失，大多数产品仍处于产业链和价值链的低端。作为世界贸易大国，中国具有国际竞争力的品牌却寥寥无几，拥有自主知识产权的产品不足10%，是名副其实的"品牌小国"和"贴牌大国"。[①] 外资企业在中国生产的产品虽被冠以"Made in China"，但可能在很大程度上只是意味着该产品"在中国制造"，而不是真正意义上的"中国制造"。中央企业肩负着创建世界级中国一流品牌的重任和期盼，打造世界级中国企业产品和服务的品牌，提升中国产品和服务的附加价值，提高中国产品和服务的国际竞争力，在全球竞争中争取到更多的经济利益，是中央企业的使命与职责。

考察企业"做优"的另一个重要指标就是企业的跨国指数。中央企业抓住"走出去"的有利时机，广泛参与了国际竞争。根据联合国贸易和发展会议公布的《2015世界投资报告》，2014年中国对外直接投资流量达到1231.2亿美元，投资区域涉及全球80%的国家和地区，同比增长14.2%。"十二五"以来，中国企业的对外直接投资金额累计增长70.87%，年均增速达到17.72%。从全球范围来看，2014年中国对外直接投资流量连续三年位列全球第三大对外投资国，仅次于美国（3165.49亿美元）和日本（1135.95亿美元）；占发展中经济体对外投资总额达27.63%，是全球最大的发展中资本输出国；占同期世界对外投资流量总额的9.34%[②]与此同

---

① 赵武斌. 广东：要做皮革制作大省，也要做皮革品牌大省. 皮革科学与工程 [J]. 2007, 03: 78-80.

② 联合国贸发会议《2015世界投资报告》。

时,中国"引进来"和"走出去"投资促进体系逐渐趋于平衡,预计在未来对外投资将超越吸引外资成为资本净输出国,形成日后中国经济的"新常态",见表13。

表13　　　　　　　　　　中国和美日对外直接投资比较

	2010年	2011年	2012年	2013年	2014年
对外直接投资流量(亿美元)					
世界	13919.18	15576.40	13088.20	13106.18	13184.70
中国	688.11	746.54	878.04	1078.44	1231.20
美国	2777.79	3965.69	3181.97	3079.27	3165.49
日本	562.63	1075.99	1225.49	1357.49	1135.95
对外直接投资流量相对占比(%)					
中国/世界	4.94	4.79	6.71	8.23	9.34
中国/美国	24.77	18.82	27.59	35.02	38.89
中国/日本	122.30	69.38	71.65	79.44	108.39

资料来源:UNCTAD, World Investment Report 2015, Annex table 2. FDI outflows, by region and economy, 1990~2015。

截至2014年末,中国对外非金融类投资存量为7450.2亿美元,其中,国有企业占53.6%,较2010年的66.2%下降了12.6个百分点。投资主体结构持续优化,虽然国有经济仍占主导,但近几年来非国有企业呈现稳步上升的态势,占比由2010年的33.8%提高到46.4%。[①] 2003年以来,中央企业对外直接投资存量迅速增长,海外经营绩效的突破和亮点彰显。截至2014年底,中央企业在境外设立了8515家分支机构,分布在全球150多个国家和地区。特别是"十二五"以来,中央企业境外营业收入从2.9万亿元增加到4.6万亿元,年均增长12.2%,资产总额从2.7万亿元增加到4.9万亿元,年均增长16.4%。中央企业境外投资额约占我国非金融类对外直接投资70%,对外承包工程营业额约占我国对外承包工程营业总额的60%。[②]

随着"走出去"战略的深入实施,中国企业的国际化经营能力不断提升,逐渐形成一批具有国际影响力的大型跨国经营企业。国内方面,《中国对外直接投资统计公报(2014)》公布了中国非金融类跨国经营企业100强,根据指标的差异,入围中国非金融类跨国经营企业前10强企业名单和排序如表14所示。从中国100强跨国经营主体来看,榜上有名的企业以国有企

---

① 《中国对外投资合作发展报告2015》,中华人民共和国商务部,2015年,第6页。
② 左永刚. 国资委部署央企参与"一带一路"建设央企欲加大联合出海力度抢机遇[N]. 证券日报,2015-6-23(A02)。

业特别是央企为主，但民营企业有不断增加的趋势。前 10 强中，只有联想公司一家民营企业上榜，中央企业的规模优势暂时难以撼动。

表 14　2014 年按不同指标排序的中国非金融类跨国经营企业前 10 强

排名 \ 依据	年末对外直接投资存量	年末境外资产总额	年度境外销售收入
1	中国移动通信集团公司	中国移动通信集团公司	中国石油化工集团公司
2	中国石油天然气集团公司	中国石油化工集团公司	中国石油天然气集团公司
3	中国海洋石油总公司	华润（集团）公司	中国移动通信集团公司
4	中国石油化工集团公司	中国海洋石油总公司	华润（集团）公司
5	华润（集团）公司	中国石油天然气集团公司	中国中化集团公司
6	中国远洋运输（集团）总公司	中国联合网络通信集团有限公司	中国海洋石油总公司
7	中国五矿集团公司	中国建筑工程总公司	联想控股有限公司
8	中国中化集团公司	招商局集团有限公司	中粮集团有限公司
9	中国建筑工程总公司	中粮集团有限公司	中国建筑工程总公司
10	国家电网公司	中国中化集团公司	中国远洋运输（集团）总公司

资料来源：商务部、国家统计局、国家外汇管理局《2014 年度中国对外直接投资统计公报》。

国际排名方面，中央企业国际化水平与跨国公司相比仍有较大差距。在按海外资产排名的《2015 年世界跨国企业 100 强》名录中，全球排名前 100 名的非金融类跨国公司的平均海外资产为 797 亿美元，平均海外营收 492.09 亿美元，平均海外员工 9.17 万人次，各占总体指标的 61.96%、64.21% 和 56.87%，跨国指数为 61.01%。榜单中，美国共有 21 家企业上榜，日本有 11 家企业入围，海外资产、营收和员工分别占世界 100 强的 21.71%、21.82%、26.45% 和 12.98%、11.9%、9.54%。相比之下，中国仅有中海油和中国远洋运输两家央企入榜，海外经营能力暂时无法与美日跨国企业相抗衡。

结合中国企业联合会每年公布的"中国 100 大跨国公司及跨国指数"，把国内外前 10 强跨国公司进行对比，见表 15。前 10 家美国的海外资产总规模达到 1.24 万亿美元，其中全美最大跨国公司——通用电气 2014 年的海外资产就达到 2577.42 亿美元，为中国最大跨国公司中石油海外资产总规模的 1.75 倍。与日本相比，中国前 10 强整体海外资产总额仅为日本的 54.45%。从平均跨国指数来看，前 10 强央企的平均跨国指数只有 21.75%，远远低于美日非金融企业的 53.88% 和 55.76%。

表15　　　　　　　　　中国和美日非金融类跨国公司比较

跨国公司		海外资产 （亿美元）	海外营收 （亿美元）	海外员工（人）	平均跨国指数 （％）
世界TOP100		79699.92	49209.13	9168767	61.01
TOP 10	中国（央企）	5443.57	5681.74	225473	21.75
	美国	12397.75	6914.47	929668	53.88
	日本	9997.16	5455.81	731550	55.76
相对占比（％）					
央企/美国		43.91	82.17	24.25	—
央企/日本		54.45	104.14	30.82	—

注：美国和日本的非金融类跨国公司数据来源于按国外资产排序的"世界非金融类跨国公司100强"统计，中国非金融类跨国公司数据来源于中国企业联合会和中国企业家协会推出的"中国100大跨国公司及跨国指数"。

资料来源：UNCTAD, World Investment Report 2016, The world's top 100 non-financial MNEs, ranked by foreign assets, 2015。

大型跨国企业是衡量一个国家科技水平、产业根基和国际竞争力的重要因素，是决定一个国家可持续发展的动力。中央企业对外直接投资，实质是为了提高企业在世界范围的影响力和竞争力，使之能与实力雄厚的国外企业在国际市场中抗衡。毕竟，只有真正意义上的跨国公司才具有足够话语权，才能维护国家的利益。虽然我国经济增长周期性放缓，增长动力转换衔接存在阻滞，但发展长期向好的基本面没有变，"一带一路"建设、国际产能和装备制造合作皆为"走出去"构建了新的宏观架构，企业国际竞争力和"走出去"的内生动力将持续助推中国经济发展。中央企业应主动适应经济全球化新形势，积极参与国际竞争和全球资源配置。尽管国际化经营取得明显成效，但中央企业提质增效发展仍待破解。

基于以上分析，"十二五"规划成绩斐然，中国企业特别是中央企业在世界500强中的地位更加显著，对世界的影响力进一步提升。主要体现在对世界500强规模扩张的贡献突出，局部实现了"做大"和"做强"两个目标，"做优"和"世界一流"也已初见成效。但从发展模式而言，中央企业主要还是依靠外延性扩张，通过扩大规模和增加投入等途径进行粗放型增长。整体而言，中央企业经济发展的效益和效率还有待提升：一是许多中央企业"大而不强"，与世界一流500强企业相比，在净利润水平、企均利润和净资产收益率等重要指标上还有很大差距；二是企业片面追求规模效益，发展的质量还不够高，劳动生产率有待提升，自主创新能力还不够强，关键技术自给率低下；三是缺少拥有自主知识产权的国际知名品牌，国际化经营水平与国际竞争力仍显不足，央企改革发展任重而道远。

2015年11月3日，《中共中央关于制定国民经济和社会发展第十三个五年规划的建议》强调指出，深化国有企业改革，增强国有经济活力、控制力、影响力、抗风险能力。唯有进一步释放制度红利，才是未来中国经济发展主要的动力源。尽管我国明确提出了提质增效发展的目标，企业也在这方面做出了努力，但我们离这一目标还很遥远。面对国内外复杂多变的经济形势，中央企业应有全球视野，通过与世界一流企业进行多层次的全面对标，明确企业目前所处的位置和存在的差距。在实现做大的基础上，进一步做强做优中央企业，培育具有国际竞争力的世界一流企业，仍是摆在中国面前的一项重要而紧迫的任务。

参 考 文 献

[1] 胡鞍钢，魏星，高宇宁. 中国国有企业竞争力评价 (2003 ~ 2011)：世界500强的视角. 清华大学学报 (哲学社会科学版) [J]. 2013 (01) 28：72 – 160.

[2] 蒋诗萍. 中国品牌符号学研究现状. 丝绸之路 [J]. 2012 (16)：5 – 7.

[3] 李保民. 中央企业科技创新现状及未来工作重点. 经济研究参考 [J]. 2011 (61)：70 – 71.

[4] 李荣融. 大力推进中央企业自主创新为建设创新型国家做出积极贡献——国资委主任、党委书记李荣融在中央企业科技工作会议上的讲话. 国务院国有资产监督管理委员会公告 [J]. 2006 (05)：5 – 17.

[5] 李阳. 要把央企作为自主创新的国家队. 中国人才 [J]. 2013 (09)：32.

[6] 李政，薛营. 新常态下中央企业自主创新及其生态环境建设. 学习与探索 [J]. 2015 (06)：84 – 88.

[7] 赵武斌. 广东：要做皮革制作大省，也要做皮革品牌大省. 皮革科学与工程 [J]. 2007 (03)：78 – 80.

[8] 赵杨，谭洁，赵颖斯. 我国中央企业近年经济运行研究——基于2006 ~ 2012 年的财务数据. 中国软科学 [J]. 2013 (08)：117 – 124.

[9] 左永刚. 国资委部署央企参与"一带一路"建设央企欲加大联合出海力度抢机遇 [N]. 证券日报，2015 – 6 – 23 (A02).

Multidimensional Evaluation of State-owned Enterprises' International Competitiveness

——Analysis Based on Comparison with Fortune Global 500

Gao Yuting

Abstract: As the backbone of the domestic enterprises as well as the pacesetter enterprises involve in international competition, the state-owned enterprises offer great support for the national economy. During the Twelve – Five formulation of planning, the state-owned enterprises have been implementing the "going global" strategy vigorously, we witness a dramatic shift of state-owned enterprises from domestic to the world, promoting overall international operation and competitiveness. From a global perspective, this essay will establish "one benchmark, two levels, four dimensions" evaluation model of state-owned enterprises' international competitiveness, in comparison with the Fortune Global 500 in the period of the year 2010 and 2014, thereby analyzing the variation of state-owned enterprises' international competitiveness. Chinese companies, especially state-owned enterprises have outstanding performance in size index in the Fortune Global 500, however, most of national enterprises focus on making it "big" rather than making it "strong". When contrast with top-ranking enterprises in the US and Japan, the discrepancy is obvious. There is still more room desired to be improved, including the profitability, labor productivity, technological innovation capacity, brand building and international operation, all of which still have far to go. Now in the beginning year of 13th Five Year Plan, it is a question to be settled urgently for national enterprises of China, that how to seize the opportunity to promote international competitiveness, not only make it larger, but stronger and better, striving to leap into the front ranks among world top class companies.

Keywords: state-owned enterprises, international competitiveness, Fortune Global 500, non-financial enterprises